全国创意农业精品教材暨乡村振兴丛书

乡村休闲旅游特色发展

李卫东 | 主编

中国农业大学出版社
CHINA AGRICULTURAL UNIVERSITY PRESS
·北京·

内容简介

全书共分8章，系统地介绍了乡村休闲旅游的基本概况、生产的发展、生活的发展、生态的发展、文化的发展、产业集群的发展、多功能的发展以及未来发展趋势等。本书注重理论知识与实践方法的结合，并植入典型案例，详细分析，更利于读者的理解与掌握。

本书适合于大中专院校旅游管理、观光农业等专业教学参考，也可供乡村休闲旅游从业人员参考。

图书在版编目（CIP）数据

乡村休闲旅游特色发展 / 李卫东主编. —北京：中国农业大学出版社，2019.9

ISBN 978-7-5655-2279-6

Ⅰ.①乡… Ⅱ.①李… Ⅲ.①乡村旅游－休闲旅游－旅游业发展－研究－中国 Ⅳ.①F592.3

中国版本图书馆CIP数据核字（2019）第209382号

书　名 乡村休闲旅游特色发展
作　者 李卫东 主编

策划编辑 张 玉 张 蕊　　**责任编辑** 张 玉
封面设计 李尘工作室
出版发行 中国农业大学出版社
社　　址 北京市海淀区圆明园西路2号　　**邮政编码** 100193
电　　话 发行部 010-62818525，8625　　读者服务部 010-62732336
编辑部 010-62732617，2618　　出 版 部 010-62733440
网　　址 http://www.caupress.cn　　**E-mail** cbsszs@cau.edu.cn
经　　销 新华书店
印　　刷 北京鑫丰华彩印有限公司
版　　次 2019年9月第1版　2019年9月第1次印刷
规　　格 787×1 092　16开本　13.75印张　320千字　彩插4
定　　价 76.00元

编审委员会

- **主　编：** 李卫东
- **副主编：** 张　力　张慧媛　程智开
- **参　编：** 黄国林　肖晓玲　曾　斌　唐桂梅
  刘双娥　刘　洋　丁桂花　肖光辉
  李惠芳　肖远志　周宇霞　何　涛
  庄志勇　陈彦汝　魏　莎　雷文全
- **主　审：** 杨孚初　章继刚

序

我国农业历史悠久，农村地域辽阔，农业农村资源类型多样，田园景观各具特色，民俗文化丰富灿烂，发展乡村休闲旅游具有优越的条件、巨大的潜力和广阔的前景。乡村休闲旅游在我国经历了乡村观光时代（乡村旅游 1.0）、乡村休闲时代（乡村旅游 2.0）、乡村度假时代（乡村旅游 3.0），正在向乡村生活深度体验时代（乡村旅游 4.0）迈进。

当前，我国经济已由高速增长阶段转向高质量发展阶段，形成以新发展理念为指导、以供给侧结构性改革为主线的政策体系。党的十九大做出实施乡村振兴战略的重大决策，作为新时代“三农”工作的总抓手。实现乡村振兴基础在产业振兴。乡村休闲旅游作为新兴的乡村产业，为城乡居民提供了绿色优质的农产品，建设了天蓝地绿的优美环境，创造了体验多样的休闲项目，带动了农民增收致富，拓展了农业农村的多种功能，推动了农村一二三产业融合发展，势必会成为我国乡村产业体系的重要组成部分。

近年来，乡村休闲旅游发展也面临着不少困难和挑战，如优质农产品有效供给不足，同质化竞争严重，品牌培育不够，市场竞争乏力，资源开发与永续利用不合理，文化挖掘与传承利用不充分等。

在全面认知乡村休闲旅游发展优势与制约因素的基础上，湖南省农科院休闲农业和乡村旅游研究中心科研团队经过长期系统地研究，集国内外最新文献资料，大量现场考察等，编著了《乡村休闲旅游特色发展》一书。全书从生产、生活、生态、文化、产业等视角出发，对乡村休闲旅游发展及未来趋势进行了系统阐述，内容全面，结构清晰，案例翔实，有助于系统学习和直接应用。相信本书的出版将在发展乡村特色休闲旅游，带动乡村产业振兴、助推实施乡村振兴战略方面做出应有贡献！

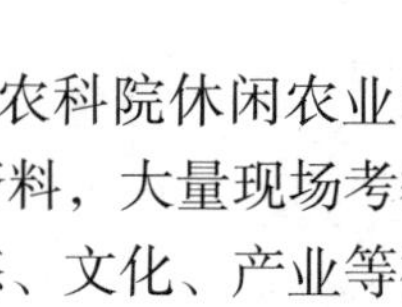

原农业部总农艺师

前言

乡村休闲旅游是指以乡村自然生态景观、特色农业、乡村文化为吸引物，依托农村区域的优美景观、历史建筑和传统文化等资源，以郊野景区、乡村度假村、休闲农庄等为载体，以满足旅游者欣赏田园风光、体验农家生活、感悟乡土文化、品尝乡村美食等回归自然、娱悦身心需要的旅游方式。乡村休闲旅游是乡村休闲旅游与乡村旅游的融合发展，是将自然、民族文化和农耕文化融入传统旅游文化中，以丰富旅游业的内涵，是随着旅游业与农村、农业的不断融合，将进一步带动农村各方面基础设施建设不断发展，成为拓展农业多功能性、促进资源高效用、满足新兴消费需求的朝阳产业。

乡村休闲旅游的形势发展迅猛，近几年全球已兴起了休闲农业大潮。中国作为发展中大国，也不例外。国内中层阶层的崛起，系乡村休闲旅游的中坚力量；国务院及各部委多次下发文件推促乡村休闲旅游的发展；供给侧改革正在向乡村产业推进，调整产业结构，发展乡村休闲旅游正当时。乡村休闲旅游也是全域旅游的重要内容，乡村休闲旅游的元素非常多，包括山水自然及田园风光、古村古街与古建筑、农耕用器与农耕文化、民俗风情、民间小吃、民居、乡村风水文化、民间娱乐文化、民间遗产文化、农业劳作过程与农业生产过程等，兴起的乡村“民宿”业态更是凸显其乡村休闲功能。乡村休闲旅游的快速发展，不仅成为广大农民就业、增收、致富的一个重要渠道，也成为城乡居民观光、休闲、旅游、度假、养生的重要场所。

为促进乡村休闲旅游发展及满足乡村休闲旅游从业人员的需求，从整体上提高乡村休闲旅游从业人员的素质从而为产业升级提供强大的技术与理论支撑，编著者查阅了国内外大量书刊资料，参观、考察了中国台湾、北京、天津、四川、江苏、福建、云南、湖南等地的乡村旅游与休闲农庄，走访了多位乡村旅游与休闲农庄的负责人，以期为进一步促进我国乡村休闲旅游的持续健康发展，让乡村更强，让乡村更美，让农民更富，使乡村休闲旅游在促进“三农”发展，促进城乡统筹一体化发展，促进新农村建设、美丽乡村建设与新型城镇化发展等方面，发挥更大的作用。

本书对乡村休闲旅游特色发展进行了深入浅出地描述，既利于系统学习，又便于直接应用。全书共分8章，系统地介绍了乡村休闲旅游的基本概况、生产的发展、生活的发展、生态的发展、文化的发展、产业集群的发展、多功能的发展以及未来发展趋势等。本书既有理论知识，也有实践方法，还有不同的案例分析。内容新颖、系统、全面、图文并茂、重点突出，在写作上尽量做到理论与实践相结合，使其具有较高的学术水平和实用价值。本书适合于大中专院校旅游管理、观光农业等专业教学参考，也可供乡村休闲旅游从业人员参考。

由于编者水平所限，本书内容的疏漏和不当之处在所难免，恳请读者提出宝贵意见和建议，以便再版时修正和完善。

编　者

2019 年 2 月

目录

CONTENTS

第一章
绪　论

CHAPER

01

第一节

乡村休闲旅游简介

一、乡村休闲旅游的概念与属性

（一）乡村休闲旅游的概念

乡村休闲旅游是指在乡村地域内，利用自然山水、田园景观、农牧渔业生产、古镇村落、农家生活、农耕文化、民俗文化等乡村自然和人文资源，通过科学规划、发展与设计，配套相应的旅游服务功能，为人们提供观光、休闲、度假、体验、娱乐、健身的一种新型旅游活动。

随着我国经济的快速健康发展，乡村休闲旅游正逐渐成为一种普遍的生活方式，就国际市场而言，乡村休闲旅游发展成熟，已形成了“观光（感知）、度假（享受）、专题（认知）”三合一的乡村休闲旅游产品复合体。即乡村休闲旅游具有田园观光、休闲度假、自然生态和民俗文化专项旅游的综合功能。对国内市场而言，乡村休闲旅游已进入新的发展阶段。伴随全球农业的产业化发展、社会经济的发展和人民生活水平的提高，闲暇时间增多，生活节奏加快，社会竞争日益激烈，人们渴望多样化的旅游，尤其希望能在典型的农村环境中放松自己，体验刺激、时尚、新奇、特色养身等现代休闲娱乐与康体养生元素。乡村休闲旅游正向包含面更广、标准更高、综合性更强的方向发展。

近年来，乡村休闲旅游的发展呈现出产业化和规模化趋势。综合国内外乡村休闲旅游的现状和其他学者的研究成果，归纳出乡村休闲旅游的类型主要有以下几种。

1. 乡村自然风光旅游

这种类型主要以绿色景观和田园风光为主题。旅游形式有爬山、滑雪、划船等，在欣赏美丽风光的同时，感受大自然的新鲜空气，从而得到身心的舒畅和愉悦。

2. 乡村民俗和民族风情旅游

乡村民俗旅游和民族风情旅游以当地村民的生活方式、民俗文化、民族文化、乡土文化、民间工艺和节庆活动等为主要内容，从而吸引游客了解乡土民情、民族文化以及乡土文化，感受乡村历史文化底蕴，提高对民俗文化和传统文化的了解，增强自身修养。

3. 农庄旅游或农场旅游

农庄旅游主要依托休闲农庄，为游客们提供各类的休闲场所，比如，以名茶或者品尝特色农家菜为主要内容的农庄旅游。农场旅游主要是依托美丽的田园风光，使游客徜徉在幽雅清静、舒适宜人的绿色空间里。另外，游客还可以体验农牧场生活，领略不一样的地域乡村风情。

4. 参与型乡村休闲旅游

这一类型的乡村休闲旅游形式主要是游客通过亲自参与。比如，渔场捕捞、游览特色产品果园、采摘特色产品、品尝特色美食和赏析花圃中的盆景等活动，在领略了田园乐趣的同时，也深刻体会到劳动丰收的喜悦。

5. 教育型乡村休闲旅游

这一类型是兼有娱乐和教育培训意义的学习式的乡村休闲旅游形式。比如，开展农业文化考察、特色农业考察、农业技术培训、花木栽培装饰培训、工艺品制作培训、农业知识学习等研修型乡村休闲旅游活动。

6. 康乐型乡村休闲旅游

这一类型的乡村休闲旅游形式主要以康体疗养和健身娱乐为主题。比如，森林浴、日光浴、划船捕鱼、骑马、散步、远足等，使游客通过乡村休闲旅游达到锻炼身体、宁气安神、消除疲劳，以使身体素质和精神状态得到不同程度的改善与提高。

（二）乡村休闲旅游的内涵与特点

乡村休闲旅游是以旅游资源为依托，以休闲为主要目的，在乡村地区开展的，以特有的乡村人居环境、乡村民俗文化、乡村田园风光、农业生产及其自然环境为基础的旅游活动。

1. 活动对象具独特性

中国乡村地域辽阔，种类多样，多数地区仍保持自然风貌，具有风格各异的风土人情、乡风民俗。乡村休闲旅游活动对象具有独特性特点——古朴的村庄作坊，原始的劳作形态，真实的民风民俗，土生的农副产品……这种在特定地域所形成的“古、始、真、土”，具有城镇无可比拟的贴近自然的优势，为游客回归自然、返璞归真提供了优越条件。

2. 时空结构具分散性

中国的乡村历史悠久，上下五千年，旅游资源丰富，且大多以自然风貌、劳作形态、农家生活和传统习俗为主，受季节和气候的影响较大。因此乡村休闲旅游时间的可变性、地域的分散性，可以满足游客多方面的需求。

3. 主体行为具参与性

乡村休闲旅游不仅指单一的观光游览项目和活动，还包括观光、娱乐、康疗、民俗、科考、访祖等在内的多功能、复合型旅游活动。乡村休闲旅游的复合型导致游客在主体行为上具有很大程度的参与性。乡村休闲旅游能够让游客体验乡村民风民俗、农家生活和劳作形式，在劳动的欢快之余，购得满意的农副产品和民间工艺品。

4. 文化层次具品位性

乡村文化属于民间文化，中国乡村绚丽多彩的民间文化具有悠久历史和丰富内涵，致使乡村休闲旅游在文化层次上具有高品位的特点。乡村的各种民俗节庆、工艺美术、民间建筑、民间文艺、婚俗禁忌、趣事传说等，具有深厚的文化底蕴。由于乡村社区的这种“浓厚的区域本位主义和家乡观念特色的非规范性”，使民间文化具有深刻的淳朴性和神秘性，对于城市游客来说，具有极大的诱惑力和吸引力。

5. 旅游发展具可持续性

乡村休闲旅游对农村经济的贡献不仅仅表现在给当地增加了财政收入，还表现在给当地创造了就业机会，同时还给当地衰弱的传统经济注入了新的活力。由于现代乡村休闲旅游融乡村自然意象、文化意象和现代科技于一体，旅游发展与农业生产于一体，城市旅游与乡村旅游于一体，因而旅游发展具有可持续性。

二、乡村休闲旅游的功能及作用

乡村休闲旅游作为一种新型旅游业态，以“三农”资源为主要载体，以乡村文化、自然景观、清新空气、绿色菜肴、农业生产为主要吸引物，以城市居民为主要目标市场，满足旅游者回归自然、休闲健康和体验农村发展成果等需求，具有资源潜力大、市场覆盖面广、关联产业链长、受益群体多、消费需求旺、综合带动性强等特点。

（一）乡村休闲旅游的功能

1. 经济功能

发展绿色农业，直接销售农产品；增加农村就业机会，提高农民收益。

2. 游憩功能

提供绿色休闲活动空间，开展观光、休闲、度假、旅游，享受乡野风光及大自然的乐趣。

3. 社会功能

增进城市居民与农民的接触，拓展农民的人际关系，缩小城乡差距。

4. 教育功能

提供机会让城市居民认识农业、了解农业生产过程、体验农村生活。

5. 环保功能

为吸引城市游客，乡村旅游必须改善环境卫生，提升环境品质，保护自然资源环境，维护自然生态平衡。

6. 文化功能

发展乡村文化旅游，可以使乡村文化得以继续延续和传承，并可创造出具有特殊风格的农村文化。

7. 医疗功能

乡村休闲旅游有利于解除紧张情绪，降低生活和工作压力，起到舒畅健身的作用。

（二）发展乡村休闲旅游的重要作用

随着工业化深入发展和城市建设不断扩张，人类影响和改造自然的能力越来越强。“望得见山、看得见水、记得住乡愁”的乡村成为城市居民的精神渴望，乡村休闲旅游越来越受到人们的追捧，并逐渐成为地方政府重点发展的对象。乡村休闲旅游能产生促进发展和保护生态环境等经济效益和生态效益，逐渐成为旅游行业的新宠和重要力量。通过发展乡村休闲旅游可以将农业内外部各要素进行优化组合，创新发展，延伸农业生产、农村生活价值链，实现农业发展理念从线性创新到综合创新的转变，既符合我国创新战略的要求，也能拓宽美丽中国和美丽乡村建设的创新道路。发展乡村休闲旅游的重要作用主要表现在以下6个方面。

1. 增强农业发展活力，改变人们对农业的惯有认知

在人们固有的观念里，我国的农业效益不高，是传统的、弱质型农业。其主要特征是生产周期长、抗御自然风险能力差、经营规模小、行业壁垒低、市场风险大。发展乡村休闲旅游可以充分展示出农业最具活力的一面，尽情彰显农业的多样化功能，包括旅游观光、生态休闲、科普教育等。同时，在科技、人文、历史、艺术的有机融合下，向人们展现出农业的精彩世界，增加农业融合发展的新功能，从而改变人们对农业的惯有认知。

2. 优化农村产业结构，推动现代农业体系建设

乡村休闲旅游的出现打破了传统的以耕养农的单一产业模式。在保证农村生产的前提下，介于第一产业与第三产业之间的乡村旅游，是二者相结合的切入点，在拉动第一、第三产业发展的同时，也推动了第二产业的发展。乡村休闲旅游经济的出现，适应了农业产业结构多样化的要求，促进了现代农业体系的建设，可以有效对接传统产业与现代技术，推动农业结构优化升级，促使其由核心产业向支持配套产业和关联产业不断延伸、渗透，农业产业链条得到不断延长，能够带来产业融合发展的倍增效应。因此，鼓励发展乡村休闲旅游，在很大程度上能够解决“三农”问题，推进小康社会目标的实现。

3. 改善农民生活水平，提高农民生活质量

发展乡村休闲旅游可以优化调整农业产业结构、农村产业结构及旅游产品结构，增加传统农业的附加值，提高资源的利用率。同时，发展乡村休闲旅游能够为当地的居民提供更多的就业机会，带来更高的经济收益，不断增加农民收入，加快农民脱贫致富步伐，进而缩小城乡差距，有利于当地经济发展和乡村稳定、和谐发展。

4. 促进生态环境保护，实现资源可持续利用

乡村休闲旅游对于环境卫生及整洁景观的要求，将大大推动农村村容的改变，推动卫生条件的改善，推动环境治理，推动村庄整体建设的发展。发展乡村休闲旅游，有利于乡村乃至全国加快建设资源节约型、环境友好型社会，有利于保护资源和环境，促进农村科学规划与基础设施建设。

5. 撬动农旅大市场，释放经济增长新动能

通过深度挖掘和发展当地的乡村文化和特色农产品的优势资源，促进大农业与大旅游的融合发展。发展乡村休闲旅游，以培育乡村游、观光游、休闲游、生态游、农业体验游等农旅融合产业，发展农业农村生态资源和乡村民俗文化，促进农业产业链延伸、价值链提升、增收链拓宽，从而带动农民增收、农村发展、农业升级。

6. 推进乡村振兴战略，实现城乡统筹发展

发展乡村休闲旅游通过乡村田园景观的规划设计、农村基础设施的改善、自然生态环境的保护与修复，充分发挥乡村各类物质与非物质资源富集的独特优势，利用“旅游+”“生态+”等模式，推进农业与旅游、教育、文化、康养等产业深度融合，吸引城市

居民走进农村、亲近自然、体味田园之乐、体验农村生活，促进城乡文化交流。同时，发展乡村休闲旅游可以丰富乡村旅游业态和产品，打造各类主题乡村旅游目的地和精品线路，推进农业农村现代化，促进农民增收，并提高农业的比较效益和边际效益，促使农村地区的经济形态和生活形态产生结构变迁，突破城乡二元结构体制，推进乡村振兴战略的步伐，实现城乡经济社会一体化发展。

三、乡村休闲旅游的基本要素和定位

（一）发展乡村休闲旅游的基本要素

乡村休闲旅游不能盲目地发展，必须要具有一定的基础和条件。“赏、采、尝、学、耕、戏、憩、养、淘、归”是发展乡村休闲旅游的 10 个基本要素。从这 10 个基本要素出发，落实到产品设计和游客感知的各个维度，使乡村休闲旅游向深度和广度方向发展，丰富乡村休闲旅游产品的内容，为消费者提供高品位、多层次、全方位的休闲体验。这样打造出的乡村休闲旅游，不仅特色鲜明，且农味十足。

1. 赏——乡村休闲旅游基本的构成要素

视觉是人最重要的感觉，人体获取外界有用信息 80% 以上是通过视觉。因此，观光游览、体验农业美必然是乡村休闲旅游基本的构成要素。许多专家认为，“赏”比“游”更能体现出在乡村休闲旅游体验中给人心灵上带来的愉悦，而且在乡村休闲旅游中“赏”的内容和方式都很广泛，可以无限挖掘和创新。如农业嘉年华中的各类创意景观往往是游客聚集拍照的地方。

2. 采——乡村休闲旅游盈利的抓手

采摘作为近年迅速兴起的新型休闲业态，以参与性、趣味性、娱乐性强而受到消费者的青睐，已成为乡村休闲旅游的一大特色。采摘聚人气、带财气、成本低、收益高，是乡村休闲旅游吸引游客和赢利的抓手。农业采摘不仅类型可以丰富多样，而且还可以深度挖掘，进行细分，如针对老人、儿童、情侣等各类人群打造不同的采摘环境。

3. 尝——乡村休闲旅游的味蕾绽放之旅

民以食为天。长久以来，中国各地由于气候、资源及经济条件等原因形成了差异化的饮食习惯和博大精深的饮食文化，风味多样且四季有别。近年来，伴随着人们对健康饮食方式的日益推崇，城市居民越来越崇尚乡村美食的生态自然和简单朴实，对于一些出游者而言，品尝特色乡村美食，满足味觉享受，就是到乡村去的原动力。在乡村休闲旅游中，“吃”应该超越基本的生活需求，提升为“尝”，为消费者提供“地产地销”的特色美食，从食材、调料、做法、容器、饮食环境、饮食文化传承等各方面打造不一样的“食”体验，体现鲜明的本地特色和不可带走性。

4. 学——乡村休闲旅游的教育功能

缺少科普教育的乡村休闲旅游体验是残缺的、不完美的，因为从城市人需求的视角来看，久居城市的人们渴望了解农业的奥秘及农村的生活方式，这种农村和城市的差异性、互补性是发展乡村休闲旅游的基本条件。而在乡村休闲旅游中，“学”无处不在，如农业科普、农业生产劳动中渗透出的人们的智慧和勤劳、人与自然的和谐。如北京国际都市农业科技园的科普活动室，为广大青少年提供了近距离接触农业、了解农业科技的绝佳场所，真正做到了寓教于乐。

5. 耕——乡村休闲旅游的灵魂

农业以“耕”为本，农耕是休闲农业与乡村旅游区别于其他休闲类产品最本质的体现，是乡村休闲旅游的灵魂。农耕文明作为中国几千年的历史沉淀和中国传统文化的核心组成，在发展乡村休闲旅游的过程中，应对其精髓加以继承、弘扬和创新。在现实中，除了农耕博物馆、农耕劳动体验、亲子小菜园等形式，探索更为丰富多彩的体验方式，是乡村休闲旅游出彩致胜的关键。

6. 戏——乡村休闲旅游的快乐源泉

轻松有趣的玩耍、嬉戏活动，对青少年有着强大的吸引力，也很容易将成年人带回到无忧的童年时代，引起情感上的共鸣，延长旅游者停留时间，提升游客满意度。乡村休闲旅游的“戏”元素是快乐的，如果我们深入挖掘，还可以营造出更多的快乐元素。如辽阳农业嘉年华里的农业体验活动，吸引了许多游客排队体验。

7. 憩——乡村休闲旅游的释压功能

乡村休闲旅游中的“憩”不仅指住宿体验，而是从各个方面，给消费者带来身体和心灵的放松与享受，契合旅游者出游目的。对于发展旅游必不可少的住宿，在乡村休闲旅游中应淡化住宿设施本身的功能，植入农村文化和农业特色元素，强调乡村特有的住宿体验。

8. 养——乡村休闲旅游的康养功能

农村不仅可以为游客提供新鲜的空气、轻松的氛围、原生态的食品等有利于身心健康的环境，更重要的是农业生产丰富性、完整性和前后关联的连续性，给劳动者的生活带来了变化和节奏，是完整人性的体现。而当今雾霾成为常态天气，城市环境污染日益严重，让很多人都无比向往自然的绿色，逃离城市、寻找天然氧吧，成为人们休闲的热点。

9. 淘——乡村休闲旅游的快乐“淘宝”

在乡村休闲旅游中，“淘”实现了农产品的直销，使乡村生产者与城市消费者直接对接，减少了中间销售环节，生产者的利润大幅度提高。而且，出游者大多都有购买体验的需求。因此，如何打造类型丰富又具有自身特色的商品，并让游客快乐地把商品带回家，也应该是乡村休闲旅游经营者最关注的问题。让游客快乐淘宝的方法也有很多，就销售方式来讲，乡村休闲旅游应强调消费引导和购买体验的过程，以满足消费者心理和精神需求的体验式消费为主。

10. 归——乡村休闲旅游高层次的体验

都市生活的紧张繁杂，使人们对于返璞归真的纯手工农业生产及生活越来越喜爱，乡村休闲旅游应本着“生态乡野、回归本真”的原则，让消费者情不自禁地产生回归大自然的情愫，产生心灵的归属感。

（二）发展乡村休闲旅游的定位

发展乡村休闲旅游以农业生产经营活动为主体，以旅游市场为导向，以创新为动力，以科技为依托，以农民增收为主体，以休闲、求知、观光、采摘为载体，对乡村休闲旅游产业进行准确定位，从而促进其理性发展。

1. 政府行为定位

乡村休闲旅游产业是城乡一体化发展的重要组成部分，也是城市旅游业的重要组成部分。发展乡村休闲旅游需要一个有决策力的政府提供高效的社会服务。因此，政府应介入乡村休闲旅游业规划，明确乡村旅游产业在都市旅游规划中的地位，制定严格且切实可行的管理制度和经营规范。乡村旅游产业因为其不成熟性、其公共产品性质，外部性效应还很明显，如旅游的目的地形象塑造和旅游营销活动在很大程度上要由政府承担，需要政府的扶持，保护农户的利益。

2. 突出差异化市场定位

乡村休闲旅游经营所在地一般都是农民长期居住的地方，随着乡村休闲旅游现象的出现，这些居住地增加了新的功能——供城市居民进行消费，亦即都市人群来到以往仅是农户长期居住的地方休闲、度假，进行生活体验。所以，经营者就要在这样的市场需求中，围绕"怎样让都市人群惬意、自然地在乡村休闲旅游、欢度休闲生活"等主题做文章。郊区旅游的主体包括本市居民和外地游客，但主要是本地居民日常休闲游憩、周末度假、近距离出游的目的地。乡村休闲旅游产业的规模、层次组合应与所依托城市的人口及经济发展水平相匹配，形成点、轴、线、带（环城休闲旅游带）等不同的乡村休闲旅游产业布局。在打造环城休闲旅游带时，应深刻认识城市居民的共性需求，高度重视旅游产品的复合性，精心打造各景区的独特卖点，并根据环城资源、环境有限的特点，科学规划，努力保护好城市周边具有优良生态环境的休闲区域。如以特大城市为依托的乡村休闲旅游地可以开辟农园观光型、农园采摘型、森林公园型、渔场垂钓型、畜牧观赏狩猎型和乡村民俗文化型等休闲旅游区。

3. 营销定位

近年来，乡村休闲旅游的发展在中介组织的建设这一环节上还较为薄弱，由于中介组织少，对乡村休闲旅游的市场定位、市场细分与宣传推广都显得力不从心。乡村休闲旅游产业营销单一，主动借助中介组织宣传和参加集体促销的意识和要求不强，游客潜在的需求由于没有得到很好地组织与引导，很难转化为强大的消费力。在招揽客源上，农户过于迷信"回头客"和口碑传播，采用最多的宣传促销手段——发传单、发名片和宣传册，也受人际的范围局限。乡村休闲旅游产品同样需要中间流通渠道——中介组织去对旅游产品进行宣传、推广。宏观上可由旅游企业与地方政府和旅游局策划事件旅游来扩大其知名度，以农事活动为载体打造事件旅游，提升乡村休闲旅游的档次，增加休闲旅游的吸引力。微观上可以提高乡村休闲旅游行业进入门槛，承诺行业服务水平与标准并制度化，建立投诉制度与违规处罚制度，形成行政方面的约束力和浓厚的舆论氛围，从而建设品牌形象，来提高乡村休闲旅游产业的知名度与美誉度。

4. 审美体验定位

乡村休闲旅游的本质就是一种综合审美活动，乡村休闲旅游的过程就是一种体验自然美、艺术美、生活美的过程。审美体验是体验经济的逻辑起点和串联经济活动与审美活动的纽带，是休闲旅游者个人情绪、精神达到特定水平时，在意识中产生的美好感觉。乡村以其优美的田园风光、淳朴的乡风民俗、原始的田间劳作体现着一种自然美、人文美、人与自然的和谐美，让休闲者沉醉其中，获得美的享受。乡村休闲旅游的审美体验过程，既有利于弘扬乡村地域文化，又有助于创新乡村的地域文化。

5. 和谐发展定位

乡村休闲旅游与环境之间，既存在着相互促进的正面效应，也存在着相互矛盾的负面效应。郊区作为城市的“后花园”，处于城市和乡村的缓冲地带，起着调节城市气候的重要作用，发展中首先要考虑保护资源，占地砍林、破坏生态的旅游项目是不足取的。郊区是城乡建筑物群和集约化土地利用中的景观“绿岛”，是稀缺景观。在发展过程中，旅游资源保护、生态资源保护、环境治理、水源保护、合理发展旅游产品，是旅游地发展的核心，也是旅游业可持续发展的根本保证。目前，很多乡村休闲旅游地发展还处于初始阶段，在此阶段就应树立可持续发展观念，发展方式上实现粗放型向集约型的转变，从简单的原始利用到注重人文的休闲空间的营造，使人与环境和谐共生。

第二节

国内外乡村休闲旅游发展现状

一、国外乡村休闲旅游发展状况

乡村旅游于19世纪30年代起源于欧洲，1865年意大利“农业与旅游全国协会”的成立标志着乡村旅游的诞生，而真正意义上的大众化乡村旅游则起源于20世纪60年代的西班牙。20世纪80年代后乡村旅游步入发展的成熟期，走上规范化发展轨道，显示出极强的生命力和发展潜力。据世界旅游组织统计，近年来，欧洲每年的农业旅游收入占旅游总收入的5%～10%。在美国每年约有1 800万人赴农场观光度假，仅东部地区的观光农场就多达1 500家，乡村旅游产品也已形成配套体系。日本每年组织旅游者参加春天插秧、秋天收割和鱼虾捕捞、牧场放牧、牛棚挤奶等农事活动。国外乡村休闲旅游已呈现出多元化的格局，并形成了集观光、休闲、娱乐、文化等多种功能于一体的旅游活动。

由于世界各国资源禀赋、民风民俗、科研力量的不同，形成了多样化的乡村休闲旅游发展类型，取得了较好的经济效益、社会效益和生态效益。世界各国农业旅游发展模式主要有：以德国市民农园为代表的生活生态型、英国乡村旅游为代表的环保型、荷兰以高科技产业为依托的创汇型、法国农业旅游协会为代表的非政府组织专业农场型、新加坡农业科技园为代表的科技依托型、日本绿色观光农业为代表的政府扶持型、意大利的绿色假期型、澳大利亚葡萄酒旅游为代表的产业协同型、美国农业节庆旅游为代表的民俗节庆型、印度尼西亚农业旅游度假村为代表的居民参与型等。以上国家的乡村休闲旅游旅游发展模式产生于特定的历史背景环境下，在组织形式、管理机制等方面各具特点与优势，其成功经验值得我们学习。世界上几个主要国家的乡村休闲旅游发展状况如下。

1. 美国

第二次世界大战以后，特别是从20世纪60年代开始，旅游业逐渐成为世界上发展势头最为强劲并且持久不衰的产业。在美国，乡村旅游不仅因被认为是乡村和城市交流的一座桥梁而受到各级政府的高度重视，同时也被认为是增加农民特别是边远地区农民收入的一个重要途径。美国的农业非常发达，加利福尼亚州的山谷平原是美国的粮仓，美国70%以上的农产品就出自那里。一望无际的苹果园、葡萄园、麦田、苗田等全部是机械化生产，地里看不到一个农民。一些必须人工操作的农活，如摘葡萄、摘棉花等都是由墨西哥工人来完成的。美国农民拥有大片农场，进行机械化生产，有规模效益。并通过保留原始的工艺和设备（而非大型的农产品加工厂）进行农产品加工，吸引游客前来观光。

在美国，从县、州一直到联邦的各级政府对乡村旅游业都有一系列的扶持政策。地方政府在制定各地区的发展规划时，也会有意识地鼓励发展乡村旅游，为旅游业创造交通、住宿等配套设施的便利条件。而基层政府则往往对申请发展乡村旅游的村庄或个人在手续上给予简化。州政府还在开拓本州乡村旅游市场方面下功夫，例如进行专门的市场调研，为农民提供市场供求信息，并把优秀的乡村旅游资源集中起来向外推广。每年还会举办各种活动，如农博会、赛马、乡村游行等，通过这些活动展现农村的特色和风情，以吸引城市旅游者的到来。

2. 英国

英国有着300多年的工业历史，是世界乡村休闲旅游发展较早的国家之一。随着蒸汽机的发明和英国工业革命的开始，经济的增长、社会的进步和海外殖民地的扩张，带来了巨大的社会财富，人们的生活观念开始变化，更多地注重生活品位和品质，于是出现了“英国乡村庭园”的贵族式生活。18世纪英国的造园家柯伯比力提·布朗，设计出独特的庭园风格，确定了“英国乡村庭园”的地位。英国产业革命后自然环境遭到了严重的破坏，人们希望能恢复昔日的秀丽山川，向往有美丽庭园的郊区生活。从那时开始，“英国乡村庭园”的发展便倾向走自然路线。20世纪，“英国乡村庭园”潮流又逐渐恢复到重视花朵和绿色植物的配搭，加以配合自然景色，融合不同时代的建筑、文化、背景形成主流，造就“英国庭园”。

自20世纪60年代英国农业旅游兴起，到80年代末90年代初，农业和畜牧业类旅游景点已成为英国当时与手工艺品中心、休闲类景点、主题公园、文化遗产中心、工程景点齐名的时髦景点。现如今，英国的“旅游环保型”乡村休闲旅游同样源自其悠久的工业史，高度发达的工业化带来了高度发达的城市化，进而催生了农业休闲与乡村旅游，促成了乡村休闲旅游的发展。英国的乡村休闲旅游与乡村旅游精髓，至今引领世界农村地域环境中农业休闲与乡村旅游业的可持续发展的方向。

3. 法国

法国的农业十分发达，仅次于美国，位居世界第二大农产品出口国，农业产量、产值均居欧洲之首。由于国家重视并支持中等规模农场的发展，所以法国的中小农场占很大的比重。法国的农业专业化明显，一个农场大多只生产经营一种产品，按照经营内容可分为畜牧农场、谷物农场、葡萄农场、水果农场、蔬菜农场等 5 种类型。专业化农场是将过去由一个农场完成的全部工作（如耕种、田间管理、收获、运输、储藏、营销等）均由农场以外的企业来承担，使农场由原来的自给性生产转变为商品化生产。比如高度城市化的巴黎大区就是其中的典型例子。该区是法国第三大玉米产区和水果、蔬菜、鲜花的生产区，在近 7 000 种农产品中，种植大田作物的农场占 70%，园艺蔬菜农场占 11%，农场规模较大，经济效益较高，在生态、景观、休闲和教育等方面的功能显著。

在法国的以滨海游为主体的蓝色旅游、以高山滑雪为特色的白色旅游、以巴黎等城市名胜古迹为代表的城市旅游、以美丽乡村风光和土特产为主要吸引物的乡村旅游四大入境游体系中，有像普罗旺斯乡间薰衣草等美丽的乡村景观吸引众多游客前来旅游，乡村旅游近年来已跃居各项旅游的第二位。法国农业部和食品协会（Sopexa）积极推进法国农业品牌建设，在许多国家推广"法国生活方式""法国美食"展览、举办品酒大赛等，向全世界推广和展现法国乡村休闲旅游的魅力。

法国农业的发展在经历了原始农业、传统农业和现代农业 3 个主要发展阶段后，如今，乡村旅游已成为当地或外来游客生活的一部分，生日、婚礼、家庭聚会、小孩洗礼等活动都喜欢安排在农庄中举行。"非食品类农业"将成为今后法国乡村休闲旅游的主体。

4. 德国

德国的乡村休闲旅游大致可分为 3 种类型：度假农场、乡村博物馆及市民农园。其中，度假农场的发展可追溯至 1960 年；乡村博物馆起源于 1973 年的奥地利展示的民俗村；而德国乡村休闲旅游中比较有代表性的是市民农园，它起源于中世纪德国的克莱恩花园。1919 年，德国制定了《市民农园法》，成为世界最早制定市民农园法律的国家。1983 年，德国修订了《市民农园法》，其主旨转向为市民提供体验农家生活的机会，如德国城里人到草莓农场采摘草莓，使久居都市的市民享受田园之乐，经营方向也由生产导向转向农业耕作体验与休闲度假为主，生产、生活及生态"三生一体"的经营方式。市民农园利用城市或近郊邻区的农地规划成小块出租给市民，市民可以通过亲身耕种，享受回归自然以及田园生活的乐趣，属于社会生活功能型。

5. 意大利

意大利是最早发展乡村休闲旅游的国家。早在 1865 年意大利就成立了"农业与旅游全国协会"，专门组织城市居民到农村去体验农业野趣，与农民同吃、同住、同劳作，或者在农民土地上搭帐篷野营。长期以来，意大利的农业合作经济已形成了一套较为完善的管理体系，为推动乡村休闲旅游的发展发挥了重要作用。被称作"绿色假期"的农业旅游是意大利旅游业中一支新兴的生力军，它始于 20 世纪 70 年代，发展于 80 年代，到 90 年代已成燎原之势。到 21 世纪初期，意大利的农业旅游已与现代化的农业和优美的自然环境、多姿多彩的民风民俗、新型生态环境及其他社会文化现象融合在一起，成为一个综合性项目，它对乡村资源的综合发展和利用、改善城乡关系、促进社会和谐都起着非常重要的纽带作用。

意大利农业旅游区利用乡村特有的、丰富的自然资源，将乡村变成具有教育、游憩、文化等多种功能的生活空间，以满足现代人对休闲生活的各种需求，这种"绿色假期"的经营类型多样，经营者增加了一系列具有文化教育和休闲娱乐功能的设施，极富创意，使乡村成为了“寓教于农”的“生态教育农业园”。

6. 荷兰

荷兰以“欧洲花园”和“花卉王国”而驰名于世，是全球最大的花卉生产国，世界花卉进出口贸易的67%来自荷兰。荷兰在花卉产业发展实践中确定了稳定种植面积、适度规模经营、高度集约化管理、发展高新技术产品、占领技术制高点的发展战略。70%的花卉生产面积采用温室栽培，现代化的新型的温室设备，实现了电脑自动控制，播种、移栽、采收、分级、包装等生产环节全部实现了机械化作业。荷兰玻璃温室蔬菜普遍采用无土栽培，由专业农场栽培。专业化使种植者在技术知识方面精益求精，提高产量，改善质量，降低生产成本。荷兰这种温室产业具有高度工业化的特征，温室园艺产品可以实现按工业方式进行生产和管理，其种植、产后的包装、销售如同工业生产，真正成为农业工业，成为出口创汇的主要基地，是极具地域特色的典范。

荷兰是世界著名的耕地稀少、地势低的国家，农业条件相对较差，为了满足国民不断增长的物质文化生活需要，创新成为其农业发展的特色，农业逐步走上农业工业化、高投入、高产出、工厂化、专业化、自动化的道路，运用工业化的成果来改造传统农业，以先进的生产手段装备传统农业，大力发展设施精细农业，着力发展高附加值的温室作物和园艺作物，荷兰不少农产品单产都居于世界先进行列。

7. 泰国

Chiva-Som度假村，位于泰国皇家度假区——华欣海滨，凭借其极致的养生主题，成为位列世界前三的SPA度假胜地。Chiva-Som度假村的经营模式是将住宿与疗养服务捆绑。

养生环境主要承继泰式传统建筑风格、园林设计，配上延展泰国佛教文化与张显文雅的内饰风格，演绎度假风情；景观以水为核心元素，点缀情趣小品，烘托精致度假享受，活动空间则延伸户外，畅享自然。养生项目包括太极亭、健康运动间、泰式按摩亭、室内泳池、瑜伽亭、健身房、有氧舞蹈教室、Pilates皮拉特斯教室、水疗池凉亭、户外按摩凉亭、护发美容室、SPA中心、游泳池共13座健康功能建筑，近70间理疗房，58间客房。养生项目提供高质量SPA餐饮料理，并结合东方疗法与现代西方科技，提供超过150种疗程，共设十大养生系列：齐瓦颂初体验、完美体型养生、纵情SPA养生、健康再造养生、心灵平静养生、排毒艺术养生、终生瑜伽养生、体重管理养生、自然疗法养生、青春永驻养生。养生服务由85位以上合格的疗程师组成的国际化专业服务团队提供。并设置咨询、检查、专家建议养生计划、顾问全程跟踪疗程效果等全套程序，最大化地满足客户不同养生居住需求。

8. 日本

日本乡村休闲旅游与欧美国家相比其发展相对较晚，但其发展速度很快，成效也显著。20世纪60年代，日本经济进入飞速发展时期，出现了农村人口向大城市集中的情况，一方面是城市人口的高度集中，另一方面是农村人口的过于稀少。在此背景下，日本农村地区（包括山村）从20世纪70年代左右开始出现了“观光化”，当时被称为“农村观光”，其中最早的岩手县的小岩井农场就是具有百余年悠久历史的综合性大农场，农场主结合经营生产项目，先后开辟了百亩观光农园，兴建动物广场、牧场馆、农机具展览馆、花圃、自由广场等多种游览设施，围绕体验、餐饮、购物 3 大核心内容展开，农场用富有诗情画意的田园风光如樱花、各具特色的设施和完善周到的服务吸引游客。进入 20 世纪 80 年代后，日本处于“泡沫”经济时代，出现利用民间资本大规模发展休养地（度假村）和进行旅游发展的热潮，如北海道的“综合休养地”、长崎县的主题公园“荷兰村”和三重县志摩的“西班牙村”等相继建成。

如今，日本发展的“都市农业”指包含在都市计划内农业区及都市近郊的农业，主要定位在特大国际化都市的局部地区。比如在东京，农田和农家有 20% 以上分布在城市中，实现了城乡融合、城乡一体，其主要作用体现在“食”与“绿”等两大方面。其中“食”就是为市民提供生活所需的各种新鲜的农副产品，发挥农业特有的经济功能；“绿”就是绿地的机能，是指市民营造生存所需要的绿色生态环境，发挥其保持生态平衡、抗灾防灾等公益功能，其邻绿地的住宅估价高，农地因有耕种活动估价更高。日本乡村休闲旅游的形式多样，按照经营形态来划分，主要有市民农园、银发族农园、农业公园、民宿农庄、观光农业、自然修养村、体验农业等 7 种类型。

9. *新加坡*

新加坡国小人少，自然资源贫乏，农产品不能自给，大量靠进口，国内只生产少量蔬菜、花卉、鸡蛋、水产品和乳制品等，属于城市经济型国家。其发展理念是为了让都市农业向高科技、高产值发展，其发展模式属科普教育型。从经营方式来看，采用集中经营建设现代化集约的农业科技园和农业生物科技园的乡村休闲旅游发展模式。其中，现代化节约的农业科技园是新加坡重点的乡村休闲旅游模式。通过追求高科技和高产值，在产业类型上，以高产值出口型农产品，如种植热带兰花、饲养观赏用的热带鱼等为主；重点发展现代化的农业科技园，以气耕法种植蔬菜，生产富有营养且安全的新鲜蔬菜，生长期仅 30 天。新加坡农业走特色化之路，让农业在弹丸之地处处生金。新加坡资助创建具观赏休闲和出口创汇功能的高科技农业园区，取得了良好的经济和社会效益。如该国的剪枝胡姬出口量大，而农业科技园的观赏鱼、珍稀动物、名优花卉和果树吸引着大量的来自世界各地的游客。

新加坡的农户们求新、求变、求创新、求高品质、求高附加值，既要形态上的创新，更要追求品质上、味觉上的创新，所以他们的农业越做越精致。新加坡农民采用水栽法，成功地栽种甜瓜、花椰菜和其他富有营养价值的蔬菜。新加坡的食用菌生产工厂化，大批量生产香菇，常年供应市场。“太平洋农业有限公司”生产大量味美肉厚的西红柿，每个重达 250 克。

二、国内乡村休闲旅游发展状况

（一）我国乡村休闲旅游的发展过程

我国乡村休闲旅游兴起于改革开放以后，开始是以观光为主的参观型农业旅游。20 世纪 90 年代以后，开始发展为观光与休闲相结合的乡村休闲旅游。进入 21 世纪，观光、乡村休闲旅游有了较快的发展。回顾我国乡村休闲旅游发展的过程，大致可以分为三个阶段。

1. **早期兴起阶段**（1978—1990 年）

早期兴起阶段处于我国改革开放初期，靠近城市和景区的少数农村根据当地特有的旅游资源，自发地开展了形式多样的农业观光旅游，如举办荔枝节、桃花节、西瓜节等农业节庆活动，吸引城市居民前来观光旅游，增加农民收入。广东省深圳市举办的荔枝节活动，吸引了许多城市居民来观光旅游，并借此举办招商引资洽谈会，收到了良好效果。河北省涞水县野三坡景区依托当地特有的自然资源，针对京津唐地区的游客市场推出“观农家景、吃农家饭、住农家屋”等旅游活动，很快带动了当地农民脱贫致富。

2. **初期发展阶段**（1991—2000 年）

初期发展阶段我国正处在由计划经济向市场经济转变的时期，随着我国城市化发展和居民经济收入的提高，居民的消费结构开始改变，在解决温饱之后，有了观光、休闲、旅游的新要求。同时，农村产业结构需要优化调整，农民扩大就业、农民增收提上议事日程。在这个大背景下，靠近大、中城市郊区的一些农村和农户利用当地特有的农业资源环境和特色农产品开办以观光为主的观光休闲农业园，开展采摘、钓鱼、种菜、野餐等多种旅游活动。如北京市锦绣大地农业科技观光园、上海市孙桥现代农业科技观光园、广州市番禺区化龙农业大观园、河北省北戴河集发生态农业观光园、江苏省苏州市西山现代农业示范园、成都市郫县农家乐、福建省武夷山观光茶园等。这些观光休闲农业园区，吸引了大批城市居民前来观光旅游，体验农业生产和农家生活，欣赏和感悟大自然，很受欢迎。

3. **规范经营阶段**（2001 年至今）

规范经营阶段处于我国人民生活由温饱型全面向小康型转变的阶段，人们的休闲旅游需求开始强烈，而且呈现出多样化的趋势。一是人们更加注重亲身的体验和参与，很多“体验旅游”“生态旅游”的项目融入农业旅游项目之中，极大地丰富了农业旅游产品的内容；二是人们更加注重绿色消费，农业旅游项目的发展也逐渐与绿色、环保、健康、科技等主题紧密结合；三是人们更加注重文化内涵和科技知识性，农耕文化和农业科技性的旅游项目开始融入观光休闲农业园区；四是政府积极关注和支持，组织编制发展规划，制定评定标准和管理条例，使观光休闲农业园区开始走向规范化管理，保证了乡村休闲旅游健康发展；五是乡村休闲旅游的功能由单一的观光功能开始拓宽为观光、休闲、娱乐、度假、体验、学习、健康等综合功能。

（二）我国乡村休闲旅游现状与分布情况

自 20 世纪 80 年代我国乡村休闲旅游开始萌芽，经历了 90 年代初期发展，到 21 世纪初我国乡村休闲旅游已进入一个全面发展时期，旅游景点增多，规模扩大，功能拓宽，分布扩展，呈现出一个良好的发展新态势。为了推动全国乡村休闲旅游的发展，由农业部（现为农业农村部）与国家旅游局（现为文化和旅游部）共同对全国休闲农业与乡村旅游示范县、示范点进行评选，就 2010—2013 年的 4 次评选结果进行统计，共评选出全国休闲农业与乡村旅游示范县 130 个（表 1–1）和全国休闲农业与乡村旅游示范点 383 个（表 1–2）。

表 1-1 2010—2013 年全国休闲农业与乡村旅游示范县（市、区）统计表

序号	2010 年	2011 年	2012 年	2013 年
1	北京市怀柔区	河北省涉县	北京市密云区	北京市延庆区
2	天津市蓟县	河北省围场县	天津市西青区	河北省滦平县
3	河北省迁安市	山西省长治市郊区	河北省迁西县	山西省榆次区
4	山西省清徐县	内蒙古自治区额尔古纳市	山西省运城市盐湖区	内蒙古自治区乌审旗
5	内蒙古自治区扎兰屯市	辽宁省宽甸满族自治县	内蒙古自治区赤峰市喀喇沁旗	辽宁省辽中县
6	辽宁省清原满族自治县	吉林省集安市	辽宁省桓仁满族自治县	吉林省抚松县、丰满区
7	黑龙江省宁安市	吉林省珲春市	吉林省临江市、敦化市	黑龙江省虎林县
8	上海市崇明县	黑龙江省铁力市	黑龙江省友谊县	上海市奉贤区
9	江苏省句容市	黑龙江省宾县	上海市金山区	江苏省盱眙县、兴化市
10	浙江省安吉县	江苏省南京市江宁区	江苏省高淳县、徐州市铜山区	浙江省绍兴市上虞区、江山市
11	浙江省嘉善县	江苏省如皋市	浙江省仙居县、长兴县	安徽省颍上县
12	安徽省黟县	浙江省桐庐县	安徽省石台县、岳西县	福建省长泰县、顺昌县
13	福建省南靖县	浙江省遂昌县	福建省上杭县	江西省靖安县、石城县
14	江西省婺源县	安徽省绩溪县	江西省安义县	山东省沂南县、岱岳区
15	江西省新余市渝水区	安徽省宁国市	山东省东平县、沂水县	河南省确山县
16	山东省荣成市	福建省闽侯县	河南省嵩县	湖北省谷城县
17	河南省郑州市惠济区	福建省漳平市	湖北省武汉市黄陂区、罗田县	湖南省桂阳县
18	河南省栾川县	江西省井冈山市	湖南省长沙市望城区、通道县、桃江县	广东省新兴县
19	湖北省恩施市	山东省沂源县	广东省和平县	广西壮族自治区灵川县
20	湖南省隆回县	山东省烟台市牟平区	广西壮族自治区灌阳县、巴马瑶族自治县	重庆市黔江区
21	广东省从化市	河南省鄢陵县	重庆市南川区	四川省苍溪县、平昌县
22	广西壮族自治区阳朔县	河南省新县	四川省长宁县、绵竹市	贵州省雷山县、兴义市
23	重庆市九龙坡区	湖北省洪湖市	贵州省丹寨县	云南省玉龙县、弥勒市

续表 1-1

序号	2010 年	2011 年	2012 年	2013 年
24	四川省郫县	湖南省张家界市永定区	云南省大理市	陕西省平利县
25	四川省蒲江县	湖南省岳阳市君山区	西藏自治区拉萨市城关区	甘肃省永靖县
26	贵州省桐梓县	广西壮族自治区恭城县	陕西省宝鸡市乡村休闲旅游示范区	青海省湟中县
27	云南省腾冲县	海南省保亭县	甘肃省金塔县	宁夏回族自治区吴忠市利通区
28	甘肃省天水市麦积区	重庆市大足县	青海省大通县	新疆维吾尔自治区博湖县
29	宁夏回族自治区银川市西夏区	四川省成都市温江区	宁夏回族自治区银川市永宁县	新疆生产建设兵团五家渠市
30	新疆维吾尔自治区昌吉市	四川省汶川县	新疆维吾尔自治区伊宁县	—
31	大连市金州新区	云南省罗平县	宁波市余姚市	—
32	宁波市奉化市	陕西省西安市长安区	—	—
33	—	陕西省凤县	—	—
34	—	甘肃省敦煌市	—	—
35	—	青海省贵德县	—	—
36	—	宁夏回族自治区贺兰县	—	—
37	—	新疆维吾尔自治区乌鲁木齐县	—	—
38	—	青岛市平度市	—	—
合计	32	38	31	29

表 1-2 2010—2013 年全国休闲农业示范点汇总表

序号	城市名称	2010 年	2011 年	2012 年	2013 年	2010—2013 年
1	北京市	4	4	3	2	13
2	天津市	3	4	3	3	13
3	河北省	3	2	4	3	12
4	山西省	3	2	3	2	10
5	内蒙古自治区	3	2	3	2	10
6	辽宁省	3	3	3	2	11
7	吉林省	3	2	3	2	10
8	黑龙江省	3	2	3	2	10

续表 1-2

序号	城市名称	2010 年	2011 年	2012 年	2013 年	2010—2013 年
9	上海市	4	4	3	2	13
10	江苏省	4	4	4	3	15
11	浙江省	4	3	4	3	14
12	安徽省	3	3	3	3	12
13	福建省	4	3	3	2	12
14	江西省	3	2	3	3	11
15	山东省	4	3	3	3	13
16	河南省	3	3	4	3	13
17	湖北省	3	3	2	3	11
18	湖南省	4	4	3	3	14
19	广东省	4	2	3	2	11
20	广西壮族自治区	4	4	3	3	14
21	海南省	0	4	3	0	7
22	重庆市	4	3	4	3	14
23	四川省	4	4	4	3	15
24	贵州省	2	3	4	3	12
25	云南省	3	3	4	3	13
26	西藏自治区	0	0	2	2	4
27	陕西省	0	4	4	3	11
28	甘肃省	2	2	2	3	9
29	青海省	3	2	2	2	9
30	宁夏回族自治区	2	3	2	2	9
31	新疆维吾尔自治区	2	4	3	2	11
32	大连市	1	2	1	1	5
33	青岛市	2	2	1	1	6
34	宁波市	2	2	0	1	5
35	厦门市	2	2	1	1	6
36	新疆生产建设兵团	2	1	0	1	4
37	深圳市	0	0	0	1	1
	合计	100	100	100	83	383

乡村休闲旅游是重要的民生产业和新型消费业态，为农业增效、农民增收、农村环境改善和经济社会发展做出了积极贡献。当前我国乡村休闲旅游的形态主要有三大类：①以家庭为规模的小规模休闲经济的农家乐；②有一定规模的，以村为整体的区域性的休闲经济的民俗村；③占地面积以及经营规模要超过农家乐，服务水平、服务质量、市场意识、经营管理都要高于农家乐的农业园以及休闲农庄。如浙江省西塘古镇碧云花园生态休闲农庄、江苏省太仓市现代农业园等。

2015 年全国休闲农业与乡村旅游实际完成投资 2 612 亿元，同比增长 60%，投资内容从单一产品建设和传统农业生产及农业观光向乡村度假酒店、历史文化村落、养生休闲山庄、旅游风情小镇等多类型、多业态乡村度假产品拓展和融合。2015 年全国休闲农业和乡村旅游接待游客超过 22 亿人次，营业收入超过 4 400 亿元，从业人员 790 万人，其中农民从业人员 630 万人，带动 550 万户农民受益，“十二五”时期游客接待数和营业收入、平均收入均超过 15%。

近年来在各级政府和农业部门的大力推动和社会需求的强力拉动下，我国乡村休闲旅游产业规模日渐扩大，发展内涵不断提升，发展类型逐步丰富，发展方式逐步转变，呈现出“发展加快、布局优化、质量提升、领域拓展”的良好发展态势，促使大量的农区变“景区”、田园变“公园”、农产品变商品、商品变礼品，农业景观化、景观农业化，让闲置的土地流动起来，让闲暇的时间充实起来，让富余的劳动力活跃起来，日益成为使农业更强、农民更富、农村更美的新兴产业。

但目前我国乡村休闲旅游的发展也存在一些问题，主要问题是：有概念但规划没有落地、有广度但没有深度、有营业但没有效益。这主要表现在：科学规划重视不够；档次不高，品位偏低，同质化现象严重；对自然生态、文化资源的保护意识不强；季节相关性太强；农业支撑产业不强；创新性不够；基础设施建设和服务不完善；各项规章制度和管理不健全，服务水平不高，缺乏职业经理人等。因此，发展乡村休闲旅游应该充分结合地方文化资源、旅游资源和特色资源，展现不同文化特色，切忌重复和雷同。

（三）我国乡村休闲旅游发展的特点

1. 乡村休闲旅游分布不断变化、新格局逐步形成

乡村休闲旅游早期发展阶段都是分布在大城市周边地区，而现在已从大城市向中、小城市发展。在大城市，也从近郊区向中、远郊区发展，从而形成了乡村休闲旅游分布的新格局。就北京市而言，以城市为中心，城市周边 50 千米以内，为观光、采摘、科技、教育、餐饮、购物旅游圈；城市周边 50 ～ 150 千米以内，为观光、休闲、体验、住宿旅游圈；城市周边 150 ～ 250 千米以内，为休闲、度假、特色旅游圈。

2. 乡村休闲旅游从依托城市向依托景区发展

过去一些旅游景区主要是从自己本身考虑发展，现在一些景区开阔了思路，把景区旅游延伸到农村，实行景区旅游发展与农村经济发展相结合，在自己发展的同时，通过多种方式积极引导村民参与旅游服务业，发展农业和乡村休闲旅游，走旅游脱贫致富的道路。

3. 乡村休闲旅游从单一观光型向休闲、教育、体验型发展

过去乡村休闲旅游多是以农业观光和农家乐为主，功能单一、层次较低，现在乡村休

闲旅游已不满足于“住农家屋、吃农家饭、干农家活、享农家乐”为内容的农家乐。在发展乡村休闲旅游和农家乐的同时，还发展乡村的民俗文化、农耕文化、生态文化资源，增加了休闲、娱乐、养生、健身和回归自然的内容，从而使乡村休闲旅游向高品位、高层次、多功能方向发展。

4. 乡村休闲旅游从自发发展逐步走向规范化发展

过去的乡村休闲旅游很多是自发发展的，没有经过规划论证，经营管理不规范。近年来，各地农业部门和旅游部门都重视规范化管理，制定了农业旅游和民俗旅游的评定标准，有的对农家乐和休闲农庄还制定了星级标准。依据标准定期进行评估，评出一级、二级乡村休闲旅游示范区（点），使乡村休闲旅游逐步走向规范化和专业化。

5. 乡村休闲旅游发展与新农村建设相结合

发展乡村休闲旅游必须考虑新农村建设的总体规划，密切结合农村产业结构调整、新农村建设与整治、生态环境改善等各项工作开展，使乡村休闲旅游发展与新农村建设结合起来。

乡村休闲旅游的雏形来自国外的乡村旅游，在国外已有 30 多年的发展历史。与一般的乡村旅游相比，乡村休闲旅游具有一定的优势，如地域从农庄拓展至城市的郊区，缩短了游客的时间成本。在管理方面也更有保障，农庄的体制管理将会优于一般的乡村旅游，服务质量也将更好。我国的乡村休闲旅游将从最初的自发状态逐步迈入规范管理与分类指导的时期，开始注重与大农业、大旅游、大文化、大生态、大都市的融合，成为现代农业的重要表现形式之一，充分发掘和体现农业的多功能性，整体上朝主题化、产业化、区域化、集群化的趋势发展。

6. 乡村休闲旅游与创意农业融合发展

乡村休闲旅游与创意农业的相互结合，可以充分发挥农业发展的优势，借助旅游业的带动作用，改变传统农业的运作方式，将创意方式应用到农业之中，以此，借助充足的资源优势，合理调配农业生产情况，创新旅游业发展新模式，并有效优化乡村休闲旅游参与者身心体验。因此，二者融合才能更有效地促进乡村休闲旅游业以及创意农业的科学发展，并带动农业经济发展，推进现代农业的高效发展。

（四）我国乡村休闲旅游发展的模式与经营类型

乡村休闲旅游通常都具有明确的土地权属，容易实现农产品的标准化与规模化生产，易于接受新品种、新技术的应用与发展，所以乡村休闲旅游企业生产的农产品的质量安全可控。乡村休闲旅游的经营模式可以灵活多变，目前，我国乡村休闲旅游的发展主要有以下 8 种模式 31 种类型。

1. 田园农业旅游模式

田园农业旅游模式是以农村田园景观、农业生产活动和特色农产品为旅游吸引物，发展农业游、林果游、花卉游、渔业游、牧业游等不同特色的主题旅游活动，以满足游客体验农业、回归自然的心理需求。其主要类型有如下 4 种：

（1）田园农业游

田园农业游是以大田农业为重点，发展欣赏田园风光、观看农业生产活动、品尝和购买绿色食品、学习农业技术知识等旅游活动，以达到了解和体验农业的目的，如上海市孙桥现代农业观光园。

（2）园林观光游

园林观光游是以果林和园林为重点，发展采摘、观景、赏花、踏青、购置果品等旅游活动，让游客观看绿色景观，亲近美好自然，如四川省泸州张坝桂园林。

（3）农业科技游

农业科技游是以现代农业科技园区为重点，发展观看园区高新农业技术和品种、温室大棚内设施农业和生态农业，使游客增长现代农业知识，如北京市昌平国家农业科技园区。

（4）参与体验游

参与体验游是通过参加农业生产活动，与农民同吃、同住、同劳动，让游客接触实际的农业生产、农耕文化和特殊的乡土气息，如广东省高要市广新农业生态园。

2. 民俗风情旅游模式

民俗风情旅游模式是以农村风土人情、民俗文化为旅游吸引物，充分突出农耕文化、乡土文化和民俗文化特色，发展农耕展示、民间技艺、时令民俗、节庆活动、民间歌舞等旅游活动，以增加乡村旅游的文化内涵。主要类型有如下 4 种：

（1）农耕文化游

农耕文化游是利用农耕技艺、农耕用具、农耕节气、农产品加工活动等，开展农业文化旅游，如新疆吐鲁番市坎儿井民俗园。

（2）民俗文化游

民俗文化游是利用居住民俗、服饰民俗、饮食民俗、礼仪民俗、节令民俗、游艺民俗等，开展民俗文化游，如山东省日照市任家台渔家民俗村。

（3）乡土文化游

乡土文化游是利用民俗歌舞、民间技艺、民间戏剧、民间表演等，开展乡土文化游，如湖南省怀化市荆坪古文化村。

（4）民族文化游

民族文化游是利用民族风俗、民族习惯、民族村落、民族歌舞、民族节日、民族宗教等，开展民族文化游，如拉萨市娘热民俗风情园。

3. 农家乐旅游模式

农家乐旅游模式是指农民利用自家庭院、自己生产的农产品及周围的田园风光、自然景点，以低廉的价格吸引游客前来吃、住、游、玩、娱、购等旅游活动。主要类型有如下 6 种：

（1）农业观光农家乐

农业观光农家乐是利用田园农业生产及农家生活等，吸引游客前来观光、休闲和体验，如成都市三圣乡红砂村花乡农居西域葡萄园、湖南省益阳市花乡农家乐。

（2）民俗文化农家乐

民俗文化农家乐是利用当地民俗文化，吸引游客前来观赏、娱乐、休闲，如贵州省郎德上寨的民俗风情农家乐。

（3）民居型农家乐

民居型农家乐是利用当地古村落和民居住宅，吸引游客前来观光旅游，如广西阳朔市特色民居农家乐。

（4）休闲娱乐农家乐

休闲娱乐农家乐是以优美的环境、齐全的设施、舒适的服务为游客提供吃、住、玩等旅游活动，如成都市郫县农科村农家乐。

（5）食宿接待农家乐

食宿接待农家乐是以舒适、卫生、安全的居住环境和可口的特色食品，吸引游客前来休闲旅游，如江西省景德镇瑶里稻田农家旅馆、湖南省湘西凤凰古镇吊脚楼旅馆。

（6）农事参与农家乐

农事参与农家乐是以农业生产活动和农业工艺技术，吸引游客前来休闲旅游，如保靖黄金茶采茶体验、北京市大兴红星集体农庄阳光农事体验园。

4. 村落乡镇旅游模式

村落乡镇旅游模式是以古村镇宅院建筑和新农村建设格局为旅游吸引物，发展观光旅游。主要类型有如下 4 种：

（1）古民居和古宅院游

古民居和古宅院游大多数是利用明、清两代村镇建筑来发展观光旅游，如山西省王家大院和乔家大院、福建省闽南土楼。

（2）民族村寨游

民族村寨游是利用民族特色的村寨发展观光旅游，如云南省瑞丽傣族自然村、红河哈尼族民俗村。

（3）古镇建筑游

古镇建筑游是利用古镇房屋建筑、民居、街道、店铺、古寺庙、园林来发展观光旅游，如山西平遥、云南丽江、浙江南浔、安徽徽州镇。

（4）新村风貌游

新村风貌游是利用现代农村建筑、民居庭院、街道格局、村庄绿化、工农企业来发展观光旅游，比较典型的新村风貌游有北京市韩村河村、江苏省华西村、河南省南街村。

5. 休闲度假旅游模式

休闲度假旅游模式是依托自然优美的乡野风景、舒适怡人的清新气候、独特的地热温泉、环保生态的绿色空间，结合周围的田园景观和民俗文化，兴建一些休闲、娱乐设施，为游客提供休憩、度假、娱乐、餐饮、健身等服务。主要类型有如下 3 种：

（1）休闲度假村

休闲度假村是以山水、森林、温泉为依托，以齐全、高档的设施和优质的服务为游客提供休闲、度假旅游，如广东省梅州雁南飞茶田度假村。

（2）休闲农庄

休闲农庄是以优越的自然环境、独特的田园景观、丰富的农业产品、优惠的餐饮和住宿，为游客提供休闲、观光旅游，如成都郫县安德西镇休闲农庄葡萄产业园、武汉市谦森岛庄园。

（3）乡村酒店

乡村酒店是以餐饮、住宿为主，配合周围自然景观和人文景观，为游客提供休闲旅游，如四川省郫县友爱镇农科村乡村酒店。

6. 科普教育旅游模式

科普教育旅游模式是利用农业观光园、农业科技生态园、农业产品展览馆、农业博览园或博物馆，为游客提供了解农业历史、学习农业技术、增长农业知识的旅游活动。主要类型有如下4种：

（1）农业科技教育基地

农业科技教育基地是在农业科研基地的基础上，利用科研设施作景点，以高新农业技术为教材，向农业工作者和中、小学生进行农业技术教育，形成集农业生产、科技示范、科研教育为一体的新型科教农业园，如北京市昌平区小汤山现代农业科技示范园、被列入陕西省“十二五”乡村旅游发展规划7个乡村旅游主题园区之一的陕西省杨凌农业高新技术产业示范园。

（2）观光休闲教育农业园

观光休闲教育农业园是利用当地农业园区的资源环境，现代农业设施、农业经营活动、农业生产过程、优质农产品等，开展农业观光、参与体验、DIY教育活动，如广东省高明蔼雯教育农庄。

（3）少儿教育农业基地

少儿教育农业基地是利用当地农业种植、畜牧、农耕文化、农业技术等，让中、小学生参与乡村休闲旅游活动，接受农业技术知识的教育，如北京市阳光少年教育实践基地。

（4）农业博览园

农业博览园是利用当地农业技术、农业生产过程、农业产品、农业文化进行展示，让游客参观，如沈阳市农业博览园、山东省寿光生态农业博览园。

7. 回归自然旅游模式

回归自然旅游模式是利用农村优美的自然景观发展赏景、登山、森林浴、滑雪等旅游活动，让游客亲近大自然。主要类型有5种：森林公园、湿地公园、水上乐园、露宿营地、自然保护区。

目前，我国乡村休闲旅游的运营模式存在两极化的问题，即有的偏重农业生产，有的则侧重休闲娱乐。乡村休闲旅游是多元融合的产业，可以融入的元素足够多，可以带动的产业链足够长，可以增加的效益自然无可比拟。要使乡村休闲旅游能够可持续发展，必须走一二三产业相融合的道路。发展乡村休闲旅游，走“庄园化”康庄大道。休闲农庄的特点是功能集群化，通过农庄这个平台，将农业资源有效配置、文化基因巧妙植入、旅游元素有机融合，从而推动乡村休闲旅游持续健康发展。要使乡村旅游业从“卖概念”转变为“卖产品”，这就需要搞好产品策划、产品规划、产品建设、产品落地和产品服务等。

8. 森林康养旅游模式

森林康养是以森林资源开发为主要内容，融入旅游、休闲、医疗、度假、娱乐、运动、养生、养老等健康服务新理念，形成一个多元组合、产业共融、业态相生的商业综合体，是我国大健康产业的新模式、新业态、新创意。森林康养旅游模式是以健康养生、休闲养老度假等健康产业为核心，进行休闲农业、医疗服务、休闲娱乐、养生度假等多功能开发模式。目前，我国四川、湖南、黑龙江、陕西、河北等地都已建立森林康养旅游的试点基地，积极推动乡村休闲旅游以森林康养为中心的旅游新模式经济。

（五）我国乡村休闲旅游发展状况

1. 北京市

北京市郊区观光农业的发展历经了萌芽自发、政府引导和规范管理 3 个时期。在 20 世纪 80 年代后期，昌平十三陵旅游区出现了向游客开放的观光桃园，游客购票入园后可自行采摘、品尝鲜桃，在游览结束时，桃园会赠送游客一袋自己采摘的桃子，这种观光形式深受游客欢迎。为了促进观光乡村休闲旅游行业的规范发展，2004 年年初成立了全国首家“北京观光乡村休闲旅游行业协会”，制定了市级观光农业示范园的标准。目前，北京市形成了城市近郊观赏农业公园区、中郊平原观光乡村休闲旅游区、远郊山区观光休闲生态农业区。

2. 上海市

上海市农业旅游起步于 1991 年，“南汇桃花节”是最初的景点。到 2002 年，上海共有 72 个观光乡村休闲旅游景区（点），分布于上海市 10 个区县。如今的上海郊区，农业形态正在重新调整和变化，传统的农业功能正向绿色食品功能、生态休闲功能、科技示范功能为一体的都市现代农业功能转变。2005 年崇明前卫村正式对外接待游客，拉开了上海郊区“农家乐”序幕，现在全市已基本建成农业旅游景点 30 多处，形成了 7 条农业旅游线。目前上海市有观光农业园区、观光农业基地和“观光农业镇”等多种类型，如位于上海西南郊的松江县洞泾镇，全镇均为观光农业景区，这在上海市还是第一家。农业的生态休闲效益正在日渐凸显，农业旅游成为上海发展都市现代农业的新亮点。

3. 深圳市

深圳市制定的“十一五”期间的都市农业发展总体目标，以农业园区、无公害生产基地观光农业为主要形式，以实现都市农业的经济、社会、生态功能为发展方向，将建成集科技研发示范、休闲观光、生态屏障和提供安全优质农产品等功能于一体的现代都市农业系统。深圳市农业总体布局在空间上分为 3 大片区：东部生态农业区，重点发展生态风景林、森林公园等生态农业、无公害农业和旅游观光农业等；西部农业高新技术产业区，以现代农业科技装备的设施化与工厂化生产为主要手段，大力打造农业科技示范园区；沿海海洋高新技术产业区，重点发展海洋养殖、捕捞加工、海洋生物产业和休闲观光旅游。

4. 湖南省

湖南省是全国发展乡村休闲旅游较早的省份之一，2006 年在全国率先成立了湖南省乡村休闲旅游协会，并创办了专门的网站和会刊，标志着湖南省现代农业与现代旅游业相结合的高效农业已成为农村经济的新亮点。当年湖南省政府办公厅发出了《关于加快乡村休闲旅游发展的通知》，从政策上为湖南乡村休闲旅游营造了一个良好的发展氛围和环境。2007 年编制了《湖南省乡村休闲旅游总体规划》，首次构建了湖南乡村休闲旅游的发展布局。2011 年发布了《湖南省休闲农庄建设规范》和《湖南省休闲农庄星级评定准则》2 项地方标准，并有针对性地开展了乡村休闲旅游从业人员培训。这些使湖南省的乡村休闲旅游得到了迅速发展，并为全国乡村休闲旅游发展提供了宝贵的经验。到2013年底，全省共有乡村休闲旅游企业4 026家，实现经营收入130亿元，获评国家五星级乡村休闲旅游企业20家，国家四星级乡村休闲旅游企业35家，湖南省五星级休闲农庄170家。

20世纪90年代，长沙、益阳两市出现了以钓鱼休闲、吃农家菜、住农家房、观农家景、干农家活为主要内容的“农家乐”。经过多年发展，乡村休闲旅游整体档次得到一定程度提升。在满足游客吃住的基础上，湖南省乡村休闲旅游发展越来越注重为游客提供更多的自然休闲方式、农家生活与农事体验等休闲旅游产品。目前，湖南省乡村休闲旅游主要由观光型乡村休闲旅游、客栈型乡村休闲旅游、度假型乡村休闲旅游3种类型，其中长沙县、开福区、望城县、浏阳市等已逐步形成了点面结合的乡村休闲旅游产业群。

5. 浙江省

浙江省休闲观光农业由于自然资源、人文资源、农业资源和经济状况的差异，各地休闲观光农业发展类型与模式表现为多样性。目前，按发展模式分，主要有基地改建型、项目建设型、文化挖掘型、设施改造型、农庄经济型、旅游带动型等；按功能分，主要有观光农园、休闲农场、市民农园、教育农园、农业公园、森林公园、民俗观光村、民居农庄等；按产业类型分，主要有种植主导型、畜牧养殖主导型，水产养殖主导型、综合发展利用型等。

6. 四川省

四川省乡村休闲旅游的发展形成了以成都为中心，辐射到周边地区的规模庞大的乡村休闲旅游产业圈层，建立了环城市天府农家、川西藏羌风情、川东北区新貌、川南古村古镇和攀西阳光生态5大发展板块，构建了以8个全国休闲农业与乡村旅游示范县、15个全国休闲农业与乡村旅游示范点、28个全国农业旅游示范点、11个全国特色景观旅游名镇（村）、48个省级乡村旅游示范县（市、区）、562个省级乡村旅游示范乡（镇）村、3 000家星级农家乐/乡村酒店为主体的乡村休闲旅游产品和服务体系。目前已初步形成了具有一定影响力的乡村休闲旅游品牌，如郫县农科村、三圣花乡“五朵金花”等。

7. 中国台湾观光农业

20世纪70年代末，观光果园率先在台湾出现。1983年台湾实施“发展观光农业示范计划”，充分利用各地的自然风景和旅游资源，与特色农业生产结合，发展观光农业，其观光农业已成为旅游业的一个重要分支，也成为现代化农业的先驱。台湾观光农业有水果观光园、花卉观光园、蔬菜观光园、茶树观光园、森林观光园、综合观光园等类型。开放的观光作物种类包括：柑橘、百香果、莲雾、杨桃、金枣、李子、桃、草莓、葡萄、柿、红枣、荔枝、龙眼、番石榴等水果以及茶树、花卉等各种农作物20多种。目前，仅台北市的观光农园就有300万米^2。

台湾发展休闲观光农业的主要思路是利用农业及农村丰富的自然资源，将乡村变成具有教育、游憩、文化等多种功能的生活空间，以满足现代人对休闲生活日益扩大的需求。经过30多年的发展，休闲观光农业已成为台湾民众休闲旅游的一种重要形式。

台湾休闲观光农业的种类繁多、经营模式多样，各种形式的观光农业在发展水平、成熟程度及政府扶持措施等方面各有差异，其主要类型有：休闲农场、观光农园、市民农园、农业公园，以及假日花市、教育农园、森林游乐区、屋顶农业等其他形态。除了种植业观光园林外，近年来，观光农业还不断向畜牧业、渔业方面发展，出现了观光渔场、牧场等，利用林产、畜禽、鱼贝之类促进农林牧副渔全面发展，促进农业和旅游业的综合发展。

第三节

发展乡村休闲旅游的基本原则与方法

一、发展乡村休闲旅游的基本原则

发展乡村休闲旅游总的基本原则是要把农业与科技、文化、产业、市场、生态环境进行有机融合，全面挖掘农业潜能，拓展市场空间。在发展过程中，必须坚持以人为本，以农为主，在农业“生产、生活、生态”基础上发展休闲观光产业，以农业发展观光，以观光促进农业进步；必须坚持保护农村的自然资源和景观，维持生态平衡；必须坚持农耕和民俗文化的传承，保护浓厚的乡土气息与风土民情。发展乡村休闲旅游的基本原则如下。

1. 市场导向、科学发展原则

发展乡村休闲旅游必须面向各类消费者，以不同的景观吸引不同的游客。为此，乡村休闲旅游的设计应兼顾不同收入者的利益，不能只建高档景点和设施。除了消费者要多样化之外，消费的对象也要多样化，要善于挖掘蕴涵在农业内部的各种人文资源，与农业相关的田间情趣、乡土风情，以及科技、教学等都是可以不断发展利用的农业旅游资源。

乡村休闲旅游具有农业和旅游业的双重性质，是农业和旅游业相结合的一种新型的交叉型产业，所以在选址时就必须考虑它所具备的生产功能和观光功能，以市场为导向，充分考虑好生产销售市场与旅游客源市场。

2. 立足自有资源、发挥比较优势原则

发挥本身的资源优势，将生态与文化相结合。国外发展乡村休闲旅游并不是全靠渔场、农场等来吸引游客，常常是以各种的奇思妙想吸引众多游客。如在波兰，乡村休闲旅游与生态旅游紧密结合，接待游客的农户都是生态专业户；在匈牙利，乡村休闲旅游与文化旅游结合起来，使游客在领略田园风光的同时，还能体验这里悠久的民族文化；在美国，探险旅游与乡村休闲旅游相结合，大大提高了游客的兴趣。

我国的乡村休闲旅游特别是不发达地区的乡村休闲旅游还处在起步阶段，节目内容不丰富，游客参与性也不强，而且内容形式重复较多。既然各地具有不同的文化特色，就应该把这些内容蕴含在乡村休闲旅游中，尽可能多地向游客展示当地的民俗、工艺美术、民间建筑、音乐舞蹈、婚俗禁忌、趣事传说等。不仅如此，还要利用特有的地理、生物等资源，大胆借鉴国外农业和生活的发展模式。

3. 以人为本、生态当先原则

以人为本，坚持生态保护是发展乡村休闲旅游首要坚持的原则。以人为本是科学发展观的核心，这里主要是指在乡村休闲旅游的发展及生产管理活动中，坚持一切从人出发，以调动和激发人的积极性和创造性为根本手段，以达到提高效率和人的自由、全面发展为目的的观念。

生态当先，是说在发展乡村休闲旅游时要将保护生态环境放在首位。在任何人类活动包括从事乡村休闲旅游的活动中，都必须对生态环境的发展作限制，兼顾区域经济发展的同时，通过规范管理，以管促治，合理发展区域特色产业等多种措施，有效减轻人类活动对生态系统的压力，预防和控制各种不合理及过度发展建设活动导致生态功能的退化。

4. 打造特色、突出内涵原则

乡村休闲旅游项目贵在有自己的特色。乡村休闲旅游项目的发展要针对市场的需求，根据地域差异以及自然、人文环境特色确立主题，对发展项目精细加工、论证，不断创新，遵循奇趣性、参与性、多功能性的原则，尤其要注意景点的区域合理分布与特色的培养，以特色占领市场，避免重复建设造成资源浪费，这样才能组合发展出高质量、高品位的乡村休闲旅游项目。随着服务性经济向体验性经济的转变，旅游功能的重心应向提供给旅游者直接参与的独特经历转变，这样才能形成项目发展的持续性、稳定性和常效性，形成共同繁荣的乡村休闲旅游新局面。

5. 因地制宜、适度合理原则

首先，应结合本地的特色，把内部发展经济的需求与外部对产品的需要结合起来，选准目标市场，再进行发展。

其次，要进行科学规划，统一布局。在布局时要以保护资源、发展生产为主要目的，不能破坏田园风光、污染环境。在规划时，要根据当地的自然、经济、社会条件，考虑到市场需求状况，因地制宜开展乡村休闲旅游发展规划，各地在旅游地建设上，不能一哄而上，盲目重复建设，要建设具有当地特色的乡村休闲旅游基地。

6. 农业与景观协调发展原则

发展乡村休闲旅游的最大对象是农业和农村以及与农业相关的人文、自然资源，不能废农造景，而必须以农为景；不是抛弃农业原有的生产价值，追求生态、社会和文化价值，而是要在农业原有生产价值的基础上，再增加社会、生态和文化价值。在农业生产价值基础上，开拓农业生态、观光的新价值应该成为发展乡村休闲旅游的主要途径。为此，要保护好耕地和环境资源，这是乡村休闲旅游存在的依据和基础，特别在初期更要注意这点。

乡村休闲旅游一般是在原有生产基地的条件上进一步发展而成，因此要根据基地的现实条件、地形地貌特征和气候条件，充分考虑其区位条件和交通条件，结合地方文化与人文景观，因时、因地统筹安排，合理布局、科学规划。在规划手法上，要在考虑传统文化的基础上，运用现代造园手法，表现时代风格，探索一条高效农业与旅游观光互为补充、相互促进、共同发展的新道路，建立最佳结构的乡村休闲旅游发展模式。

7. 经济、社会、生态效益兼顾原则

在市场经济条件下，任何新产业的发展都必须遵循市场规律，以效益的实现为发展的根本目标。其中，经济效益能否实现是乡村休闲旅游发展是否成功的最直观表现，直接影响着地方经济发展的积极性和主动性。因此，乡村休闲旅游发展必须以市场为导向，特别是各项农业旅游项目的设计规划都要经过市场的分析论证方可实施。同时，乡村休闲旅游所具备的参与性、文化性特征，又使之担负着传播农业文化的社会教育重任；其对农村经济结构的调整，对农村剩余劳动力的转移、乡村城镇化发展的作用等都深深地影响着产业发展的社会效益实现。更不容忽视的是，乡村休闲旅游发展能否形成具有再生性的农业生态景观，将直接影响着整个生态环境的良性循环，这是乡村休闲旅游能否持续发展的根本保证。所以，经济、社会、生态 3 效益的结合是发展乡村休闲旅游必须重视的原则。

8. 多功能性、广包容性原则

乡村休闲旅游涵盖了生产、观光、休闲、度假、体验、参与、娱乐、购物、教育等一系列内容，要尽量使观光农业具有多功能性，满足游客“自由选择、各得其所”的心理，不断增强游客的参与程度，最终达到增加游时、提高游兴以及增加经营者收益的目的。

9. 可持续发展原则

乡村休闲旅游是生态农业和生态旅游的有机结合，其发展的基础是运行良好的农业生态系统和具有生态意识的管理者、经营者和旅游者。

实现乡村休闲旅游的可持续发展，首先，要进行合理规划，把乡村休闲旅游的建设规划纳入区域的统一规划当中，合理布局居民点、道路和旅游用地．科学发展，整治土地，改善农村环境，处理好古老民俗、民居的保留同新建具有乡村休闲旅游特色的新农村的关系；其次，对经营管理者进行培训，增强他们的生态意识，并把这种意识转化为保护生态环境的行动，从而对游客产生影响，保持农业效益的持久性和高效性，最终实现乡村休闲旅游的可持续发展。

二、发展乡村休闲旅游的基本方法

发展乡村休闲旅游的基本方法是在发展乡村休闲旅游项目前要搞好项目的规划设计，包括产前设计、产中设计和产后设计。

（一）产前设计

产前设计指在乡村休闲旅游生产或园区建设之前，运用创意的思维与手法，对乡村休闲旅游及其园区的主题、产业规划、景观等进行统筹策划，加入时尚与新鲜的元素，以凸显产业与园区的特色，塑造鲜明的品牌形象，实现综合效益的提高。

1. 主题设计

主题设计是在园区规划建设上，首先对园区的定位、主题、功能布局、品牌形象进行别出心裁地筹划设计，充分发挥本土资源优势，运用多元化手段进行创新，提炼主题、突出特色，营造新颖、独特、新鲜的环境。如成都市锦江区三圣花乡打造的分别以“幸福梅林”“荷塘月色”“江家菜地”“东篱菊园”“花香农居”为主题的“五朵金花”，走出了一条专业化、规模化、品牌化的乡村休闲旅游发展之路，明显改善了农村的生产生活条件和整体面貌，率先建成了社会主义新农村建设示范区。

2. 产业规划

产业规划是在整个产业的农业区划、功能配置、配套设施建设、基础设施建设等方面都要进行精心规划与布局，使其既符合产业生产布局的要求，也能结合游客观光旅游的需求，力求创新、与众不同。例如，农业景观与生产区划的有机搭配，游步道、休闲亭台、民居建筑的修建与配合，农事体验活动的设置等，都要做到独具匠心、别具一格才能吸引游客，提高重游率。

3. 景观设计

景观设计则主要用科技方法和艺术化的手段修复、改造自然环境与人文环境，营造出富有意境的、赏心悦目的田园风景和乡村特色风格。田园风景应采用大地艺术化的手法对当地的农田、坡地、山林、水系进行景观化改造，突出乡土特色，营造乡野之趣；通过不同类型、不同品种、不同颜色的农作物的套种、间种，打造出富有丰富造型和强烈震撼力的田野景观。人文景观要采用现代生态设计手法，对农村的古址、古迹和民居庭院进行保护性修复和内部设施的完善配备，尽量保持其原有风格，彰显出当地的乡土风韵。

（二）产中设计

产中设计指在乡村休闲旅游生产过程中，利用先进科技或文化植入对农产品、农业加工品和其他衍生产品进行创新改造，生产品种齐全、形态多样、功能丰富的产品，使人耳目一新，从而提高其美感和附加值。

1. 产品种类创新

产品种类创新是利用先进的繁育种技术和基因改良技术研发新的农作物品种，培育出各种“新、奇、特、优”产品，既可展现现代农业科技的力量，也可以满足人们追新猎奇的心态，获得科普知识，如北京市密云的紫海香堤等。

2. 产品形态、颜色、高矮、大小创新

产品形态、颜色、高矮、大小创新是利用农业科学技术，改变农作物或园林花木的外观和生物学特征，使其花、叶、果的形状、颜色等发生变化，具有独特的观赏效果和价值，如湖南省农业科学院的研究成果——彩色水稻等。

3. 产品功能创新

产品功能创新是充分考虑农产品的观赏、药用、艺术价值等功能，利用农耕用具、农村手工艺品进行打造，将普通产品变成商品、纪念品甚至成为艺术品，提高附加值，如山海关外葫芦岛的各类葫芦做成的装饰纪念品等。

4. 产品生产创新

产品生产创新是利用科技和新设施，改变作物的传统生产方式和生长空间，形成特色景观，给人耳目一新的感受，如用光伏大棚、物联网技术种植反季节果蔬，蔬菜与花卉工厂化生产，设施蔬菜立体栽培技术，航空植保技术，用无土栽培等技术制造红薯空中长、草莓壁上生等农业特色景观。或在种植形式上打破传统农业“横平竖直”的一垄一行的种植形状，而是种成一种有特定含义和艺术图案的形状，如种成迷宫形、地图形等。既提高了农业现代化水平，又促进了乡村旅游。

5. 成熟期不同的农作物合理搭配

乡村休闲旅游中一个重要的内容是采摘。消费者的采摘欲望每天都可能发生，而农作物的成熟是有季节性的。因此，为了延长采摘期以尽可能每时每刻都能满足消费者的需求，就需要选择不同成熟期的作物品种进行合理搭配。在尽可能多的农作物品种进行搭配的基础上，还可以在农作物生长规律允许的范围内，提早或推迟播种期，从而使收获期得到更加延长。有大棚和日光温室的地方，还可以通过农业设施，将这种搭配方法发挥得淋漓尽致。

6. 在劳动主体上创新

通过完善一定的基础设施和宣传，让农民和市民共同建设"市民菜园"，通过市民自己决定种植农作物的品种，自己决定采摘收获的时间，从而将市民回归自然、体验农耕文化、休闲健身以及食用绝对安全、鲜活农产品等多种需求统一起来。

（三）产后设计

产后设计是在产业流通环节中通过对休闲农产品进行美化包装、营销和创新服务等方式，塑造精品品牌形象，提升休闲农产品的商业价值和隐性价值，从而提高农产品的效益。

1. 包装

包装是运用视觉设计艺术，对乡村休闲旅游产品的概念、形象、组合进行深度挖掘、提炼、优化，形成独特的风格，塑造品牌形象。比如用藤条、柳条或竹片编成篮筐、盒子盛装农产品，显得土味土韵十足，别有风味。如湖南省雪农生态养殖发展公司设计的"蛋中鸡"商标，以民间剪纸图案融合现代时尚艺术字体，既富于变化，表达了绿色经营理念，又内涵丰富，表达了生生不息的意境。

2. 营销

结合"地理标志产品"、农产品著名品牌、驰名商标等方式塑造经典品牌，全面展示产品的品牌定位理念、特色卖点，以营造极富视觉冲击力的终端表现。通过广告、促销、体验、节庆活动、社区直销、网络销售等营销手段，创新营销方式与渠道，拓展营销空间。如水果采摘季活动，让游客自采自摘，将销售融入体验中去，使游客乐享收货的喜悦。开展"打造会说话的苹果"特色劳动体验活动，让小朋友和家长进行亲子互动，用印有吉祥语、京剧脸谱图案、卡通人物等各种表达情意的图案字帖，给刚摘下来的苹果贴上自己喜欢图案的"苹果贴"。在果树旁、田间路边，搭起小木屋或帐篷，以满足消费者的需求。

3. 对销售渠道进行创新

打破农作物必须种在田里，消费者只购买成熟产品的做法，而是将选择、培育或驯化的合适的品种，种在不同形状、颜色的花盆里，让市民带回家摆在客厅里、阳台上。既能观赏，又能增氧、养眼，还能收获、食用绝对鲜、活、放心的农产品。

4. 产品功能的拓展与创新

传统的农产品收获以后一般只有食用功能，而将传统农产品赋予它文化元素或特殊含义后便会身价倍增。产品功能的拓展与创新方法主要有以下 3 种。

（1）做成艺术品

如北京延庆将各种豆子合理搭配，便成了妙趣横生的豆塑画。北京门头沟的农民将麦秸精挑细选、合理加工后，便成了质地高雅的麦秸画。除这些外，还有艺术南瓜、艺术葫芦等，不胜枚举。

（2）做成礼品

一是做成有特指的礼品，如通过多种手法，在农产品的果实上刻字，在特定的时间送给特定的消费者，如"人名""寿""生日快乐"等；二是做成节假日礼品。中国人的礼数多，节假日要给亲戚、朋友、同事送礼物，过去满足这种需求的多用工业品。然而时间长了，礼品多了，工业品便失去了价值。而农产品可以及时送且及时消费，并且下次再送依然需要。

（3）做成功能食品

过去的农产品只追求质量好，营养价值高，而追求对人体保健功能价值的不多。随着"既要小康，又要健康"的"双康"社会的到来，人们将在追求农产品质量好、营养价值高的基础上，根据人体的个性化差异，进一步追求农产品对人体健康的功能价值将是一个发展方向。所以，将农产品的各种食疗功能挖掘出来、整理起来、宣传出去，并在农产品的介绍中加以注明再销售出去，将会产生新的更大的市场空间。

第二章

乡村休闲旅游生产的发展

CHAPER

02

第一节

种植业生产的发展

一、种植业植物类型选择

可以用于乡村休闲旅游种植业栽培生产的植物种类很多，几乎所有的作物包括大田作物、经济作物、园艺作物（蔬菜、果树、花卉等）、药用植物、观赏植物等都可以用于乡村休闲旅游种植业栽培。乡村休闲旅游种植业重点发展的植物种类主要有：观赏蔬菜、观赏果树、观赏花卉和园林树木、观赏型大田作物和特色药用植物等，下面进行分类介绍。

（一）观赏蔬菜

观赏蔬菜是指既可食用又可用于景观设计的一类新型蔬菜的总称，是介于花卉与蔬菜之间的崭新的、有明确内涵的蔬菜新类别。观赏蔬菜具有优雅美丽的株态、奇特诱人的外观、绚丽多彩的色泽，集观赏、食用、绿化和美化于一体，是乡村休闲旅游种植业中必不可少的植物种类。

按照农业生物学分类方法，观赏蔬菜可分为茄果类、瓜类、豆类、绿叶菜类、水生蔬菜类等；根据不同来源，观赏蔬菜可分为野生蔬菜和栽培蔬菜；根据不同食用部位和观赏性能，观赏蔬菜可分为叶菜类、果菜类、芳香蔬菜、食用菌等。下面主要介绍观赏瓜果、观赏辣椒、观赏番茄和观赏叶菜等乡村休闲旅游种植业生产中运用较多的种类。

1. 观赏瓜果

观赏瓜果主要指用于观赏栽培的葫芦科瓜类蔬菜。近年来，我国观赏瓜果的栽培发展很快，许多现代农业园区和游览景区都纷纷引入，通过结合奇瓜异果的生长特性进行合理布局，种植出了国内外的名、特、奇、稀瓜果品种，各种瓜果姹紫嫣红，争奇斗艳。园区成为集观赏、游玩、科普教育为一体，寓教于乐的好场所。

（1）观赏南瓜

观赏南瓜为葫芦科南瓜属一年生蔓生草本植物。原产热带地区，多属于美洲南瓜变种，是通过自然变异和人工选择而培育出的果形奇特、色彩丰富、极具观赏性的南瓜品种，部分品种可食用。观赏南瓜也称玩偶南瓜，以果实作为观赏对象，它的果型较小，色彩丰富，同一种果实还可以表现出双色和多色，观赏价值极高。观赏南瓜是乡村休闲旅游种植业种植的首选栽培蔬菜。

观赏南瓜以观赏果实为主，果实的大小、形状、颜色因品种不同而千姿百态。观赏南瓜的品种主要有鸳鸯梨南瓜、龙凤瓢南瓜、佛手南瓜、玉女南瓜、黄飞碟南瓜、白飞碟南瓜、金童南瓜、瓜皮南瓜、福瓜南瓜、疙瘩南瓜、白蛋南瓜、东升南瓜、青栗南瓜、仙姑南瓜、椪柑南瓜、橘瓜南瓜、鱼翅瓜、地雷瓜、巨型南瓜等。

观赏南瓜色彩艳丽，有绿色、橘红色、黄色、白色等多种颜色，间有条纹或斑纹，表面平滑或有棱线。瓜形小巧美观，有扁圆形、圆锥形、长圆形、洋梨形、瓢形、碟形、皇冠形等。其表面奇硬，泛有蜡光，只要不受损，可长期存放。果实充分成熟后，作为艺术品陈列于居室、客厅或橱窗中，进行长期观赏，别具情趣。因此，消费者多将不同形状和色泽的南瓜拼成瓜篮，再配衬一些美丽的干花，陈放于室内，令人耳目一新，独具观赏价值。在观赏南瓜的生长期，在绿叶的衬托下，集观赏、遮阴、食用为一体，颇具田园诗意。观赏南瓜的适应性强，栽培技术简单，既可食用又可观赏，市场售价是普通南瓜的 3 ～ 5 倍，所以观赏南瓜具有广阔的市场发展前景。

（2）观赏葫芦

观赏葫芦为葫芦科瓠瓜属一年生蔓生草本植物。原产热带，一般只作观赏，不作食用。观赏葫芦的果实外观奇异，惹人喜爱，一般种植在农业观光园区和游览景区，供人们观赏。宜棚架栽培，可观赏花、果。果实老熟后外壳坚硬，表面光滑，呈淡黄色，并会随放置时间的增长而逐渐加深直至红紫。不仅可作为实用器物，而且还能被制成各种工艺品，悬于室内，别具风趣。

观赏葫芦的品种主要有小葫芦、长柄葫芦、鹤首葫芦等。小葫芦的根系不发达，蔓性草本，具柔软茸毛，茎横切面三角形或五角形，叶片小，浅缺刻近似圆形，花为白色。以子蔓和孙蔓结果为主，果实葫芦形，横径 4 ～ 5 厘米，长度不超过 10 厘米。长柄葫芦的根系发达，为肉质根，茎节着地容易产生不定根；蔓长 8 ～ 10 米，子蔓多，生长势极旺盛。叶较大，浅缺刻近似圆形。花白色，单生，在傍晚时盛开，子蔓和孙蔓结果为主。果实有一条细长的柄，长 40 ～ 50 厘米，长柄葫芦下部似一个圆球体，横径 14 ～ 20 厘米，皮色以青绿为主，间有白色斑，老熟果外皮坚硬。鹤首葫芦的下部似一个球体，表面有明显的棱线突起，表皮墨绿色，其余与长柄葫芦相似。

（3）其他观赏瓜果

其他观赏瓜果还有水果黄瓜、老鼠瓜（变色瓜）、佛手瓜、拇指西瓜等。

2. 观赏辣椒

观赏辣椒是辣椒的变种，果实有红、黄、紫、褐等多种色彩，且形状奇特、千姿百态。观赏辣椒以其绚丽的果实带给人们审美享受，成为乡村休闲旅游种植业植物种类中重要的观赏蔬菜。主要观赏辣椒品种如下。

（1）黑皮小指天椒

黑皮小指天椒的果圆锥形，果柄朝天，果长 2.5 厘米左右，结果较多。果色随成熟度不同而发生变化，幼果期为紫黑色，初成熟期变为青绿色，老熟期变成鲜红色，在一棵植株上可同时长有 3 种颜色的果实，观赏性好，辣味中等。

（2）黑珍珠

黑珍珠的果实果尖朝天，圆形，直径 0.8 ～ 1.3 厘米，大小如珍珠，精致小巧，玲珑剔透，果皮紫黑色，果实成熟后呈鲜红色，辣味强，后期变化丰富多彩，同一分枝上多种颜色果实同时存在。

（3）太空芝麻椒

太空芝麻椒的果实小巧精致，极辣，成熟后色泽为典型的中国红。观赏期可达 8 个月以上，花、果、叶浑然一体，白、绿、红交相辉映，具有很高的观赏和食用价值。

（4）风铃椒

风铃椒即灯笼椒，原产于加拿大，颜色鲜艳明快，多样而美观，果实直径约 4 厘米，风铃型，果面有不规则凹凸，中间突出如乳头状。观赏性佳，可食性好。

（5）小米粒椒

小米粒椒的果实如米粒，幼果乳白色，在成长过程中有白、紫、红等变化。果实直径约 0.5 厘米，单果质量约 5 克，味辣。花期一般从 6 月延至 9 月，果顶朝上，观果期长。

（6）五彩椒

五彩椒的果实长圆锥形，果顶朝上，果长 2.5 厘米左右，果宽 1.6 厘米左右，单果质量 2 ～ 10 克，辣味强。果实在成长过程中有奶白、浅黄、橙黄、红、紫等颜色变化，同一分枝上多种颜色果实同时存在，颇为夺目。

（7）佛手椒

佛手椒的浆果指形，果柄直立，一枝常有 10 多只簇生于枝端，形如佛手而得此名。果实长 4 厘米左右，在成熟过程中由乳白色变成黄、橙、红等颜色，色泽鲜艳，味甚辣，具有很高的观赏价值和食用价值。收获期与观赏期长达 8 个月。

（8）樱桃椒

樱桃椒的浆果卵圆形或椭圆形，果小如樱桃，一枝常簇生十几只，由绿变红、黄或微紫色，辣味甚强，可制干辣椒或供观赏，又可作药用。

3. 观赏番茄

观赏番茄外观如同樱桃，因此也叫樱桃番茄，于 20 世纪 80 年代引入我国栽培。观赏番茄品种多样，营养丰富，深受人们喜欢。目前，观赏番茄有黄色、红色、粉红色、绿色、紫色等不同果色；形状大的如乒乓球，小的如同樱桃，有圆形、长圆形、椭圆形。因此，观赏番茄也可以作为乡村休闲旅游种植业中的主要蔬菜。

主要的观赏番茄品种如下。

（1）红太阳

由北京农业技术推广站选育。为红色、圆形果品种。平均单果重 10 ～ 15 克，果肉较厚，不易裂果，口感酸甜适度，风味较好。红太阳的综合抗病性比较强，适应性广，在我国南北方都可以种植。

（2）千禧

由中国台湾农友种苗公司选育。果实椭圆形，颜色粉亮，风味浓厚，品质极其优良，受到南北市场普遍欢迎。单果重约 20 克。其丰产性好，对病毒病、早晚疫病等番茄常见病害综合抗病能力强，不易裂果、耐贮运。

（3）黄珍珠

由中国农业科学院蔬菜花卉研究所育成。果实椭圆形，果形美观，单果重 15 ～ 25 克。幼果有浅绿色果肩，成熟果黄色，色泽鲜艳。风味浓厚，品质极佳，不易裂果。

（4）黑珍珠

是引自美国的新品种。紫褐色、圆形果。果实内含有较高的茄红素和维生素 C，营养价值高。黑珍珠的果实皮薄、多汁，具有浓烈的水果香味，酸甜极其可口，品质极佳。单果重 15 ～ 25 克，适宜我国南北方保护地、露地栽培。

（5）金小玲

果实色泽漂亮，口味好，品质佳。未熟果浅绿，有绿果肩；成熟后果实呈金黄色，无果肩和棱沟，高圆形。单果质量 18 克左右，果肉厚 0.35 厘米左右，硬度中等且不易裂果，味道鲜美且微甜，口感品质极佳。抗病性好。

4. 观赏叶菜

观赏叶菜具有生长速度快，品种丰富、色彩动人、清爽宜人的特点，因此在乡村休闲旅游种植业中越来越受到广泛关注。常见的观赏叶菜如下。

（1）羽衣甘蓝

羽衣甘蓝原产地中海沿岸至小亚细亚一带，主要分布于温带地区。羽衣甘蓝的观赏品种很多，主要品种有花羽衣甘蓝、东方绿嫩、阿培达、科伦内等，叶片形态美观多变，色彩绚丽如花。其中心叶片颜色尤为丰富，整个植株形如牡丹。

有的羽衣甘蓝品种植株高大，叶片肥厚，倒卵形，深度波状皱褶，呈鸟羽状，美观。花期 4 ～ 5 个月，主要观赏期为冬季。株丛整齐，叶形变化丰富，叶片色彩斑斓，一株羽衣甘蓝犹如一朵盛开的牡丹花，因而又名叶牡丹，有极高的观赏价值。

（2）紫叶生菜

紫叶生菜极富营养价值，生长速度快，整株呈紫红色，叶形波状有质感。目前我国栽培的紫叶生菜品种“红帆”是从美国引进的。它植株较大，散叶，叶片皱曲，色泽美观，随收获期临近，红色逐渐加深，不易抽薹。喜光，较耐热，成熟期早，既可观赏又可食用。

（3）紫背天葵

紫背天葵为多年生草本植物。紫背天葵主要分布于我国浙江、江西、湖南、福建、广西、广东、海南等地，生长于海拔 700 ～ 1 120 米的地区。紫背天葵有红叶种和紫茎绿叶种两类。红叶种叶背和茎均为紫红色，新芽叶片也为紫红色，随着茎的成熟，逐渐变成绿色。根据红叶种叶片的大小，又可分为大叶种和小叶种：大叶种叶大而细长，先端尖，黏液多，叶背、茎均为紫红色，茎节长；小叶种叶片较少，黏液少，茎紫红色，节长，耐低温，适于冬季较冷的地区栽培。紫茎绿叶种茎基淡紫色，节短，分枝性能差，叶小、椭圆形、先端渐尖，叶色浓绿，有短茸毛，黏液较少，质地差，但耐热、耐湿性强。紫背天葵喜温暖湿润的气候，生长适温 20 ～ 25℃，耐热性强，在夏季高温条件下生长良好；不耐寒，遇霜冻即全株凋萎。生长期间喜充足的光照，较耐阴，较耐瘠薄土地。

（4）红叶苋菜

红叶苋菜原产地为南美洲的巴西，中国长江以南地区有引种栽培。红叶苋菜为多年生草本植物，高 1 ～ 2 米，茎粗壮，常带红色，叶片宽卵形至近圆形，直径 2 ～ 6 厘米，叶色紫红色，适宜与五色苋类或浅色花卉搭配种植。红叶苋菜喜温暖湿润、耐阴、忌湿、怕水涝。畏寒冷，耐干热环境和瘠薄土壤。在阳光充足、疏松肥沃、排水良好的沙质壤土中生长良好。生长适温为 15 ～ 26℃。可耐短时间霜冻。

（5）叶用甜菜

叶用甜菜为两年生草本植物。我国南方栽培较多。植株矮生或直立，根小、叶片肥厚，叶卵圆或长卵圆形，表面皱缩或平展，有光泽，叶色淡绿至深绿，也有紫红色品种；叶柄发达，宽短肥厚或窄长肥圆，颜色分红色、绿色、白色 3 种。花淡绿略带红色。既可观赏又可食用。叶用甜菜喜冷凉湿润，耐高温、低温，耐肥，耐盐碱。土壤的 pH 以中性或弱碱性为好。

（6）紫苏

紫苏为唇形科一年生草本植物。茎高 0.3 ～ 2 米，绿色或紫色，钝四棱形，叶阔卵形或圆形，先端短尖或突尖，基部圆形或阔楔形，边缘在基部以上有粗锯齿，膜质或草质，两面绿色或紫色，具有特异的芳香，观赏性强，并有一定的药用价值。紫苏能散寒解表，理气宽中，用于风寒感冒，头痛，咳嗽，胸腹胀满。紫苏还是鱼烹饪时的最好配料。紫苏原产中国，主要分布于印度、缅甸、日本、朝鲜、韩国、印度尼西亚和俄罗斯等国家。紫苏的适应性很强，对土壤要求不严，前茬作物以蔬菜为好。果树幼林下均能栽种。

观赏叶菜中还有药用植物转入蔬菜栽培的植物，如鱼腥草、蒲公英、益母草等；野生植物转入蔬菜栽培的植物，如革命菜（野茼蒿）、蒌蒿等。其他观赏叶菜还有乌塌菜、抱子甘蓝、儿菜等。

其他可用作乡村休闲旅游栽培的观赏蔬菜品种还有：球茎茴香、红扁豆、黄花菜、香芋（槟榔芋）、黄秋葵、红秋葵（南美红果秋葵）、人参果（香艳茄）、紫甘薯、紫淮山、紫马铃薯，水生蔬菜如莲藕、芡实，食用菌如灵芝等。

（二）观赏果树

果树是乡村休闲旅游中种植栽培应用较多的植物之一，实际上很多果树品种都可以作为乡村休闲旅游的景观果树栽培。在亚热带区域，有许多四季特色果树品种，一年四季都可以见到不同的果树种类开花结果，可以实现不同果树种类的一年四季种植。因此，果树是乡村休闲旅游种植业栽培应用中必不可少的植物种类。表 2–1 为亚热带区域“四季”果园品种配置参考表。

表 2–1　亚热带区域“四季”果园品种配置参考表

月份	特色果树品种
1 ～ 3 月	濑房户佳橘橙、矮晚柚、不知火杂柑等（做好防寒措施）
4 月	早熟桃等
5 月	大五星枇杷、水蜜桃、翠蜜桃等
6 月	杨梅、爱甘水梨、六月雪梨、晚五星枇杷等
7 月	无花果、李、巨峰葡萄系列等
8 月	红地球葡萄、圆黄梨、美人指葡萄、石榴等
9 月	宫本、日南 1 号、大浦 5 号、新次郎柿、阳丰柿、黄金梨等
10 月	寿星甜柚、早熟蜜柑山下红、国庆 1 号、隆园早蜜柑等
11 月	早熟椪柑、福本脐橙、清家脐橙、南香杂柑等
12 月	春见杂柑、台湾椪柑、天草杂柑、塔罗科血橙新系等

在乡村休闲旅游种植业植物中，观赏果树是非常重要的一类。观赏果树也称景观果树，它与一般的果树不同，是以观赏为主要目的的果树，同时兼具食用或药用以及观赏价值。此类果树具有叶、花、果共赏，观赏期长，观赏效果醒目，同时又有栽培适应性强、容易管理的特点。

根据观赏器官可将观赏果树分为观花类型、观果类型、观叶类型以及观形类型；根据用途特点可将观赏果树分为矮化类型、攀缘类型、林阴类型。下面介绍几种重要的或常用的观赏果树种类。

1. 桃

桃为落叶小乔木，树冠宽广而平展，树皮暗红褐色。春季开花，盛开时色泽美丽，极具观赏价值。花瓣有单瓣、重瓣、半重瓣等多种形式，花瓣颜色有白色、粉红色、红色、深红色等多种色彩。果肉多汁，可以生食或制桃脯、罐头等，核仁也可以食用。桃原产中国，我国各省区广泛栽培，主要经济栽培地区在华北、华东各省。桃的主要种类有黄桃、寿星桃、碧桃等。

（1）黄桃

黄桃又称黄肉桃，在中国西北、西南一带栽培较多。随着罐藏加工业的发展，现华北、华东、东北等地栽培面积也日益扩大。黄桃的果皮、果肉均呈金黄色至橙黄色，肉质较紧，致密而韧。黄桃可鲜食及加工两用，多数品种树姿偏直立，花芽着生部位高，具有生长快、结果早、产量高、品质优、管理简单等特点。除可以加工成罐头外，冷冻黄桃的加工成本较低，国外市场用途广泛，因此备受外商的欢迎。作为鲜食用，黄桃营养丰富、耐储存、果大、肉厚、色黄、醇香。较知名的黄桃品种有武台黄桃、炎陵黄桃、潼南黄桃、大连黄桃、荣成黄桃、上海光明黄桃。其中炎陵黄桃又称高山黄桃，以香、脆、甜而闻名于世。炎陵黄桃生长于平均海拔 400 ～ 1 400 米的深山中，是纯原生态，无公害的保健水果。2011 年，湖南炎陵县被评为“中国优质黄桃之乡”，在黄桃产业方面也是全国唯一获此殊荣的县。适宜加工制罐的黄桃良种有：黄露（连黄）、金童 5 号、金童 6 号、金童 7 号、金童 9 号、黄金、黄金冠、黄冠、锦绣、黄金王等。

（2）寿星桃

寿星桃为落叶小乔木，是普通桃的变种。其植株矮生，节间短，花芽密集。寿星桃是桃中最适宜于盆栽的品种之一，植株矮小，高 30 ～ 100 厘米，节间特短，花芽密集，色彩丰富，如将几种嫁接在一起，开花时五彩缤纷，十分艳丽。4 月起为盛花期，花期半个月左右，9 月果实成熟。花重瓣或单瓣，蔷薇型，花蕾有深红色、粉红色、白色，花有红色、粉红色、白色，花径约 4 厘米，花瓣 5 ～ 6 轮，花药黄色。果实 8 ～ 9 月成熟时有一纵向裂口。寿星桃是春观花，夏秋赏果的优良观赏花木。

（3）碧桃

碧桃又名千叶桃花，为乔木，高 3 ～ 8 米，属于观赏桃花类的半重瓣及重瓣品种。花期是 3 ～ 4 月，花朵丰腴，色彩鲜艳丰富，花型多。常见的品种有红花绿叶碧桃、红花红叶碧桃、白红双色洒金碧桃等多个变种。碧桃的花大色艳，开花时美丽漂亮，观赏期达 15 天之久。碧桃的果实形状有卵形、宽椭圆形或扁圆形，色泽变化由淡绿白色至橙黄色。果肉白色、浅绿白色、黄色、橙黄色或红色，多汁有香味，甜或酸甜。碧桃的园林绿化用途广泛，绿化效果突出，栽植当年即有特别好的效果体现，是乡村休闲旅游种植业中常用的彩色苗木之一，可以和紫叶李、紫叶矮樱等搭配使用。

2. 葡萄

葡萄原产于亚洲西部地区，是落叶藤本植物。葡萄的种类繁多，全世界有 8 000 多种，中国有 500 种以上。果实多为圆形或椭圆，有紫色、绿色、白色等，色泽、性状、香气随品种而异。其粒大、皮厚、汁少、优质、皮肉难分离、耐贮运的欧亚种葡萄又称为提子。由于葡萄是藤本果树，枝条柔软，可以进行各种搭架造型，因此在乡村休闲旅游种植业中被广泛使用。乡村休闲旅游种植业中广泛栽培的品种如下。

（1）美人指葡萄

美人指葡萄由日本植原葡萄研究所杂交育成。美人指葡萄生长喜温凉气候，在中国江南地区栽培能通过正常休眠，萌芽力强，长势旺盛，果穗特大，坐果率高，上色好。9 月上中旬成熟，抗病性强，适应性广，易栽培。果粒细长形，先端紫红色，光亮，基部稍淡，恰如染红指甲油的美女手指，故此得名。皮肉不易剥离，皮薄而韧，不易裂果。果肉紧脆呈半透明状，可切片，无香味，味甜爽口，较耐贮运。

（2）玫瑰香葡萄

玫瑰香葡萄也叫麝香葡萄，属欧亚种，是世界上著名的鲜食、酿酒、制汁兼用的品种。玫瑰香葡萄颗粒较小，不太起眼。未熟透时是浅浅的紫色，就像玫瑰花瓣一样，口感微酸带甜，但一旦成熟却又紫中带黑，一入口便有一种玫瑰的沁香醉人心脾，甜而不腻，没有一点苦涩之味。玫瑰香葡萄的肉质坚实易运输、易贮藏，搬运时不易落珠。每年中秋之季成熟，含糖量高达 20%，麝香味浓、着色好看，深受消费者喜爱。

（3）维多利亚葡萄

维多利亚葡萄是罗马尼亚新品种。果粒大，长椭圆形，粒形美观，无裂果，平均果粒重 9.5 克，最大果粒重 15 克。果皮金黄色，色泽漂亮高档，果肉硬而脆，味甘甜爽口，品质佳，果肉与种子易分离。

（4）金手指葡萄

金手指葡萄属欧美杂交种，果粒形状奇特美观，长椭圆形至长形，略弯曲，呈弓状，黄白色，平均粒重 8 克。7 月下旬成熟，果皮中等厚，韧性强，不裂果。果肉硬，可切片，耐贮运，甘甜爽口，有浓郁的冰糖味和牛奶味。抗逆性、适应性、抗寒性强，是唯一的高糖度早熟欧美杂交种，在庞大的葡萄家族中独树一帜。

（5）红乳葡萄

红乳葡萄是欧亚品种，属中晚熟品种，外观奇特、品质绝伦、外形高贵，让人一见即有垂涎欲滴之感。该品种穗子紧密，粒子细长且果顶极尖，红得晶莹剔透，果穗挂在枝上，就像满园的艺术珍品。单果重 9 ～ 11 克，穗重 500 ～ 700 克，肉质硬酥脆、每颗含 1 ～ 2 粒种子，果皮薄，糖分 25% ～ 29%，极甜、清香爽口、风味极佳，品尝之后，指间即感黏黏的，可见糖分之多。果实 9 月上旬上市，若不采摘果能挂到 10 月中下旬不脱不落。果实颜色也随之变化，由初熟的粉红变为鲜红最后变为紫红色。

3. 杨梅

杨梅又名龙睛、朱红，是喜湿、耐阴寒的亚热带水果树种，原产中国，在华东和湖南、广东、广西、贵州等地区均有分布。杨梅为常绿乔木，高可达 15 米以上，直径达 60 余厘米。树皮灰色，树冠圆球形，叶革质，顶端圆钝或具短尖至急尖，基部楔形，上面深绿色，有光泽，下面浅绿色，无毛，仅被有稀疏的金黄色腺体。花雌雄异株。雄花圆柱状，长 1 ～ 3 厘米，花药椭圆形，暗红色，无毛。雌花序常单生于叶腋，核果球状，外表面具乳头状凸起，直径 1 ～ 1.5 厘米，栽培品种可达 3 厘米左右，外果皮肉质，多汁液及树脂，味酸甜，成熟时深红色或紫红色。4 月开花，6 ～ 7 月果实成熟。杨梅果实色泽鲜艳，汁液多，甜酸适口，营养价值高。杨梅成熟时正是水果淡季，为市场提供了可食的时鲜水果，深受消费者欢迎。杨梅主要的栽培种如下。

（1）荸荠种

荸荠种产于中国浙江省兰溪马涧、余姚、慈溪、仙居。为当前中国分布最广，种植面积最大的品种，也是当前国内最佳的鲜果兼加工优良品种。于每年 6 月下旬成熟，果实紫黑色，果型较小，核小，但品质特佳，肉与核易分离。着果牢固，采前落果现象少。该品种丰产、稳定、优质，适于鲜食与榨汁、罐藏加工。

（2）晚稻杨梅

晚稻杨梅产于浙江省舟山皋泄，该品种至今已有 140 余年的栽培历史。7 月上旬成熟，为当前品质最佳的品种之一，单果重 12 克左右，富含香气，系鲜食与加工的优良品种。该品种的根系发达，吸收能力强，耐瘠薄，丰产性好。

（3）东魁

东魁又名东岙大杨、巨梅，是国内外杨梅果型最大的品种。原产于浙江黄岩，临海、仙居种植尤多且果味更甚，7 月上旬成熟。是浙江农业大学与澄江区柑橘推广站从地方晚熟优良品种中选出的。果色紫红，单果重约 24.7 克，最大果重 51.2 克。甜酸适口，品质上等。树势较强，枝条比较稀疏，抗风力较强。产量高而稳定，适于鲜食。

（4）丁岙梅

丁岙梅原产于浙江省温州茶山。6 月下旬成熟，果紫红色，果柄长，果蒂绿色瘤状凸起，单果重 15 ～ 18 克，品质上等。果实固着能力强，带柄采摘，较耐运输。

（5）大叶细蒂

大叶细蒂产于江苏省洞庭东西山，树势强健，叶大而厚，果中大，平均重 13 克，色紫红或紫黑色，肉质细而多汁，甜酸可口，品质优良。

（6）大粒紫

大粒紫产于福建省福鼎前岐，树势强健，果紫红色，中大，平均重 12.9 克，肉质软，味酸甜，呈青绿色。

（7）光叶杨梅

光叶杨梅产于湖南靖县，果大，球形，果顶有放射状沟，直达果实中部，呈光泽感，色紫红，品种上等。

（8）乌酥核

乌酥核产于广东省汕头市潮阳区西胪镇内畚村和金灶镇东坑村，是选出的良种。果大约重 16 克，紫黑色，肉厚、质松，汁多味甜，核小品质优良。

（9）早色

早色是浙江省萧山临浦实生优选良种。产地6月中旬成熟，果紫色，平均单果重12.68克，果肉致密，较脆，汁液多，品质上等。

（10）火炭梅

火炭梅是贵州省的鲜食品种。树体高大，树势开张，枝梢细长。果实扁圆形，果形较大，单果重11～15克，最大25克，果实色泽鲜艳，品质好。

（11）早荠密梅

早荠密梅从荸荠种的实生变异中选出，比荸荠种提早15天开花，提早10天成熟，明显提早杨梅供应期，系早熟品种选种的重大突破。果实性状及品种与荸荠种相似，紫红色，单果重约9克，明显大于同期成熟的“早酸”和“野乌”杨梅。

（12）安海硬丝

安海硬丝原产于福建安海。即安海变硬肉柱杨梅，果实圆球形，平均单果重约15克，果面紫黑色，肉柱圆钝，长而较粗，果蒂有青绿色瘤状突起。口感较粗硬。极耐储运，是不可多得的适宜长途运输的品种。

（13）临海早大梅

临海早大梅为成熟期较早的大果形品种，品质较佳。产地6月中旬成熟，单果重约15.7克，最大果重18.4克，肉质较硬，较耐贮藏运输，果实采后存放一昼夜仍保持原来果色，是很有发展潜力的早熟品种。

4. 枣树

枣树原产于中国，在中国南北各地都有分布，以山西、河北、安徽、山东、河南、陕西、甘肃等地最多。枣树为落叶灌木或小乔木，小枝成之字形弯曲。有长枝（枣头）和短枝（枣股）之分，长枝“之”字形曲折。叶长椭圆形状卵形，锯齿缘。花小，黄绿色，8～9朵簇生于脱落性枝（枣吊）的叶腋，成聚伞花序。核果长椭圆形，未成熟时黄色，成熟后褐红色。花期5～6月，果期9～10月。枣树花小多蜜，是一种蜜源植物。果实可鲜食也可制成干果或蜜饯果脯等。营养丰富，富含铁元素和维生素。果皮和种仁药用，果皮能健脾，种仁能镇静安神；果肉可提取维生素C及酿酒；核壳可制活性炭。

枣树的品种繁多。著名品种有河南内黄“蜜甜枣”、山西稷山“板枣”、河北沧县和山东庆云“无核枣”、山东乐陵“金丝小枣”、安徽“水东蜜枣”以及浙江“义乌大枣”等。按照果实大小与果形等性状结合起来，枣树分为6类，即：①小枣型，如金丝小枣、无核小枣、鸡心蜜枣、密云小枣等；②长枣型，如郎枣、壶瓶枣、板枣、骏枣、赞皇长枣、灌阳长红等；③圆枣型，如赞皇圆枣、圆铃枣、缓德圆枣等；④扁圆型，如冬枣、花红枣等；⑤缢痕枣，如羊奶枣、葫芦枣、磨盘枣等；⑥宿萼枣，如柿顶枣、五花枣等。

5. 柿树

柿树又名朱果，是猴枣柿树属植物的统称。柿树原产中国，其栽培、分布范围很广，栽培历史悠久。柿树为落叶大乔木，高可达10～14米，胸高直径达65厘米，树干直立，树冠庞大。枝开展，带绿色至褐色，无毛；嫩枝初时有棱，有棕色柔毛或绒毛或无毛。叶纸质，卵状椭圆形至倒卵形或近圆形，通常较大，先端渐尖或钝，花雌雄异株，黄白色。结浆果，扁圆形或圆锥形，橙黄色或黄色时可以吃，绿色的可以将其放置几天，等到变软后，即可入食。柿果成熟于9～10月，果肉较脆硬，老熟时果肉变成柔软多汁，呈橙红色或大红色等。柿树抗旱、耐湿，结果早，产量高，寿命长。

柿树树冠优美，可以作为防护林的绿化树种。秋季柿树叶子经霜变红，非常美观，尤其红橙色果实非常惹人喜爱。柿树在中国约有300个品种。从分布上来看，可分为南北两型。南型类的品种耐寒力弱，喜温暖气候，不耐干旱；果实较小，支厚，色深，多呈红色。北型类品种则较耐寒，耐干旱；果实较大，皮厚，多呈橙黄色。主要品种包括磨盘柿、高校柿、镜面柿、尖柿、鸡心黄、三门峡牛心柿、斯文柿等。

6. 树莓

树莓又称山莓，直立灌木，高1～3米，多生在向阳山坡、山谷、荒地、溪边和疏密灌丛中潮湿处。花期2～3月，果期4～6月。兼具观赏、食用、药用价值，是乡村休闲旅游种植业中的新类型。树莓花单生或少数生于短枝上，果实由很多小核果组成，近球形或卵球形，直径1～1.2厘米，色泽艳丽，适宜观赏。树莓品种多样，特性各异，适合在不同生态环境下生长，有的适宜鲜食，有的适宜加工，国外培育主要品种有黑莓和红山莓2种。黑莓成熟时果实为紫黑色，平均单果重6.5～8.6克。红山莓果实色泽多样，有红色、黑色、紫色、黄色、蓝山莓等。乡村休闲旅游栽培的常见树莓品种有美国黑莓、仙女红等。

7. 其他观赏果树

其他可用作观赏果树的种类还有枇杷、蓝莓、柚子等。

（三）观赏花卉和园林树木

观赏花卉和园林树木具有美化环境、陶冶情操的功能，因此在乡村休闲旅游种植业中应用极为广泛。在亚热带地区，花卉与特色花木品种搭配，一年四季都可以观赏到不同种类的特色花木与花卉（表2-2）。

表2-2 亚热带地区“四季”特色花木与花卉种类配置参考表

月份	特色花木与花卉种类
1	腊梅、水仙、兜兰、迎春、银柳、马蹄莲、唐菖蒲、康乃馨
2	梅花、春兰、瑞香、蟹爪兰、茶花、瓜叶菊、报春花、三色堇
3	白玉兰、贴梗海棠、连翘、光叶白兰、天竺
4	春杜鹃、桃花、樱花、君子兰、含笑、牡丹、茶花、垂丝海棠、紫藤、郁金香
5	月季、玫瑰、春夏鹃、锦带花、八仙花、芍药、令箭荷花、百枝莲、四季海棠、吊钟海棠、鸢尾、矮牵牛、太阳花、葱兰
6	米兰、茉莉、白兰花、栀子花、广玉兰、珠兰、扶桑、石榴、夹竹桃、木槿、圣柳、美人蕉、蜀葵、半支莲、六月雪、凤仙花、牵牛花、八仙花
7	荷花、睡莲、紫薇、凌霄、金丝桃、丝兰、变叶木、花叶芋、冷水花
8	三角梅、玉簪、石蒜
9	桂花、一串红、早菊、雁来红、美人蕉
10	木芙蓉、蜀葵、大丽花
11	秋菊、红枫、乌桕、黄栌、银杏、三角枫、无患子
12	茶梅、腊梅、象牙红、火棘、虎刺梅、冬珊瑚等

观赏植物的种类繁多，以下从观赏花卉和观赏园林植物两方面来介绍。

1. 观赏花卉

（1）郁金香

郁金香又称洋荷花、旱荷花，原产自南欧、西亚。目前栽培的主要国家有荷兰、英国、日本、丹麦、德国、美国等，我国江苏、浙江、湖北、湖南、江西等地也陆续引种成功。郁金香为多年生草本植物，花茎高 6 ～ 10 厘米，花单生，直立，花瓣 6 片，花型有杯形、碗形、卵形、球形、钟形、漏斗形、百合花形等，有单瓣也有重瓣。花色有白、粉红、洋红、紫、褐、黄、橙等，深浅不一，单色或复色。花期普遍在 3 月下旬至 5 月上旬。

郁金香的品种类别繁多，花色丰富艳丽，变化多端，观赏价值极高，所以在乡村休闲旅游种植业中成为首选花卉。进行园林花展时，一般大型图案与色块选用植株坚挺、花形较大的达尔文杂种系、胜利杂种系、晚花单瓣系以及晚花重瓣系；中小型花坛选用早花单瓣系、早花重瓣系、百合花系、考夫曼种群、福斯特种群以及格里克种群的品种；特殊花型小区选用褶边系、绿花系的品种。

（2）香草类

香草即芳香植物，有时也为称药草，是指一类能散发出独特香味、有药用植物和香料植物共同属性的植物类群。目前，全世界共有 3 000 多种香草类植物。中国的香草类植物约有 600 种，分布在寒带、温带和亚热带的各种植被类型区域中。香草原产于墨西哥，由于香草植物种类一年四季可以散发出或清淡或浓郁的各种香气，令人心旷神怡，所以在欧洲园艺产业中占有很重要的地位。香草植物类型极多，目前适宜种植的有：薰衣草、马鞭草、迷迭香、薄荷、罗勒、鼠尾草、百里香、玻璃苣、香叶天丝葵等香草植物，既能观叶，又能赏花。

香草造园自然和谐，景致独特，是人们期盼的桃花源。例如，重庆市南川区大观镇现代农业薰衣草园，当人行走在其间时，阵阵芳香令人心旷神怡，有洗尽一身疲惫、自然而轻松的感觉。近年来中国香草产业日渐盛行，香草类植物在乡村休闲旅游种植业中越来越受到青睐。

（3）地被花卉

地被花卉是指用作地被植物的草本花卉植物，如美人蕉、鸢尾、美女樱、格桑花等，在乡村休闲旅游种植业用得非常普遍。

2. 观赏园林树木

可以用于乡村休闲旅游林业的植物种类很多，但乡村休闲旅游林业重点发展的植物种类主要是：观形树、观花树、观叶树、竹木类树种、绿篱树种和盆栽树种等。

（1）观形树

在乡村休闲旅游林业中广泛应用的观形树有：红豆杉、银杏、榆树、构树等。

红豆杉：又称紫杉，属国家一级保护植物，是集观赏和药用于一身的珍贵树种。在中国云南、黑龙江、西藏、吉林、湖北、四川、广西、江西等地有少量分布。红豆杉是常绿乔木，高可达 20 米，树冠阔卵形或倒卵形，雌雄异株，雄株树冠较狭，雌株树冠较阔；树皮赤褐色。叶条形，种子扁圆形，红色。种子用来榨油，也可入药。从植株中提取的紫杉醇是世界公认的抗癌药，价格昂贵。红豆杉南北各地均适宜种植，具有喜阴、耐旱、抗寒的特点，要求土壤 pH 在 5.5 ～ 7.0 间，可与其他树种或果园套种，管理简便。

中国红豆杉有 4 种 1 变种，即东北红豆杉、西藏红豆杉、云南红豆杉、中国红豆杉和南方红豆杉变种，分布于我国大部分地区。东北红豆杉主要分布在吉林省长白山和黑龙江一带，西藏红豆杉主要分布在云南西北部、西藏南部和东南部。云南红豆杉主要分布在滇西，南方红豆杉主要分布在滇东、滇西南、滇东纯林。湖南邵阳、永州，安徽黄山等地都分布了大量天然红豆杉。

曼地亚红豆杉是我国 20 世纪 90 年代中期从加拿大引种而来。原产于美国和加拿大，是一种天然杂交品种。近些年来，曼地亚红豆杉在我国引进驯化成功，生物特性表现稳定，生长速度快，对环境适应性强，紫杉醇含量接近原产地，植株利用率高，深度加工后综合经济价值更高，可用于营建水土保持林、水源涵养林，以改善生态环境。

银杏树：又名白果树、公孙树等，是裸子植物银杏门唯一现存物种，因此被称为植物界的“活化石”。银杏原产于中国，在日本、加拿大、新西兰、澳大利亚、美国、法国、俄罗斯等国家均有大量分布。银杏为宽叶落叶乔木，可长到 25 ～ 40 米高，直径可达 4 米，幼树的树皮比较平滑，呈浅灰色，大树树皮呈灰褐色。有较为消瘦的树冠，枝杈有些不规则。银杏叶子为扇形，呈二分裂或全缘，叶脉和叶子平行，无中脉。在一年生枝上，叶螺旋状散生，在短枝上 3 ～ 8 片叶呈簇生状。成年银杏的扇形叶片主要有全缘、二分裂或多裂形态，但银杏幼株的叶片多数为二分裂，间中是多裂，极少是不裂的。银杏的寿命很长，中国有 3 000 年以上的古树。银杏适于生长在水、热条件比较优越的亚热带季风区。适宜土壤为黄壤或黄棕壤，pH 5 ～ 6。银杏初期生长较慢，萌蘖性强。一般 3 月下旬至 4 月上旬萌动展叶，4 月上旬至中旬开花，9 月下旬至 10 月上旬种子成熟，10 月下旬至 11 月落叶。

银杏具有很好的观赏价值。因其枝条平直，树冠呈较规整的圆锥形，大量种植的银杏林在视觉效果上具有整体美感。银杏叶在秋季会变成金黄色，在秋季低角度阳光的照射下十分美观。按种核形状银杏分为长子类、佛手类、马铃类、梅核类、圆子类等五大类别。按栽培品种银杏分为核用品种、叶用品种、观赏品种、雄株品种、材用品种。银杏不仅可以提供大量的优质木材、叶子和种子，同时还可以绿化环境、净化空气、保持水土、防治虫害、调节气温、调节心理等，是良好的造林、绿化和观赏树种。

榆树：别名白榆、榆钱树、春榆、粘榔树等。主要分布于中国的东北、华北、西北及西南各省区，长江下游各省有栽培。榆树为落叶乔木，高可达 25 米，直径 1 米。树干直立，枝多开展，树冠近球形或卵圆形。树皮淡灰色，粗糙，不规则纵裂。单叶互生，叶椭圆状卵形、长卵形、椭圆状披针形或卵状披针形，缘多重锯齿。花两性，早春先叶开花或花叶同放，紫褐色，聚伞花序簇生。翅果近圆形，顶端有凹缺。花期 3 ～ 4 月；果熟期 4 ～ 5 月。

榆树树干通直，树形高大，绿荫较浓，适应性强，生长快，可栽作行道树、庭荫树、防护林及“四旁”绿化，在林业上是营造防风林、水土保持林和盐碱地造林的主要树种之一。可用于乡村休闲旅游林业栽培中。在干瘠、严寒之地常呈灌木状，有用作绿篱者。榆树的主要种类有春榆、裂叶榆、青榆、黄榆、白榆、东北榆、大叶榆、榔榆、红鸡榆、山榆、钱榆、红榆等。

构树：又名谷浆树，构桃树。在中国的温带、热带均有分布，主要种植于黄河、长江和珠江流域地区。构树为落叶乔木，高 10 ～ 20 米；树冠开张，树皮平滑，浅灰色或灰褐色，不易裂，全株含乳汁。单性花，雌雄异株，聚花果肉质，球形，熟时橙红色或鲜红色。花期 4 ～ 5 月，果期 7 ～ 9 月。

构树的叶是很好的猪饲料，其树皮是造纸的高级原料，材质洁白，其根和种子均可入药，具滋肾、清肝、明目、利尿等功效，树液可治皮肤病，经济价值很高。构树不论平原、丘陵或山地都能生长，具有速生、适应性强、分布广、易繁殖、热量高、轮伐期短的特点。

（2）观花树

乡村休闲旅游林业广泛栽培应用的观花树有：紫薇、樱花、玉兰等。

紫薇：又名百日红、满堂红，是夏季主要的观花小乔木，广泛栽培于广东、广西、湖南、福建、江西等地区。紫薇枝干光滑，枝条柔软，花色艳丽多彩，花朵繁茂，且在群花凋谢时开放，花期长约 3 个月，有时甚至达 5 个月，观赏价值高，既可单植，也可列植、丛植，与其他乔灌木搭配，形成丰富多彩的四季景象。在园林绿化中，紫薇被广泛用于公园绿化、庭院绿化、道路绿化等，因此紫薇是乡村休闲旅游林业种植中重要的植物。

紫薇可孤植于草坪或空旷处，或对植，或列植，或三五一丛自然式散植，或成片栽植，或用掉拐、对拐、曲干式、枯干式、扭旋式、屏风式以及游龙式等多种造型作为盆景。近几年来人们开始通过编制技术、植物枝条连理助长剂等手段来将孤植、丛植、列植的紫薇树群扎景造型。紫薇分为4品系9大类，约50个品种。4个品系为紫薇、赤薇、银薇、翠薇。当前主要应用的品种有直枝紫薇、直枝白薇、玫瑰红紫薇、直枝粉薇、直枝团状粉薇、矮生紫薇、独干紫薇。另外，还有复色矮紫薇，该品种花瓣边缘皱褶呈波浪状，颜色猩红具白边，花期 6 ～ 10 月，开花繁茂，开花前和落叶前叶片均为紫红色，观赏期长。紫薇品种主要包括红叶紫薇、红火球紫薇、红火箭紫薇、无果紫薇、赤霞等。

梅花：是蔷薇科杏属小乔木或稀灌木，高 4 ～ 10 米，系中国特产，中国是梅花的世界野生分布中心，也是梅花的世界栽培中心。梅因在严寒中开百花之先，独天下而春，故深受人们喜爱，成为乡村休闲旅游种植业中独特的一类。

梅的许多类型不但可露地栽培，还可以栽为盆花，制作盆景，极具观赏价值。梅花单生或有时两朵同生于一个芽内，香味浓，先于叶开放；花萼通常红褐色，有些品种为绿色或绿紫色；花瓣倒卵形，白色至粉红色。果实近球形，直径 2 ～ 3 厘米，黄色或绿白色，味酸；花期冬春季，果期 5 ～ 6 月。梅花品种很多，大品种有 30 多个，下属小品种有 300 多个，一般花期在 2 ～ 3 个月。按枝条及生长姿态可分为叶梅类、直脚梅类、杏梅类、照水梅类、龙游梅类。按花型花色可分为宫粉型、红梅型、照水梅型、玉蝶型、朱砂型、大红型、绿萼型和洒金型等。其中宫粉最为普遍，品种最多，花粉红，着花密而浓；玉蝶型花紫白，别有风韵；绿萼型花白色，香味极浓，是梅花中的珍品。

樱花：也称日本樱花，原产北半球温带环喜马拉雅山地区。樱花起源于中国，在世界各地都有种植，日本栽培最多。在中国，樱花树主要分布在江苏、安徽、浙江、福建、山东、江西、北京、天津、湖北、山西等地。樱花为乔木，高 4 ～ 16 米，叶片椭圆卵形或倒卵形，花每枝3～5朵，成伞状花序，花瓣多为5瓣，也有达到10瓣、20瓣，甚至更多，花色多为白色、粉红色，也有深粉色或者淡黄色。一般花期 3 ～ 5 月。樱花花色幽香艳丽，可分单瓣和复瓣两类，单瓣类能开花结果，复瓣类多半不结果。

樱花是早春重要的观花树种，可孤植，可群植成林，也可植于山坡、庭院、路边。盛开时节花繁艳丽，满树烂漫，如云似霞，极为壮观。因此，樱花可以作为乡村休闲旅游栽培中的重要植物类型。樱花的品种相当繁多，全世界有200余种，多为人工培育。主要品种有东京樱花、染井吉野樱、寒绯樱、山樱花、垂枝樱花等。

玉兰：别名白玉兰、望春花、玉兰花。原产中国长江流域，现在中国北京及黄河流域以南均有栽培。玉兰是落叶乔木，高达2～5米。树冠幼时狭卵形，成熟大树则呈宽卵形或松散广卵形。叶片互生，宽倒卵形至倒卵形，先端圆宽，平截或微凹，具短突尖，故又称凸头玉兰。幼时树皮灰白色，平滑少裂，老时则呈深灰色，粗糙开裂。先花后叶，花朵硕大单生于枝顶，花径12～20厘米，花被9片，钟状。其花高雅莹洁，花香似兰，花形可爱，盛开时满树洁白如雪山瑶岛。果熟时种子裂开，形如扭曲的红色麻花，可榨油。花蕾和树皮可入药。对于玉兰的品种，至今尚未有确切的分类。一般分为广玉兰、紫玉兰、白玉兰、二乔玉兰、黄玉兰等。也可以依据花瓣的多寡、花被的直立或反卷、花瓣的宽狭、花的颜色及花期的迟早等特征进行分类。

其他的观花树还有桂花树、树状红花檵木等。

（3）观叶树

红枫：又名红叶羽毛枫，是亚热带树种。主要分布在我国的亚热带，特别是长江流域，我国大部分地区均有栽培。红枫是落叶小乔木，高达9米。树姿开张，小枝细长。枝条光滑细长，单叶掌状互生，叶片长椭圆形至披针形，幼枝、叶柄、花柄都为红色。春、秋季叶红色，夏季叶紫红色。花紫色，伞状花序顶生，花期5月。翅果无毛，10月成熟。

红枫是一种非常美丽的观叶树种，其叶形优美，红色鲜艳持久，枝序整齐，层次分明，错落有致，树姿美观，宜布置在草坪中央及高大建筑物前后、角隅等地，红叶绿树相映成趣。红枫性喜湿润、温暖的气候和凉爽的环境，较耐阴、耐寒，忌烈日暴晒，但春、秋季也能在全光照下生长。对土壤要求不严，适宜在肥沃、富含腐殖质的酸性或中性沙壤土中生长，不耐水涝性，喜阳光，怕烈日和西晒。

红枫的品种较多，其中美国改良红枫生长速度较快，树形优美一致，抗性强，是表现非常优秀的品种。该品种由北美红枫和中国红枫杂交而成，高度20～25米，树冠椭圆，冠幅8～12米。春天开花，有红色花穗。春天幼芽为浅红色，夏季碧绿，秋天为鲜红色，挂色期长、落叶晚。树干笔直，材质坚硬、纹理好，基本上不受病虫害的影响，是休闲公园、生活小区、医院和道路绿化美化的最佳选择。

鹅掌楸：又名马褂木、双飘树，主要生长在中国长江流域以南，其分布区东起浙江省青天县，向西直至云南省金平县，北界为陕西省紫阳县，向南也至云南省金平县。鹅掌楸为落叶大乔木，树高可达40米，直径1米以上。树干通直光滑。叶大，互生，上面亮绿色，下面淡绿色，叶形如马褂——叶片的顶部平截，犹如马褂的下摆；叶片的两侧平滑或略微弯曲，好像马褂的两腰；叶片的两侧端向外突出，仿佛是马褂伸出的两只袖子。故鹅掌楸又叫马褂木。花单生枝顶，花被片9枚，外轮3片萼状，绿色，内二轮花瓣状黄绿色，基部有黄色条纹，形似郁金香，因此被称为“中国的郁金香树”。花期5～6月，果期10月。

鹅掌楸喜温凉湿润气候，速生，通常用种子繁殖。树皮可入药，祛水湿风寒；木材淡红褐色，纹理直，干燥少开裂，可供家具、建筑用材。目前，鹅掌楸在河南、湖北、湖南、山东、陕西、北京等地种植，普遍生长良好，表现为生长快，栽种后能很快成荫，耐旱，对病虫害抗性强。树形端正，花淡黄绿色，美而不艳，秋叶金黄，可独栽或群植，是珍贵的行道树和庭园观赏树种，也是建筑及制作家具的上好木材。

其他观叶树还有红叶石楠、海桐、红叶檵木等。

（4）竹木类树种

竹木类树种主要有：斑竹、黄金间碧玉竹、玉韵竹等。

斑竹：又名湘妃竹。因茎上有紫褐色斑点而得名。分布在长江流域以南各地及四川、山东、河南、广西等地。斑竹是散生竹。秆高 8 ～ 22 米，直径 3.5 ～ 7 厘米。节间鲜绿色，圆筒形，在具芽的一侧有狭长的纵沟，秆环及箨环均甚隆起，两者相距 3 毫米。硬纸质兼革质，背部较平滑，疏生黄色小刺毛，具有大小不等之淡墨色斑点，主枝三棱形或为四方形，实心或仅有小如针孔之中空。小枝单生，顶端具有叶 3 ～ 6 枚。叶鞘棕黄色，叶片长椭圆状披针形，大都长 5 ～ 20 厘米，宽 10 ～ 25 毫米，先端渐尖，基部楔形，上面灰绿色，下面淡绿色。笋期为 4 ～ 7 月，花期为 4 ～ 6 月。斑竹因秆具紫褐色斑块与斑点，分枝亦有紫褐色斑点，且枝条修长，姿态优美，为著名的观赏竹。竹竿可用于作制工艺品及材用。

黄金间碧竹：别名黄皮刚竹、黄皮绿筋竹、金竹，主要分布于中国华南地区，性喜温暖湿润气候，适生于疏松肥沃之沙质壤土。黄金间碧竹为丛生竹，秆高 6 ～ 15 米，径 4 ～ 6 厘米。秆直立，鲜黄色，间以绿色纵条纹，节间圆柱形，节凸起。箨鞘背部密被暗棕色短硬毛，易脱落。箨耳发达，大小约略相等，暗棕色，边缘具有遂毛。箨舌先端细齿裂。箨叶直立，卵状三角形，腹面具有暗棕色短硬毛。笋期 6 ～ 9 月。黄金间碧竹竹大劲直，风姿独特，颇为壮观，加之竹竿鲜黄色，间以绿色纵条纹，非常美丽挺拔。宜植于庭园内池旁、亭际、窗前，或叠石之间，或于绿地内成丛栽植，以供观赏，颇著成效。

玉韵竹：是南方大型丛生竹子，竹竿黄色带有绿色条纹，分枝高，新秆绿色披白粉并间有绿色条纹，老秆浅金黄色间有碧绿色条纹，色泽光鲜夺目。竹丛内竹竿间生长紧凑，竹的秆顶端则弯曲下垂呈钓鱼杆的钓线状。叶片披针形，青翠婆娑，形态高雅，竹子冠幅 8 ～ 15 米，直径粗达 15 厘米。高度达 12 ～ 20 米，观其形态，潇洒飘逸如参天大树。玉韵竹生长几年后，竹子的色泽越来越金光闪烁，金色竹竿在绿色竹竿和绿叶的衬托下，光芒四射，摇曳生辉。玉韵竹适合营造风景竹林，通常群植，每丛选择 3 ～ 6 枝，地径 2 ～ 6 厘米，高 3 ～ 8 米，成年玉韵竹饱满，四季常青，冬不落叶。金黄色的成竹和绿色幼竹交叉有序，相映成趣，充分体现出观赏竹子高雅秀丽、婀娜多姿的韵味。

其他竹木类树种还有紫竹、圣音竹等。

（5）绿篱树种

绿篱树种主要有大叶黄杨、女贞、大花六道木等。

大叶黄杨：又名冬青卫矛，原产于日本南部。现在我国南北各省均有栽培，长江流域各城市尤多。大叶黄杨属常绿灌木或小乔木，高可达 8 米。小枝绿色，略呈四棱形，枝叶密生，树冠球形。单叶对生，叶革质而有光泽，倒卵形或椭圆形，长 3 ～ 6 厘米，边缘具钝齿，表面深绿色，有光泽。聚伞花序腋生，具长梗，花绿白色。蒴果球形，淡红色，假种皮橘红色。花期 5 ～ 6 月；果实 9 ～ 10 月成熟。

大叶黄杨枝叶茂密，四季常青，叶色浓绿而有光泽，且有许多花叶、斑叶变种，是乡村休闲旅游林业中美丽的观叶树种。大叶黄杨移栽成活率非常高，移植后 2 个月既有绿化效果，常用作绿篱及背景种植材料，也可丛植草地边缘或列植于道路两旁。若加以修饰成型，更适合用于规划式对称配植。大叶黄杨常见的变种有金边大叶黄杨和银边大叶黄杨，2 个变种均为重要观叶树种。

女贞：也称女桢、冬青子、将军树等。原产于中国，广泛分布于长江流域及以南地区，华北、西北地区也有栽培，是园林绿化中应用较多的绿篱树种。女贞为灌木或小乔木，高可达 25 米。常绿或落叶，树皮灰色、平滑。枝开展、无毛。叶对生，革质，宽卵形至卵状披针形。叶绿光滑，长 6 ～ 17 厘米，宽 3 ～ 8 厘米，先端锐尖至渐尖或钝，基部圆形或近圆形。花簇生于枝端，密集，乳白色，通常芳香。核果黑色，种子 1 ～ 4 颗，花期一般为 6 ～ 7 月，果期 7 月至翌年 5 月。

女贞四季婆娑，枝干扶疏，枝叶茂密，树形整齐，是园林中常用的观赏树种，可于庭院孤植或丛植，亦作为行道树。因其适应性强，生长快又耐修剪，也用作绿篱。一般经过 3 ～ 4 年即可成形，达到隔离效果。女贞有一定的药用价值，叶可蒸馏提取冬青油，用于甜食和牙膏等的添加剂。成熟果实晒干为中药女贞子，性凉，味甘苦，可明目、乌发、补肝肾。女贞有以下 6 个类型。

①高秆女贞。为常绿大灌木或乔木，树皮灰褐色，光滑不裂。叶长 8 ～ 12 厘米，革质光泽，凌冬青翠，是温带地区不可多得的常绿阔叶树，树干直立或二、三干同出，枝条斜展，呈广卵形圆整的树冠，可栽植为行道树，耐修剪，通常用作绿篱。花两性，圆锥花序顶生。花期 5 ～ 7 月，果熟期 10 ～ 11 月。浆果长椭圆形，紫黑色，种子倒卵形。

②大叶女贞。为落叶或半常绿灌木，枝条铺散，小枝具有短柔毛。叶薄革质，椭圆形至倒卵状长圆形，无毛，顶端钝，基部楔形，全缘，边缘略向外反卷；叶柄有短柔毛。圆锥花絮；花白色，芳香，无梗，花冠裂片与筒部等长；花药超出花冠裂片。核果椭圆形，紫黑色。花期 7 ～ 8 月。

③金叶女贞。由美国加州金边女贞与欧洲女贞杂交育成，高 2 ～ 3 米，冠幅 1.5 ～ 2 米。叶片较大叶女贞稍小，单叶对生，椭圆形或卵状椭圆形，长 2 ～ 5 厘米。花期 6 月，果期 10 月。核果阔椭圆形，紫黑色。金叶女贞叶色金黄，尤其在春秋两季色泽更加璀璨亮丽。金叶女贞性喜光，耐阴性较差，耐寒力中等，适应性强，对土壤要求不严，但以疏松肥沃的沙壤土为最好。

④红叶女贞。为常绿小乔木，单叶对生，小枝略被茸毛，叶卵形，卵圆形至卵状椭圆形，薄革质，叶形与小叶女贞极相似，萌芽力更强，且生长较快，长势旺盛，其新梢及嫩叶紫红色，在老叶相衬下，倍感鲜艳，光彩夺目。若几经修剪，则新枝密集，整个树冠呈紫红色，在绿色植物群丛中，显得更加艳丽动人。入冬后全株又呈紫黑色，在万物中更加显眼。

⑤花叶女贞。为落叶或半常绿灌木，枝条铺散，小枝具有短柔毛。叶薄革质，椭圆形至倒卵状长圆形，无毛，顶端钝，基部楔形，全缘，边缘略向外反卷；叶柄有短柔毛。圆锥花絮；花白色，芳香，无梗，花冠裂片与筒部等长；花药超出花冠裂片。核果椭圆形，

紫黑色。花期 7 ～ 8 月。

⑥红果女贞。分布在中国罗霄山脉 1 500 米的高寒地区，常绿灌木或小乔木，高 5 ～ 7 米，嫩枝及花梗紫红色，叶椭圆形，长 6 ～ 8 厘米，宽 3 ～ 4 厘米，淡紫红色。顶生圆锥花序，长 6 ～ 8 厘米。果长椭圆形，假浆果核果状。花期 5 月，果期 8 月，枝头红果累累，延至 10 月不落。该品种适应性强，生长快，萌芽率高，耐修剪。

大花六道木：又叫降龙木、交翅。主要分布于中国黄河以北的辽宁、河北、山西等省，适应性强，目前在我国南北地区均有生长。大花六道木为落叶灌木，高 1.5 米，幼枝被倒生硬毛，老枝无毛。叶矩圆形至矩圆状披针形，顶端尖至渐尖，基部钝至渐狭成楔形，上面深绿色，下面绿白色，叶柄长 2 ～ 4 毫米，基部膨大且成对相连。花单生于小枝上叶腋，无总花梗；花梗长 5 ～ 10 毫米，花后不落。花冠白色、淡黄色或带浅红色，狭漏斗形或高脚碟形。果实具有硬毛，种子圆柱形。花期 5 月，果期 8 ～ 9 月。

大花六道木非常美丽，枝条柔顺下垂，树姿婆娑，无论是作为园中配植，还是用作绿篱和花径的群植，都非常合适。每年从初夏至仲秋都是大花六道木的盛花期，开花时节满树白花，玉雕冰琢，晶莹剔透。在阳光照射下微微泛着荧光，衬以粉红的花萼、墨绿的叶片，分外醒目。更为可贵的是即使白花凋谢，红色的花萼还可宿存至冬季，极为壮观。

大花六道木的品种繁多，观赏效果极佳。其中金边大花六道木最受欢迎，它最大的特色在于叶面呈金黄色，花小，繁茂，并带有淡淡的芳香，是大花六道木中最好的品种之一；粉花六道木，花色粉艳，亮丽异常，是唯一的红花品种；日升六道木，叶片中间为墨绿色，幼小时叶缘带有金黄色条纹，长大后条纹变为乳黄色，是唯一的花叶品种；矮白六道木为六道木的矮化品种。目前，大花六道木在乡村休闲旅游林业中越来越受到重视。

（6）盆栽树种

常见的盆栽树种有苏铁、罗汉松、含笑等。

苏铁：又名铁树、凤尾蕉、避火蕉。原产于中国南部，在福建、台湾、广东等地均有分布。苏铁为常绿棕榈状木本植物，茎高 1 ～ 8 米，茎干圆柱状，不分枝，羽状复叶，长 0.5 ～ 2 米，厚革质而坚硬，羽片条形，长达 18 厘米。边缘向下反卷，先端锐尖，叶背密生锈色绒毛，基部小叶成刺状。雌雄异株，6 ～ 8 月开花，雄球花圆柱形，雌球花扁球形。种子 12 月成熟，种子大，卵形而稍扁，熟时红褐色或橘红色。

苏铁属植物树形优美，苍劲质朴，大型而美丽的叶四季浓绿顶生，具独特之观赏效果。如布置在庭园及大型会场可收庄严肃穆之效；配置于花坛中心，使人有安详之感；作古代建筑之陪衬，则显古老苍劲；作现代建筑之配植，则四季浓绿而赏心怡神。苏铁品种较多，有华南苏铁、海南苏铁、云南苏铁、台湾苏铁、篦齿苏铁、四川苏铁、叉叶苏铁等。

罗汉松：又名罗汉杉、长青罗汉杉、土杉、金钱松。产于中国江苏、浙江、福建、安徽、江西、湖南、四川、云南、贵州、广西、广东等地，在长江以南均有栽培，目前主要用于盆栽观赏。罗汉松是常绿乔木，可高达 18 米，树冠广卵形。叶条状披针形，先端尖，基部楔形，两面中肋隆起，表面暗绿色，背面灰绿色，有时被白粉，排列紧密，螺旋状互生，雌雄异株或偶有同株，花期5月，种熟期10月。

常见的栽培品种有狭叶罗汉松，叶较窄，先端渐窄呈长尖形；柱冠罗汉松，叶小，先端纯或圆；小叶罗汉松，叶密集于小枝顶端，呈螺旋状着生，较狭窄，先端钝圆；短尖叶罗汉松，叶极短小；斑叶罗汉松，叶面有白色斑点。罗汉松树形古雅，种子与种柄组合奇特，惹人喜爱，可门前对植，中庭孤植，或于墙垣一隅与假山、湖石相配。斑叶罗汉松可作花台栽植，也可布置花坛或盆栽陈于室内欣赏。小叶罗汉松还可作为庭院绿篱栽植。

含笑：又名香蕉花、含笑梅、笑梅，原产中国华南南部各省区，现广植于中国各地，在长江流域各地需在温室越冬。含笑为常绿灌木或小乔木。分枝多而紧密组成圆形树冠，树皮和叶上均密被褐色绒毛，小枝被棕色毛。单叶互生，叶椭圆形，绿色，光亮，厚革质，全缘。花单生叶腋，花形小，呈圆形，花瓣6枚，初夏开花，色象牙黄，染红紫晕，开时常不满，如含笑状，花香袭人，有香蕉气味。花期3～4月，果卵圆形，9月果熟。含笑适于成丛种植。叶绿花香，树形、叶形俱美，是重要的观赏林木。

（四）观赏型大田作物

观赏型大田作物是指既可以获得经济收入，同时又具有一定观赏价值的大田作物类型。观赏型大田作物在叶色、花色等方面与普通大田作物有较大差异，通过与普通大田作物混植作图，或大面积种植不同颜色的花田，可以打造出极具震撼力的视觉效果，从而吸引游客关注，带动乡村休闲旅游旅游业的发展。近些年来，观赏型大田作物获得了越来越多的重视，已成为乡村休闲旅游种植业中的新类型，其中最具代表性的是彩色水稻和彩色油菜。

1. 彩色水稻

彩色水稻是指叶子或谷穗呈现出普通绿色以外的其他颜色的水稻。彩色水稻的类型有观赏型的紫叶稻、金色稻、紫穗稻；用途型的盆景稻、直穗稻等。根据叶色变异，彩色水稻分为红稻、紫稻、黄稻、条纹白变稻等；根据穗色变异，彩色水稻分为紫穗稻、红穗稻、黄穗稻等；根据稻米颜色变异，彩色水稻分为黑米稻、红米稻、黄米稻、绿米稻、紫米稻。

与其他观赏植物相比，彩色水稻在种植技术、生长管理方面要求不高，能通过大田设计不同图案来提供观光功能，带来可观的旅游收入。同时，彩色大米口感好、色香味俱佳，富含氨基酸、维生素和矿物质，营养价值高于普通大米，所以种植彩色水稻还能发展出各种珍贵的彩色大米产品。

2. 彩色油菜

彩色油菜是指叶子、花茎或花朵呈现出与普通油菜不同的其他颜色的油菜。目前已知的油菜花色有金黄色、柠檬黄、橘红色、鲜黄色、乳黄色、乳白色、白色、微紫丝白花，以及黄白嵌合体等，叶色、茎色有红色、紫色等。油菜花于春季开放，花期可持续2个月左右，盛花期15～20天。油菜花叶少枝繁，花茎柔软细长，花朵灿烂，渐次绽开，如亭亭玉立的少女迎风起舞，姿态优美，馨香扑鼻。油菜花单株看起来并无特点，但大面积栽培时朵朵成簇，簇簇成枝，千株并立，万花相扶，汇聚成蔚为壮观的花的海洋，令人叹为观止。人们或在油菜花丛中赏花拍照，或登高远眺各种交织的色块，构成色彩丰富的壮美田园风光图画。

（五）特色药用植物

广义上的药用植物是指根、茎、叶、花、果实等含有特殊成分而可供人类用于防病、治病的植物。大多数的药用植物不仅具有一定的药用价值，其花、果、叶片或形态等都极具观赏价值，如牡丹、芍药、白头翁、金盏菊、石竹、蓖麻、红花、射干、虎耳草、首草、桔梗、凌霄、多花紫藤等，都可以广泛用于乡村休闲旅游种植业中。

在乡村休闲旅游种植业的植物配置中，地被植物的合理应用往往能起到画龙点睛的作用，而药用植物大多喜阴湿环境，许多都可作为地被植物应用，如玉竹、山丹、铃兰、多花石竹、麦冬等均能构建出独具特色的观赏景观。而药用苔藓植物、药用蕨类植物同样具有非常丰富的应用前景，常见的药用苔藓植物和药用蕨类植物如葫芦醉、刺叶藓、羽藓、铁线蕨、鹿角蕨、肾叶蕨、凤尾蕨等，均可作为地被植物应用，不仅能提升整体观赏效果，还能起到烘托、丰富景观的作用。下面介绍常用的或乡村休闲旅游种植业中栽培应用比较广泛的几种药用植物。

1. 芍药

芍药，别名将离、离草，为多年生宿根草本花卉。原产中国以及亚洲北部，分布于东北、华北、陕西及甘肃南部。芍药的花瓣呈倒卵形，花盘为浅杯状，花期 5 ～ 6 月，一般独开在茎的顶端或近顶端叶腋处。芍药的品种繁多，花型多变，花色丰富，有白、粉、红、紫、黄、绿、黑和复色等，花大，直径可达 10 ～ 30 厘米，花瓣可达上百枚。芍药因花型妩媚，花色艳丽，故占得形容美好容貌的“婥约”之谐音，名为“芍药”。根据花型可分为蔷薇型、皇冠型、千层台阁型、托桂型、金环型、菊花型、绣球型、楼子台阁型、单瓣型等，极具观赏价值。

适宜园林绿化的芍药品种有梨花映日、金奖红、冰照蓝玉、大红袍、彩云红、紫红魁、莲台、巧灵、盘托绒花、红云针、红霞、西施粉、粉妆园、玲珑玉、红毛菊、铁杆紫、海棠红、墨紫绣球等。除观赏外，芍药还有相当重要的药用价值。芍药含有芍药苷和芍药甙等多种药物成分，具有扩张血管、降压镇痛、清热解痉的作用。

2. 百合

百合又名强蜀、番韭，为多年生草本球根植物。原产于中国，主产于湖南、四川、河南、江苏、浙江，中国各地均有种植。百合株高 70 ～ 150 厘米。花大、多白色，漏斗形，单生于茎顶。鳞茎球形，淡白色，先端常开放如莲座状，由多数肉质肥厚、卵匙形的鳞片聚合而成。鳞茎含丰富淀粉，可食，亦作药用，用百合烹饪出美味的菜肴。具的美容、抗癌、养生的作用。全球已发现有至少 120 个百合品种，用于园艺育种和栽培的有 40 ～ 50 种，主要包括麝香百合、毛百合、卷丹、山丹、天香百合、药百合、湖北百合、王百合、白百合、川百合、青岛百合、武岛百合、日本百合、玛多娜百合、马耳他恭百合等。近年来，有不少经过人工杂交而选育出的百合新品种，打破了中国百合全是一茎一朵、单纯白色的现状，变成一茎多朵，花色既有金黄、橙红和淡紫，又有彩斑、条纹等其他图案颜色，从而更加丰富了观赏的内涵。例如美国的“火黄”，其朵头较大；金光闪闪，秀丽非凡，每枝能开花五六朵。又如由荷兰人改良的“卷丹”，花色橙红，花被反卷，内有紫色斑点，伸出丝丝雄蕊，每枝能开花七八朵。另外还有香水百合不但秀丽诱人，而且还香味扑鼻，令人心醉。

3. 铁皮石斛

铁皮石斛，又名黑节草、云南铁皮。属兰科多年生附生草本植物。茎直立，圆柱形，萼片和花瓣黄绿色，长圆状披针形，长约 1.8 厘米，宽 4 ~ 5 毫米，花期 3 ~ 6 月。主要分布于中国安徽、浙江、福建等地。铁皮石斛茎入药，味甘，性微寒，属补益药中的补阴药，有生津养胃，滋阴清热，润肺益肾，明目强腰的功效，同时还可以降血糖血脂、抗肿瘤。国际药用植物界称其为"药界大熊猫"，民间称作"救命仙草"。现代药理证明，铁皮石斛对提高人体免疫能力效果显著，可与虫草媲美。全世界铁皮石斛的种类有 1 500 多种，我国约有 76 种。近年来，铁皮石斛人工栽培技术基本成熟，栽培面积不断增长。

4. 其他药食兼用中药材

（1）黄精

黄精有抗缺氧、抗疲劳、抗衰老的作用；能增强免疫功能，增强新陈代谢；还有降血糖和强心的作用。用黄精可以烹饪出保健美味的药膳。

（2）三叶青

三叶青被称为抗癌之王，具有提高人体免疫力的功效；三叶青还是一种蛇伤药。

另外，适宜于乡村休闲旅游种植业栽培的药食兼用中药材还有：栝楼（瓜蒌）、金银花、金铃花、射干、黄栀子、桔梗、七叶一枝花、金线莲、白芨等。

二、农田景观设计与发展

（一）农田景观设计特色

乡村休闲旅游种植业是休闲产业与传统种植业相融合的新型业态，它充满了创造力、想象力和艺术感染力，既有种植业的基本特色，同时也具有休闲与创意产业的共有属性和特征。乡村休闲旅游种植业的产业特色具有以下 4 个特点。

1. 与种植业深度融合

乡村休闲旅游种植业是科技、文化、艺术与种植业交融的产物。一方面它完全颠覆了传统种植业的观念和理念；另一方面它又离不开传统种植业的基础。因此，乡村休闲旅游种植业是休闲产业与传统种植业的深度融合，需要通过创意设计，同时满足人们对美感、营养、味觉、健康、绿色、时尚、文化、艺术享受等的多种需求。

2. 具有规模化特点

乡村休闲旅游种植业是对种植业知识、种植业文化传播、种植产业发展形态的整体融合创新，因此，乡村休闲旅游种植业需要有一定的产业规模和扩大再生产的能力，需要有大规模的资金和物质投入。乡村休闲旅游种植业要通过规模发展，才能对农业的繁荣发展起到重要的带动作用。

3. 有较高的文化品位

乡村休闲旅游种植业发展的重点在文化，它将单纯的农业生产与农耕文化、旅游文化结合起来，将农产品和农业生产过程赋予文化的内涵和价值，给人以超越物质的精神享受。也就是通过乡村休闲旅游种植业的发展，不断创造出农业和农村的新观念、农民的新思想、新技术和其他新的创造内容，其典型特性是劳动者在田间“生产”的文化，消费者在生活中“消费”的文化，用以满足人们的精神需求。

4. 有较高的附加值

乡村休闲旅游种植业跳出了传统种植业依赖于对自然资源的消耗，而主要消耗“人的智慧”，体现的是智力价值和精神价值。乡村休闲旅游种植业以智力投资、创新、创意的形式融入作物种植和生产过程之中，获得超出物化形态的体验附加值、审美附加值、知识附加值、科技附加值等，为社会提供智能化、特色化、个性化、艺术化的农产品，最终实现多环节增收。

（二）景观设计的发展类型

乡村休闲旅游生产过程中景观设计的发展类型主要有：生产景观型、农产品景观型和园林景观型3种。

1. 生产景观型

在物质需求得到充分满足的同时，人们越来越渴望感受田园风光和郊野风情，使得“回归自然”的思潮席卷整个乡村休闲旅游的景观设计领域。据记载，我国古典园林起源于苑囿，而苑囿的功能之一就是种植农作物。无独有偶，西方的景观设计师也主要来源于农场主。由此可见，种植生产是乡村休闲旅游的最初功能，也是能够使人产生美感的前提。

（1）生产过程

“田”是农业的景观符号，利用田地的外在表现形式进行创意，可以构造农业旅游新景观。如我国宋代时期开辟的皇家八卦田，平面形状为正八边形，其上种植不同颜色的农作物勾勒出道教中的阴阳鱼图案，我国现代有美丽壮观的农耕梯田景观；在英美等国家的农场里，农场主请艺术家在麦田里设计一些规则的连环集合图案，被称之为“麦田怪圈”；我国一些地区将农作物种植成“迷宫”的形式，在不影响生产的前提下，产生和谐的美感，增加趣味性。日本等国家的农场，利用水稻田进行精细作图，设计出美丽立体的大型图案，被誉为“稻田艺术”，我国也有类似的稻田艺术如长沙县开慧镇国际露营基地的彩色水稻；另外，一些农作物的机械化及自动化生产过程也是一种美好的生产型景观，如世界梨产业的机械化及自动化生产。

（2）种植方式

科技是使农业走向现代化的重要手段。在种植方式上，通过运用现代科学技术，可利用光、声、温、水等资源整合科技，改变传统种植方式，打造神奇的作物景观。例如，利用“声波助长仪”激发农产品的潜在价值，使番茄、草莓等产量大幅度增加；空中结甘薯的“树式栽培技术”，让种植景观立体化，如中国台湾金勇DIY休闲农场设施栽培草莓和番茄；“无土雾化技术”栽培的蔬菜根悬在空中，令农业生产景观神秘化；利用生物技术改变农作物的性状、周期、培育出嫁接植物的奇特景观等。

2. 农产品景观型

乡村休闲旅游种植业打破传统农产品单一的产业属性，拓展了产品的附加值，延伸和复合了农业产业链。乡村休闲旅游种植业在其生产过程中渗透各种创新与创意的元素，进而塑造出具有差异化、时尚化、品牌化的“美学产品”。

（1）农产品景观的色彩

农产品的视觉形象是塑造种植景观的首要前提，色彩则是最为直观的感受，可满足人们的视觉亲历和心灵感受。如培育种植彩色辣椒，紫、白、黄、红等不同色彩的辣椒不仅颜色上赏心悦目，同时令游客好奇而竞相购买；“缤纷年华”小南瓜、茄子和西葫芦以其色彩斑斓而深受消费者喜爱；大面积种植彩色不同色块油菜花，打造花田效果，既满足了农业生产，又增加了观赏性，达到视觉景观创意的效果。

（2）农产品景观的形态

每种农产品都有其固有形态，利用现代工艺及技术手段进行创意，可打破传统农产品的形态，不仅可为其赋予新奇的景观感知力，还可提升农产品的经济价值。如利用现代科学技术培育的迷你黄瓜、迷你番茄、巨型南瓜等；或将西瓜置于透明的方形或心形容器中，培育出方形、心形西瓜；也有将长在田间的蔬果微型化，制做成盆景、盆果。这些与普通农产品有较大差异的农产品景观都让人产生新奇感，达到观赏效果。

另外，也可对普通的农产品进行加工创意，打造出具有视觉冲击力的产品景观，如瓜农雕刻的西瓜、野生菌拼盘、可爱的小狗蔬菜等。

3. 园林景观型

农业园区的规划设计直接影响农业的生态效益、经济效益和美学效益。不管是以科技应用为主题的农业科技园，还是以休闲度假为主题的农业观光园，都要在整体规划上力求新颖，更需对园林各个构景元素进行创意，以塑造出独具特色的农业园区景观。园林景观一般包括硬质园林景观和软质园林景观。

（1）硬质园林景观

硬质园林景观的设计可以利用原始的自然地形地貌，分析其景观美学特征并加以艺术处理，从而创造出奇特的地景。如在南方有梯田的地区，可以利用梯田台地拓展其空间造景，并与自然融为一体；在种植稻田的地方，可以利用纵横线打造成秩序性、规则性强的地形，合理控制视线，给人强烈的视觉感受。

温室是硬质园林设计的重要元素，利用温室或其他栽培设施，如棚架等，不仅可以保障农产品的四季生产，更可以利用其打造建筑景观。如利用攀爬支架搭建出“丝瓜长廊”“猕猴桃棚”等；设计不同形状、大小的棚架、温室，将其打造成“南瓜凉亭”“番茄园舍”等。

（2）软质园林景观

软质园林景观设计包括植物景观和水体景观。多层次的植物体系可以构造丰富的园林景观，如利用温室将热带、温带甚至寒带的植物种植在同一园区，打造出奇特的异域景观；也可以设置立体组合栽培架或景观工艺容器，种植各种彩色蔬菜、花卉等；同时，植物本身也是一件可塑的园林艺术品，可以将耐修剪的植物品种塑造成有趣的雕塑等。水是农业中必不可少的元素，水体景观设计可将水固化、汽化，云雾缭绕，让游客有回归自然的感觉。

（三）农田景观设计方法

农田景观的设计包括景观设计和园区设计 2 种。

1. 景观设计

景观设计有视觉设计、听觉设计和嗅觉设计。

（1）视觉设计

由于植物具有丰富的色彩，富有特色的质感和各异的形状，因此乡村休闲旅游种植业在设计理念上可以融入众多的视觉元素，以带给人们视觉的冲击，同时让人们产生美好的视觉体验。常见的视觉形态有景观的形状、质感与色彩。

①形状。形状指对象的形象、形体以及形态，是重要的视觉语言。点、线、面是形体的基本形式，是表现视觉形象的基本设计语言。点、线、面都是相对而言的，根据观看的角度和方式不同，点、线、面是可以相互转化的。

第一，以“点”的形式设计。在几何学上，点是一种看不见的实体，仅表示位置。但在景观中，点作为一种造型要素，是能被我们感知到的形象，具有一定大小面积和形状。单一的点有集中视线、凝固视线的作用，在空间中具有点睛的作用，能够产生吸引人们视线的效果。正如保罗·克利认为的那样：“点静止时，具有固定位置的不动性格，表示安定，带有标志性和向心性。”如果将点设置在视觉轴线的端头或者将点设计成一个标志物，则更易构成一个空间序列中吸引视线的停顿点和聚焦点。例如，草地中的孤植树。当多个点组合在一起时，会使视点往返跳动，不利于吸引人的注意力而造成活泼、动感的心理感受。一大一小的两个点组合时，大点首先跳出来吸引视线，并由大点逐渐移向小点，最后集中在小点上，越小的点积聚力反而越强。三个以上点聚合时，若点与点之间的间隔较小，会产生很明显的线化，间隔越小线化越明显。当多个点向四周平均散开时，点与点之间会表现出三角形、四边形或多边形等，具有更多的张力，可形成一个隐约的面，即点的面化。例如，日本的枯山水就是利用点的张力特点形成画面效果的。

点是乡村休闲旅游种植业设计中的最基本的要素，具有最简单而强调的特性，是设计中最活跃的因素，也是重要的图形语言和表现手段。在乡村休闲旅游种植业的设计中，点不具有大小的限制，只要在空间中标定的位置都可以看成点。

第二，以“线”的形式设计。线是乡村休闲旅游种植业中具有连续性、方向性的视觉元素，它有独特的形状、能量，可以包括道路、绿地、河流、地平线、天际线以及不同元素的交界。线具有直线和曲线两种形态，直线具有果断、理性、坚定、速度感和坚强感的特性，类似于男性阳刚的品格。水平线具有向水平方向延伸空间的作用，可以使窄的空间在视觉上变宽；垂直线具有延长垂直空间的作用，使空间从高度上有所延伸；斜线则具有动感的特征，可以使原本呆板的空间灵动起来，产生一种不稳定而又向前延伸的美感。曲线则类似女性的阴柔品格：柔和、丰富、优雅、感性、含蓄和富于节奏感。在形态上分为几何曲线和自由曲线，常见的几何曲线有圆弧线、椭圆线等，具有简洁、对称、理性的心理趋向。自由曲线则是无章法的自由线条，可以根据设计的不同需要而确定弯曲的程度，表现出灵活、自由、多变的心理趋向。

在乡村休闲旅游种植业的设计中，线的应用最为广泛，道路的边界线、梯田的曲线、农田间隔线等都是线的应用。

第三，以“面”的形式设计。“面”是均匀方向延展的视觉元素，其形状可以是规则的、不规则的、平的、弯曲的或扭曲的，可以是实的也可以是虚的，在乡村休闲旅游种植业的设计中形态各异的面给人以不同的感受。如平面给人以空旷、延伸的感受；曲面给人自由、流动、活泼的感受；地面的抬升与下降都在空间上形成富有层次的景观效果。面可理解为点和线的扩大化。线的分割可以产生各种比例的空间，同时也形成各种比例关系的面。面是非常重要的视觉语言，可以作为画面主体，也可以作为背景。面在构成画面中具有平衡、丰富空间层次、烘托及深化主题的作用。

在乡村休闲旅游种植业的设计中，面的形态有很多。例如，花海、草地、茶山、农田、各种铺装可以形成地面；建筑立面、紧密排列成行的树木可以形成垂直的面；高大的树木枝叶可以形成一个顶平面。地面是乡村休闲旅游种植业设计中一个非常重要的形态，它的构成形式将直接影响到其他的设计形态，由于园区一般位于农村，自然的农田和林木形成了乡村休闲旅游种植业设计地面的基调，辅助广场、道路的铺装能够形成丰富多变的景观。

②色彩。色彩是感官中最容易引起人注意的想象特征。人对色彩的感受具有生理和心理双重感受。生理上，色彩具有冷暖感、距离感、轻重感；心理上，不同色相、明度、纯度会使人产生不同的心理感受，而这个心理感受又因人、因地区、因文化而异。尽管这样，我们仍不能否认色彩独特的、强烈的表现性，同时，色彩的表现性是因为有了形的存在才更能体现出它的价值。

乡村休闲旅游种植业设计中的色彩类型主要有红、绿、蓝三原色，通过色相对比、纯度对比、明度对比、色彩的面积与位置对比等衍生出其他各种颜色。组成乡村休闲旅游种植业的色彩分为自然色彩和人工色彩两大类。自然色是指物体原有的颜色，如植物原有的颜色，是大自然赋予的本来颜色。而人工色则与之相对，是人通过各种技术手段创造的颜色。在乡村休闲旅游种植业中，植物、水体、天空、农田的颜色以自然色为主，而建筑、道路、广场、小品、铺装等则以表现人工色为主。

乡村休闲旅游种植业设计中的色彩与其他类型的设计不同，其基本色调以农业景观的色调为主。例如，春之麦苗、油菜花，夏之荷、稻，秋之荞、葵，冬之蜡梅；桃花红时杨柳吐翠，稻麦黄处绿荫成行。人工色彩则为点缀，但是不同的功能区自然色和人工色的配比也有不同。例如，以小品、雕塑等为景观焦点时，则其承载的色彩为主要色彩，而植物色彩退为背景色。

（2）听觉设计

听觉是仅次于视觉的重要感觉通道，作为接受信息的第二大功能，对景观审美的体验显得尤为重要，而且环境中的声音无处不在，视觉无法接收的信息，大部分都由听觉补充。

对于植物的听觉景观营造，由于植物本身是静止的，没有声响的，需要通过人为手段或者自然界风雨等的作用，产生各种声音，故植物的听觉景观并不是自有的，而是“借来”的。乡村休闲旅游种植业的设计中常用的“借声”植物有松（柏）、竹、荷花等几种。

（3）嗅觉设计

嗅觉景观设计将人体的嗅觉挖掘出来，通过嗅觉刺激或使人心情舒畅，或使人兴奋开朗，加深游客记忆，再与视觉景观、听觉景观、触觉景观、味觉景观相结合，以提升乡村休闲旅游种植业园区的景观质量。

嗅觉给人带来的感觉是独特的。据研究，嗅觉给人带来的印象在记忆中保存的时间是最久的，这也正应了园林的所谓以“有限之园寓无限之境”。提升乡村休闲旅游种植业园区丰富的自然景观，水稻、麦苗、果树、花卉甚至菜香都能散发天然的香气，这些都给嗅觉景观设计提供了天然的材料。园林中自然的味道主要来自于植物，它们以其特有的清香或表情达意，或渲染氛围，气味的弥漫使得园林空间更富于回味，易与人亲近也更具有标识性，同时也蕴含着高尚的品格。

我国园林植物中香化植物资源丰富，有花香、果香、枝叶香之分。如花香植物有芳香花卉中的木兰科、蔷薇科、蜡梅科、木樨科等科属中的大部分植物，果香植物有木瓜、枇杷、柑橘、佛手等；枝叶清香的植物有香樟、松柏类、茶属等，这些植物可以布置于园区的道路两旁或观赏区，服务游客，兼具观赏和科普教育功能。

嗅觉景观的设计关键在于选择合适的嗅觉对象，并安排最佳的赏景时节和地点，策划相应的活动项目，引导游客体验嗅觉景观感受。如在乡村休闲旅游种植业园区中根据优势资源、植物的花期可以推出樱花节、桂花节、丁香节等各种观赏活动，并在园内设计亭、廊、花架等设施，方便游客或动或静闻香的需要。

2. 园区设计

（1）果蔬观光采摘园设计

果蔬观光采摘园是消费者来到果蔬生产园区，亲眼看到园区的生产环境和果蔬生产状况，亲身感受果蔬生产过程，了解果蔬生产技术，亲自动手采摘蔬菜和瓜果。消费者在现场采购自己满意的果蔬产品的同时，可以学习果蔬生产知识，体验亲自动手的快乐，获得很好的休闲效果。

果蔬观光采摘园的设计理念要求以蔬菜、瓜果优质生产为主线，以园区环境景观为依托，以生产过程体验为特色，为游客提供优质放心的采摘产品、美观优雅的游玩采摘环境和安全舒适的贴心服务，满足城市游客在心理上和物质上追求自然的需求，打造自然和谐的生态型农业观光园区。

果蔬观光采摘园的景观包括设施、露地生产形成的景观以及园区整体环境景观。采摘园要做到果蔬生产和观光采摘有机结合，其景观设计需要遵循园区景观的整体性原则、果蔬品种的特色性原则、茬口安排的时节性原则、生产过程的生态化原则。

①设施内的景观设计。果蔬园区一般都有多栋成排的温室或立柱式避雨棚，这是观光采摘的主要场所，为了便于生产管理，一个温室或避雨棚一般只栽培一种生长期比较长的蔬菜、瓜果，所以需要多个设施搭配形成不同的栽培植物景观。以北京地区温室为例，春季可栽培草莓、西瓜、甜瓜、黄瓜、番茄、豇豆、西葫芦、甜椒、辣椒等生育期相对较长的品种，为了保证品种多样性和满足节假日较大需求量，可以搭配种植一些生育期短的叶菜类。

选择品种时，在保证营养品质的基础上要充分考虑不同品种的口感和观赏性，像葡萄、草莓、西瓜、甜瓜、樱桃番茄等鲜食瓜果类，游客可现场品尝；黄瓜、西葫芦、甜椒、西瓜等都有外形、色泽不同的供选品种，合理搭配种植就会获得较好的景观效果；叶菜类也有很多观食两用的品种供选择，如秋葵有红色和黄色，甘蓝有绿色和紫色，花椰菜有白色和绿色等，不同颜色品种在同一温室搭配种植可形成色彩斑斓的景观效果；设施内还可以选择一些野菜品种进行人工栽培，以满足游客的好奇心。

在茬口安排上，为扩大园区影响，保证全年各个时节都可采摘，采摘期应尽可能长，并重视节假日，充分配合游客，特别是团队游客的采摘需要。在温室果蔬生产上要充分展示果蔬生产的高新科技，如环境智能控制、滴灌设施、病虫害的无公害防治、新优品种繁育等技术，让游客在观光采摘过程中获得果蔬栽培的科学知识，这也会成为一个吸引游客的亮点，可进一步把园区建设成为科普基地。

②主干道设计。园区主干道是游客进入园区采摘的必经之路，是关系到游客对采摘过程满意度的一个重要因素，所以园区要保证主干道平整、整洁和美观，使游客在整个采摘过程中感到安全、舒心、愉悦。

主干道景观设计有很多种，有的采用廊道设计，用铁管或竹竿搭建棚架，种植爬藤植物，如葫芦、常春藤等，也可种植观食两用的南瓜、丝瓜、豇豆等瓜果类蔬菜；也可不架设廊道，直接在硬化路面两侧种植景观植物，如菊花、石刁柏等多年生的植物；还可在道路两侧设立宣传板，介绍果蔬品种特色及烹饪方法等。

③园区整体外观设计。园区整体外观就是园区的外部形象，一个好的园区外观会给游客留下一个好的第一印象，是吸引回头客、园外过路人的重要因素。

园区整体景观的塑造包括进园道路两侧、园区大门及园区围栏的景观设计。进园道路应平整，便于车辆通行，道路两侧种植观赏价值高的花草；园区大门设计要既经济又有新意，可以以特色树木枝杈交错搭建门廊，也可与主干道廊道进行整体设计，以爬藤植物为主建设特色门廊；园区在以铁栅栏保证安全的前提下，在围栏两侧种植经济性好的植物，如多年生的花椒、一年两季的向日葵等。

（2）种植专类园设计

所谓种植专类园是指具有特定的主题内容，以具有相同特质类型（种类、科属、生态习性、观赏特性、利用价值等）的植物为主要构景元素，进行植物搜集、展示、观赏为主，兼顾生产、研究的种植主题园。

种植专类园以某一特定展示主题来营建植物生境、收集植物、提供游赏场所和科普设施，承担着物种收集保护；开展科学研究，如植物学、植物分类学、植物遗传学；发展利用，如引种驯化、新品种培育；进行科普教育，如植物识别、标本展览；植物展示；创造优美环境等功能。

①专类园中专类植物的设计。首先，确定种植专类园的规划主题，明确专类植物的规划范围。因植物分布受气候、温度、光照、海拔高度等环境因素的限制，所以其分布具有一定的区域性。当种植专类园选址确定后，实际上也基本确定了专类植物的范围。在通过充分调研、了解的基础上，选出适应的植物种类作为种植专类园的主栽植物。其次，全面收集专类植物资料，依据现状制订引种规划。在确定专类植物规划的主题和规划范围后，根据该专类植物分布带来确定植物专类园所在区域内的植物种类分布，还可以依据种植专

类园的生境，选择适合的专类植物进行引种试验，通过植物驯化和性状改良，使其逐渐适应当地环境，以增加多样性。

在种质资源圃、种子采集的母本区内，为了能更好地保存专类植物较纯的遗传性状，一般采用相同品种集中布置的方式，并与其他物种进行隔离，从而最大限度保证植物遗传性的纯度。

②专类园中功能区的设计。依据种植专类园的定位，划分主要的功能分区，进而细化出更多的功能区。依据种植专类园的功能需要，从整体上可以分为科学实验区、生活服务区、观赏游览区 3 大理想功能区，然后再从这 3 大功能区中进行细化。如科学试验区可以划分为种质资源圃、引种试验区、优良品种培育繁殖区、实验室等；观赏游览区可以依据植物的观赏性状、品种分类进行造景分区，这其中可以包括一些与专类植物相关的展览艺术；生活服务区功能相对集中，一般不再进行细分。

在种植专类园的实际规划设计中，功能分区要受到自然条件、社会条件、地理环境、经济因素，还有一些人为因素的影响，因此要做进一步的调整。可以依据各种限制因素、植物学原理、景观生态学原理、可持续发展原理等，对选出来的实际的功能区中进行具体布局规划，设计几套方案，并邀请专家对方案进行评价论证，提出修改意见，使得种植专类园的功能区划分趋于合理化。

③种植专类园中的景观设计。首先，利用物种多样性营造景观。种植专类园中的植物种类较多，可以借助植物种类之间的差异，通过一定的园林艺术手法，在增加景观的变化和延长观赏期的同时，更好地展示植物多样性。在实际设计中，可以利用植株高度上的差异进行不同层次景观的搭配，如将低矮的植物布置为前景，高大的植物放为中景或者背景处理，这样形成的景观有高低和层次性；也可以利用开花的先后顺序，把开花时间不同的植物种类布置在一起，延长花的观赏期。如牡丹园一般采用牡丹与芍药进行搭配，利用两者花期的差异（牡丹 4 月中下旬开花，芍药的花期为 5 月）造景，使园内观赏期由原来的半个月左右延长为一个月左右。

其次，按照不同植物分类方式造景。种植专类园在收集植物后，可以把分类后的植物按照划分的类别进行集中布置造景，目的是为了更有针对性地展示专类植物某一方面的观赏、应用、生境等特色景观。在整个种植专类园的景观营造中，这种分类展示并不需要仅仅拘泥于一种分类方式，可以多种分类方式并存，多方面展示植物的观赏特性。如依据花型、花色、枝干、果实等特征进行植物分类，集中进行展示。

第三，利用园林艺术手法进行造景。植物配置就是园林植物的种植形式，在设计中，这种配置的风格分为规则式和自然式，具体的表现形式有孤植、对植、列植、丛植、群植、片植。孤植是把孤植植物放在视线的交点，有别于其他背景的植物群落，单独展示。对植一般用在专类园中的建筑入口，以达到构图的均衡与稳定。对植的延伸就是植物的列植，一般用于专类园中道路、广场、办公楼前，形成的景观具有整齐庄重的效果。群植、丛植是专类园中植物造景比较常见常用的形式，更多的是展示植物的群落美、整体美，可以结合物种多样性进行搭配。

三、经典案例分析

（一）国内乡村休闲旅游种植业的代表性案例

1. 北京紫海香堤艺术庄园

紫海香堤艺术庄园位于北京市密云区古北口镇汤河村，是北京市规模最大、品种最全的香草种植园。园内以爱情为主题，浪漫为形式，通过对香草文化的包装和利用，全力打造“长城脚下的普罗旺斯”。园区占地面积 20 万米 ^{2}，主要种植了薰衣草、紫苏、马鞭草、洋甘菊等世界 200 余种珍贵香草品种，进入司马台长城牌楼，就能看到蓝天白云下，青山怀抱的紫海香堤。炫目的无际紫色，一片薰衣草的花海，闻到一股混合了多种香型的味道，柠檬中带着些黄瓜的味道，又掺有薄荷的清香，混着迷迭香的芳香，无论从视觉上还是嗅觉上都是无与伦比的享受。庄园内还设有香堤艺术画廊、香草专卖店、香草主题展厅、DIY 手工制作室、香堤会所、特色水岸休憩长廊、薰衣草婚庆广场、爱情小木屋、爱情渠、相遇桥等娱乐休闲设施。

园区中的三景——“无垠的香草田”“安静的汤河水”“茂密的金山林”构成了一幅绝美独有的风景图画。零落于香草海边的海岸篷房、坐落于坡地上绿树丛中的坡地棚屋、依山傍水林荫掩映的香堤会所、设施齐全的中西餐厅、经典亲水与香草休闲体验项目，游客可以在柔风中穿过香草花田，让浓浓淡淡的馨香拍打着肌肤，享受美妙的“爱之旅”。

2. 江西婺源油菜花田

江西婺源的油菜花在国内乡村休闲旅游中独树一帜。尽管婺源本身就有着丰富的旅游休闲资源，但让其真正实现全国闻名的却是油菜花田。婺源一直有种植油菜花的习惯。2003 年，在获得各项大奖的电影《暖》中，婺源油菜花以唯美而富有温情的画面通过大荧幕上获得了广泛传播和关注。于是在当地政府有意地引导、强化下，婺源的油菜花越种规模越大，名气越大，如今婺源的 6 670 万米 ^{2} 赏油菜花之旅已成为全国闻名的乡村旅游品牌。每年的 3 月中下旬，棵棵粉红的桃花、洁白的梨花点缀在漫山遍野金黄色的油菜花中，掩映着白墙灰瓦的徽派建筑，使婺源成为“中国最美的乡村”。每当春暖花开，置身江岭万亩梯田，黄灿灿的油菜花与远山、近水、粉墙、黛瓦相映成趣，构成一幅天人合一的画卷。在这里游客可以让心灵自由飞翔。

婺源油菜花的主花期约为 1 个月：3 月 8—11 日油菜花由零星开放到慢慢进入初开期；3 月 12—17 日过渡到初旺期，3 月 18 日至 4 月 5 日处于旺花期. 4 月 8—15 日前绝大多数油菜花开始凋谢。借助油菜花田，如今婺源 40 天内接待全国各地游客近 100 万人次，同时也强势拉动了婺源县餐饮、住宿、购物等第三产业的发展。2012 年，婺源的“油菜花经济”为该县创收 18 亿元。随着油菜花田在各地的模仿推广，婺源又创新出了花田种植，继油菜花海之后在江岭景区打造出二季花海——波斯菊花海，从而丰富了 7—9 月婺源旅游的观赏内容，使婺源的休闲旅游农业得以进一步延长。

3. 浙北桃花岛

浙北桃花岛位于嘉善县姚庄镇北鹤村，四面环水，自然环境独特，村中遍布桃园，仿佛世外桃源，于2007年正式通过AA级旅游区评审，是长三角地区最适宜休闲度假的农业生态旅游区之一。北鹤村是姚庄的黄桃专业村，全村95%的农户种植黄桃，面积达130多千米^2。黄桃不仅成为北鹤村的支柱产业，到了桃花盛开的时候，放眼望去，北鹤村内万紫千红、灿若云锦，所以北鹤村又有浙北桃花岛的美称。

姚庄镇从2001年起每年投入100万元连续举办8届“嘉善姚庄黄桃节”和4届“嘉善姚庄桃花节”，对黄桃产业形成了极大的品牌效应，还带动了旅游业的快速发展。2006年，浙北桃花岛将发展了20多年的黄桃产业和村庄整治的成果转化为旅游资源，和农业生态游进行设施共建、资源共享，让群众通过农家乐、采摘游等活动广泛参与旅游业，探索出了一条让农民增收的新渠道，实现了“一棵桃树两个节日、一片桃园两个产业，花开花落都是财”。2006年，浙北桃花岛接待游客3.5万人，2007年增加到11万人。2008年仅桃花节期间就接待游客6万人，门票收入6.8万元，高峰日一天接待8 000多人，旅游总收入达到60多万元。

经过多年的建设，浙北桃花岛成为一个集农俗游赏、农耕文化展示、文化遗址游览于一体的特色农业生态旅游区。目前已建成的景点有农家乐休闲区、水韵风情区、垂钓乐园、桃韵广场、采摘桃林、锦绣亭、白鹤亭、清凉游廊、商贸中心、桃源游廊、百果园、柳约草堂、野营基地、桃林迷宫、野外拓展训练基地、儿童乐园等。“桃花岛”每年有两个旅游高峰期，3月份是“桃花观赏期”，观“桃海”陶冶情操；8月份是“黄桃采摘期”，采摘具有营养保健价值的黄桃，各个时期均有丰富的旅游活动项目。同时，还有桃园鸡、精品蘑菇、蜜梨、农民画等供游客选购。如今的浙北桃花岛生态旅游区是一个使游客远离都市喧嚣，感受自然，释放心情、返璞归真的农家乐综合旅游区。让游客感受到有别于大城市的返璞归真的自然享受，同时也让农业产业发展有了新途径，农民增收有了新亮点。

（二）国外乡村休闲旅游种植业的代表性案例

1. 荷兰春季花海

荷兰的乡村休闲旅游自20世纪90年代后期兴起以来，发展势头迅猛，现已形成完整、发达的乡村休闲旅游产业链条，尤其是荷兰的花卉业世界闻名。荷兰花卉业的核心产业是以花卉农场为载体的花卉生产及相关文化创意活动。荷兰目前有花卉农场1 500余家，当地花农根植于花卉文化，将传统的以花卉生产为导向的发展模式转化为以市场或消费为导向的模式，使花卉生产及其产品成为现代时尚的多种载体。荷兰以郁金香闻名于全世界，春季是最好的观花季节。每年3—5月，荷兰大地被鲜花“淹没”，荷兰的春天更被誉为“世界上最美丽的春天”。库肯霍夫公园、诺德维克花田、花车游行等集中了荷兰郁金香种植业之精华。

（1）库肯霍夫公园

地处阿姆斯特丹西南约30千米处的库肯霍夫公园是世界上最大的郁金香主题公园，每年吸引几十万来自世界各地的游客参观和摄影。库肯霍夫公园有颜色各异的100余种、共450万株的郁金香，以及其他近300万株的球茎花卉。公园内郁金香的品种、数量、质量以及布置手法堪称世界之最，类型有杯型、碗型、卵型、球型、百合花型、重瓣型等，颜色从粉紫、鲜黄、嫩红到纯白。除了花海，园内展览馆还举办各种各样的花展、花卉栽培示范活动、插花艺术展等，更少不了绘画和摄影展。此外，还有特别为儿童设计的探险之旅、花园迷宫、牧场等活动。更有不少郁金香特色的纪念品和工艺品。

（2）诺德维克花田

在诺德维克，游客可以自由自在地穿梭在花田与林地间。诺德维克随处都有出租自行车的小店，只要交点押金，就可以在和煦的春风中，骑着自行车穿梭在巨大的郁金香花海里，实现“花田骑行”的梦想。游客可以沿着自行车道和弯曲的田间小路穿越面积广大的郁金香球茎花田。几万株花束连在一起，组成了天地间的巨型调色板，沿途还不时有古老的风车在“吱悠吱悠”地缓缓转动，偶尔吹来一阵春风，滚起一道道纵横几十里色彩鲜艳的花之彩浪——红波、白浪、黄涟、紫漪，美得叫人无法呼吸，艳得令人睁不开眼，花风把淡淡醉人的郁金香芬芳送入鼻息，沁人心脾。

（3）花车游行

在荷兰西部的利瑟，郁金香田地一望无际。利瑟每年的郁金香季从3月持续到8月，期间会举行距离长达40千米的郁金香花车游行，几十辆用数以亿计的郁金香和风信子装饰而成的花车在乡间缓缓穿行，花车队中还活跃着数个乐队和化装队伍，车后有护卫队。而最耀眼的还是花车上花娘们的微笑，她们就像播撒春之光的使者，经过时留下满径芬芳。这一活动每年吸引来自世界各地的几十万游客，极大地带动了当地旅游、餐饮等行业的发展。

2. 德国绿腰带项目

德国在倡导环保的同时，大力发展乡村休闲旅游，其中最有特色的是休闲农庄和市民农园。慕尼黑是德国南部最重要的城市。20世纪90年代以来，随着欧洲一体化进程的加剧，慕尼黑的城市发展面临着新的挑战。为了适应可持续发展的需要，也为了满足国际大都市居民在生活、休闲、娱乐等方面产生的新的需求，慕尼黑市政府在郊区农村实施了绿腰带项目。所谓“绿腰带”指的是慕尼黑城市外围没有覆盖建筑物的土地，也是连接慕尼黑城区和相邻乡镇的地带，土地面积约335千米^2。在这里，除了发展农业之外，保护动植物宝贵的生活环境，扩大保护区的范围，建立具有战略意义的生态发展区，加强文化休闲场所的建设，也是慕尼黑郊区农村未来发展的重点。为此，慕尼黑市政府和郊区的农民们一起制定了干草方案、菜园方案、森林方案等一系列的行动方案。

（1）干草方案

干草方案是保护性使用绿腰带地区土地的一个典型做法。市政府鼓励农民把草地上的干草分成小包装卖给城市的小动物饲养者，从而获得收入。而对城里人来说，在干草包中包含着的不仅是珍贵、天然的美味饲料，还融入了来自绿腰带地区的家乡味道。由于草地不需要过多的养护，此项措施还大大保护了水源和土地。同时，草地上遍布的鲜花给人以视觉上美的享受，每年吸引了许多市民去踏青、郊游。

（2）菜园方案

菜园方案旨在满足城市居民回归自然的要求。绿腰带上的农民将自家的菜地分成60米^{2}的小块出租给市民，菜地的位置尽量靠近城市聚居区，租金每年仅110欧元。与其他城市郊区的菜园不同，绿腰带上的菜园每年只出租半年，即从5月中旬到11月中旬。在5月中旬之前，土地的翻耕、播种等前期工作都由专业人士完成，以此来保证正确的种植间距和最优化的种植安排。出租者于每年的5月中旬接管菜园，每周需投入2～3小时的工作。在蔬菜的种植过程中，矿物肥料和化学保护剂是绝对禁止的。而在种植菜园的过程中，孩子和成年人都获得了幸福的享受。正如菜园方案的广告语所说："60米^{2}的维生素，60米^{2}的生活乐趣。"

（3）森林方案

慕尼黑郊区拥有约50千米^{2}的森林，慕尼黑政府在保护森林的同时，还发展出森林的科普和环保教育功能。学校和幼儿园经常组织孩子们来到绿腰带上的森林里，在护林员的带领下接触森林、认识森林、了解森林。一些企业还把团队精神培训、创造性培训等项目从公司封闭的会议室搬到开放的森林里，产生了意想不到的培训效果。

除此之外，绿腰带里的森林、草地和农庄对城市居民都有很大的吸引力，游泳、采蘑菇、慢跑、野餐、骑自行车漫游等项目都颇受欢迎，慕尼黑郊区也因其独特的"骑术治疗项目"及其所实施的绿腰带项目等系列行动方案而成为人们向往的休养之地。

3. 美国红杉国家公园

美国红杉树国家公园位于美国加利福尼亚州维塞利亚东面的内华达山脉南部，1980年被列入世界遗产名录。红杉国家公园成立于1890年9月25日，占地1 635千米^2。红杉国家公园以其巨杉而著名，成熟的红杉树树干高大，可达70～120米，树龄800～3 000年，是世界上罕见的植物景观。其中包括地球上最大的树——谢尔曼将军树。

红杉国家公园每年的参观人次约为100万。游客通过海拔520米高的灰山的三河镇附近的南入口进入红杉国家公园。灰山周围有一个丘陵生态系统，包括栋属道格拉斯种林地、山麓丘陵的沙巴拉群落、草地、丝兰植物以及陡峭而和缓的河谷。这里也有丰富的野生动物：短尾猫、狐狸、地松鼠、响尾蛇和骡鹿是这个地区常见的动物，而更罕见的是深居简出的山狮。在海拔1 700～2 700米的区域，人们可以找到西黄松、杰弗里松、糖松和美国黑松，还有大量的白杉和红杉。公园还有巨型红杉——地球上活着的最粗的单干树木。在这些巨型的红杉树木之间，春季和夏季期间，融雪流向四处而形成郁郁葱葱的水草地。游客们在此地经常可以见到骡鹿、道格拉斯松鼠和美国黑熊。除了徒步旅行、露营、钓鱼和背着背包徒步旅行之外，红杉国家公园的许多地方都是游客们的最想去处，其中包括：谢尔曼树小径、原木隧道、弦月草甸、莫诺岩等。

（1）谢尔曼树小径

谢尔曼树小径是一条铺好的1 288米长的来回小径。游客们可从停车场向下迂回曲折地穿过一片巨型红杉林地而走到谢尔曼将军树的基部。

（2）原木隧道

原木隧道是红杉国家公园里一条穿过一棵落地巨杉的隧道。这棵高84米、直径6.4米的巨型红杉于1937年由于自然原因而倒地，而且还横跨了公园里的一条公路。第二年，一班工作人员在树干上挖了一条长2.4米、宽5.2米的隧道，使得这条公路再次畅通。

（3）弦月草甸

弦月草甸是红杉国家公园大森林区域内的一片巨杉环绕的小草甸，这片锯齿山脊的山地森林草甸标志着内华达高原小径的西端，此径从这片草甸横跨大西部界线而延伸到惠特尼山。开拓者黑尔·迪克森·撒普按照宅地法在此以及原木草甸附近定居。自然资源保护者约翰·缪尔曾多次造访这片草地而且高度赞扬其为“内华达山脉的最佳之处”。弦月草甸位于一条铺好的4 828米长的公路末端，这就允许将军高速公路接近了大森林博物馆。

（4）莫诺岩

莫诺岩是位于红杉国家公园中心、莫诺溪源头、大森林和弦月草甸之间的一个花岗岩圆丘。20世纪30年代，民用保护公司建造了一条切割进入并灌筑到该岩石的400步阶梯，因而游客们可以徒步到岩石的顶端。这条阶梯被列入了国家史迹名录。从这块岩石上看到的风景包含了该公园的大部分地区，其中包括大西部界线。该岩石海拔高度为2 050米。

身处美国红杉国家公园，于巨木的苍翠挺拔间，感受巨大与渺小的深刻对比。放眼望去，是不可逾越不可置信的高度。仰望天际，隐约闪烁的橙色光芒，仿若与树木的枝叶轮廓浑然一体。层层叠叠的巨木，参差错落。携手挺立的，身单影孤的，经雷击火焰而面目焦黑的，轰然倒塌而姿态静谧的……辗转嬉戏于那些倒塌后，被略加修饰为穿行通道的树洞之间，纵然潮湿而清冷，却可触及窥探与藏匿的乐趣。让人震撼于生命之中，那些不曾被探知的韧性，那些恍如隔世的力量与劲道，让人感受来自心底的灵魂涤荡。

4. 日本森林浴

森林浴起源于德国的“气候疗法”“地形疗法”和“自然健康疗法”，法国的“空气负离子浴”、俄罗斯的“芬多精”科学和韩国的“休养林构想”在一定程度上促进了森林浴的普及和发展。森林浴属于空气浴中的一种，主要是利用森林环境的小气候、空气负离子和芬多精的功效，使人达到放松身心、解除压力，从而提高身体素质的目的。日本在原有森林浴内涵的基础上还提出了森林疗法的概念，即通过置身于林间，利用森林地形进行散步或运动，在林间放松休憩等方式达到疗养目的。目前，日本学界普遍认为，森林疗法是在森林环境中利用五感来感受自然的声、色、触感、生命力，或利用森林气候、地形、立地效果来维持和增进人的身心健康。森林浴和森林疗法已成为日本乡村休闲旅游林业旅游中的重要形式。

日本的森林保健旅游研究起源于森林浴的实践，日本的森林浴有三个要素：一是有良好的森林环境，如较高浓度的空气负离子、植物精气、清新的空气、舒适的气候等；二是要开展保健活动，如在森林中散步、运动、吐纳、触摸植物、吸收植物精气等；三是有保健疗养效果，生理上要能提高免疫力或抗癌能力、使人头脑清醒、充满活力、提高身体素质，精神上要能帮助人们放松心情、消除疲劳、精神振奋。日本发展森林浴基地有以下三大特色。

（1）多样化的发展模式

①综合接待型与单一步道型。从接待设施的综合性和丰富性划分，日本的森林浴基地可以分为综合型森林浴基地和单一型森林浴基地。

综合型森林浴基地：有东京都奥多摩町、新泻县津南町、长野县饭山市、长野县上松町、高知县津野町、宫崎县北乡町以及宫崎县日之影町等。此类型森林浴基地的综合服务设施齐全，可以满足游客康体、疗养以及吃住行游娱购等综合需求。此类型基地除了提供良好的森林疗养环境，还配备了多条森林浴步道，以及多样的森林旅游产品和丰富的体验活动，并联合医疗保健机构，结合运动健康疗法、膳食疗法等使游客更加全面地享受森林浴带来的良好疗效。选择度假疗养型的游客大多以中长期滞留方式开展森林浴活动，滞留时间一般为3日至一周不等，游客年龄层主要集中在中老年人，消费水平较高，对各项服务要求较高，主要为了达到缓解压力、放松身心，提高免疫力等目的。

单一型森林浴基地：有宫城县登米市、神奈川县厚木市、长野县木岛平村、长野县小谷村以及和歌山县高野町等。此类型森林浴基地及步道仅提供单一的森林旅游产品，一般以森林漫步以及森林向导陪游为主。选择此类型基地的游客多为临近地区的当地居民，大多以短期滞留方式开展森林浴活动。

②森林健身型和温泉疗养型。从森林浴基地所依托的主要旅游资源划分，日本的森林浴基地可以分为森林健身型基地和温泉疗养型基地。

森林健身型基地：有北海道鹤居村、秋田县鹿角市、山形县小国村、东京都桧原村及福冈县浮羽市等。此类型森林浴基地的综合服务设施较为齐全，森林资源丰富，疗养环境良好，且树种多样（日本特有的山毛榉林、照叶树林、杉树林、桧木林等），但均没有设置专门的医疗设施。此类型基地除了提供日常的森林旅游产品外，还定期或不定期地举办各种一日游来吸引更多的游客。

温泉疗养型基地：有山梨县山梨市、长野县南箕轮村、静冈县河津町、宫崎县绫町以及鹿儿岛县雾岛市等。此类型森林浴基地提供专项旅游资源，以森林中的温泉疗养和医疗保健为主，不专门安排森林旅游产品。主要针对临近城市短期滞留的来访者，一般为一日游旅游者，为其提供日常的森林疗养步道、简易的休憩设施，重点提供温泉疗养以及健康诊断专项服务。游客年龄层主要集中在中青年人，社会群体以上班族为主。

③依附型和独立型。从经营模式角度划分，日本的森林浴基地可分为依附型森林浴基地及独立型森林浴基地。

依附型森林浴基地：是指依托于著名旅游景区内森林环境和设施开展森林浴，与景区原有的多个景点进行相互配合，利用其综合影响吸引更多游客，丰富客源层次。此类型森林浴基地一般与旅行社进行合作，作为旅游线路中的一部分，此形式可以更好地吸引较远距离城市客源。

独立型森林浴基地：是指在相对良好的森林环境下，建立独立存在的有一定规模的森林浴基地，利用网络、报纸杂志及电视广播等媒体进行广泛地宣传。日本森林浴基地大多为独立型，很少与旅行社进行合作，一般会在本地区政府网站或本基地的官方网页上对其森林旅游产品进行宣传，游客可以通过网络进行报名，申请参加森林浴旅游项目。但也有少数森林浴基地依附于世界遗产地进行发展，如和歌山县高野町森林浴基地和奈良县吉野町森林浴基地。

（2）专业化的经营措施

①推行森林保健疗法师制度。日本森林疗法协会于2009年4月，在全国范围内实行了首次森林疗法检定考试，通过一级的合格者可成为森林疗法师，二级合格者可成为森林疗法向导。拿到森林疗法师或森林疗法向导资格者可以申请进入各森林浴基地工作，对进行森林浴的游客进行专业指导。有森林疗法师和向导陪同指导在一定程度上会提高其森林浴的效果。

②依托专门机构进行运营。日本森林浴基地审查委员会规定基地采用4种形式进行运

营，分别为自治体、民间企业、民间团体和共同体。日本约80%的基地属于当地自治体，即由当地区役所或市役所的观光科（旅游局）进行基地的日常管理。如东京都奥多摩町，该基地性质为自治体，其推进组织为奥多摩町观光协会，行政推进组织为奥多摩町观光产业科，奥多摩町观光协会同相关医疗福祉机构、民宿、国民宿舍及温泉疗养等机构进行合作，促进森林浴基地更好更快地发展。而民间企业、民间团体等其他运营模式的基地只占少数部分。

③创新主要盈利手段。日本森林浴基地多以提供丰富的森林旅游产品为主要盈利手段，常见的森林旅游产品有：森林漫步、森林向导陪游、越野式森林漫步、森林健身项目、森林瑜伽气功以及自立训练法、森林芳香疗法、森林体验项目、植树体验项目、健康乡土药膳料理、温泉疗养、健康讲座、医疗检查以及专家建议等。其中又以森林漫步、森林向导陪游及医疗检查最受游客欢迎。

（3）个性化的森林浴活动形式

进行森林浴活动的形式多种多样，但基本可以分为步行浴、坐浴、睡浴和运动浴。根据不同年龄和不同体质的游客，往往会选择其中不同的游憩类型。如步行浴，一般适合于中老年人，在林内漫步，步行5～8千米路程为宜，步道平均坡度为5°～7°；中、青年人以步行10～15千米路程为宜，选择有一定坡度道路中速行。再如坐浴、睡浴，两者主要适合于年龄较大或体弱有慢性病的游客。坐浴是指静坐在林内木椅或是林中草坪上，进行深呼吸等慢运动；睡浴是指静卧在林内吊椅或草坪上，闭目养神，放松身心。而运动浴则一般适合于中青年人群在林内进行各种形式的活动，如在林内空地上练气功、打太极拳以及其他体育活动等。

第二节

养殖业生产的发展

一、养殖业类型选择

乡村休闲旅游养殖业重点发展的特种动物种类主要有：畜禽类、鸟类、水产动物类和特色动物类等。

（一）畜禽类

乡村休闲旅游养殖业可以重点发展生态土鸡与珍禽养殖、香猪养殖、奶牛养殖等畜禽类养殖。

1. 生态土鸡与珍禽养殖

（1）生态土鸡养殖

土鸡也叫草鸡，是指放养在山野林间、果园的肉鸡。土鸡的肉质鲜美、营养丰富、无污染，肉、蛋属绿色食品，近年来在市场上颇受人们青睐，价格不断攀升。不同地区特有不同品种的土鸡，比如：上海的浦东鸡，山东的寿光鸡，辽宁的庄河鸡（大骨鸡），湖南的桃源鸡，广东的竹丝鸡，河南的卢氏鸡和固始鸡，河南正阳的三黄鸡，浙江的仙居鸡，江西的白耳黄鸡，福建的青鸡，还有绿壳蛋鸡等。由于土鸡品种间相互杂交，因而鸡的羽毛色泽有“黑、红、黄、白、麻”等，脚的皮肤也有黄色、黑色、灰白色等。不同的市场消费对土鸡品种的要求不一样，故要选养适宜当地消费市场的品种。

养鸡场地宜选择地势高燥、避风向阳、环境安静、饮水方便、无污染、无兽害的竹园、果园、茶园、桑园等地较理想。放牧场地可设沙坑，让鸡进行沙浴。还要搭建避雨、遮阳、防寒的草棚或塑料大棚。养殖品种可选择适宜的地方优质土鸡，如仙居鸡、固始鸡、萧山鸡、三黄鸡、杏花鸡等，具有体型小、毛色美观、活泼好动、耐粗饲、抗病力强的特点，适于放养，而且蛋的品质好，肉质细嫩，味道鲜美可口，深受消费者的喜爱。乡村休闲旅游经营者在养殖生态土鸡时应注意考虑以下 5 个方面。

①制定主题。以鸡、蛋及蛋加工产品设定发展主题，改变游客对鸡与蛋的“感觉”，超越有机菜、水果等一般性资源等级，强化农场的主题意识。不仅将蛋视为一级产品，而应引入二级加工品甚而三级的商品的产品发展。咸蛋可视为二级的产品与体验产品，而一系列的蛋雕或蛋绘可视为商品贩售。因此，经营者应考虑如何将蛋主题规划转变成更宽的产品线或面。解说员可以介绍鸡的品种、公母区别；鸡蛋的选购、品质的好坏判别，教导游客如何选购优质蛋的方法。解说鸡的孵化过程及鸡成长过程、养殖设施及经营管理方法。现场烹调鸡蛋特餐或鸡蛋加工品，设计多种 DIY，设置烘焙小站以吸引不同年龄游客体验，以达到促销的效果。

②塑造印象。塑造小鸡可爱的印象、公鸡雄赳赳等不同品种和性别的印象及有机蔬菜、富有田园风味的健康餐饮，同时结合日常的生活教育，加深游客对该农庄的印象。如蛋是优质蛋白质食品的观念；鸡肉属于低脂肪类，富含不饱和脂肪酸，属于白肉，可多食；该农庄的鸡及蛋都经过良好生产管理，食用无虑。

③去除负面因素。避免产生与主题违背的事项，如加强鸡只饲养、宰杀等卫生管理，及时清移鸡粪及降低废弃物所衍生的不快臭味等，加强家禽与人畜共传染病的预防。如这些负面因素存在，再好的主题也难以吸引游客到来。此外，消费者对蛋的不正确食用加工方法、观念及对摄入蛋内容物，如胆固醇的担心等都可纳入活动内容解说。

④游憩结合。以农庄的资源设计成多项感官性活动，为游客提供视觉、听觉、味觉、嗅觉、触觉等感官刺激的体验活动，如欣赏模样、观察行为、辨识鸡的品种和性别，辨识不同阶段鸡鸣，品尝鸡肉料理，触摸小鸡、鸡蛋的蛋壳等活动，或举办农庄写生彩绘、雕刻、鸡的传说典故故事解说等情感型活动；将广播媒体及政府机构采访视察等相关活动资料及合法经营作为宣传，以获得游客认同，让游客产生寓教于乐的游憩体验。

⑤纪念品与农产品。以印有该农庄标志的包装盒包装售卖农庄自己生产的新鲜蛋、咸蛋、皮蛋、蛋糕等蛋加工品等。进一步结合不同种纪念品的发展，如蛋雕、彩绘制品等。

蛋制品的参观及选购，可结合食品厂参观制作过程与展售。让游客将其回忆带回家，将有助于对该农庄的记忆延续，对游客的重游意愿及宣传效果有加乘作用。

（2）珍禽养殖

可以作为乡村休闲旅游养殖的珍禽种类有：珍珠鸡、雉鸡、锦鸡、白腹锦鸡、七彩山鸡、火鸡、野鸭、大雁等。

2. 香猪养殖

香猪属偶蹄目、猪科、猪属，以体小早熟、肉味鲜闻名全国。香猪又名“迷你猪”，其中以来自国家农业部门授予“中国香猪之乡”贵州黔东南地区的从江香猪、剑白香猪，和靠近贵州黔东南地区广西的巴马香猪最为著名，另还有环江香猪、藏香猪等品种，这些都属矮小猪种。香猪的体格短小，其被毛黑色，毛细有光泽，头长，额平，额部皱纹纵横，眼睛周围无毛区明显，耳薄向两侧平伸，背腰微凹，腹大圆而下垂，四脚短细，尾巴细小，尾端毛呈白色。宠物香猪每头售价有的高达 2 000 ～ 3 000 元。

香猪养殖场的猪舍选址要有考究，宜选在地势干燥、背风向阳、平整的地方，最好选择四处环山、环境优美、远离居民区和工厂，空气好、水质好、山上的牧草也好的地方，这样的环境养殖的香猪不但肉质好且能达到医用动物养殖的要求。猪舍用砖头砌墙、水泥抹面，每个圈养 8 ～ 10 头小猪、每头小香猪约有 0.8 米^{2}空间，猪舍外设有排粪场。或采用发酵床养猪技术，由于有机垫料里含有很多活性土壤微生物．它们能够有效迅速地降解掉香猪的排泄物，所以不再需要养殖人员清扫排放香猪粪尿，由此也就不会形成大量冲圈的污水，可以大大降低废弃物和排泄物的排放。另外，香猪也可以与土鸡一起采用生态养殖。

乡村休闲旅游经营者在进行香猪养殖时也应重点注意以下 5 个方面。

（1）制定主题

以猪肉及猪肉产品设定发展主题，改变游客对猪肉的“感觉”，不仅将猪肉视为一级产品，还应引入二级加工品甚而三级的商品的产品发展。肉制品可视为二级的产品与体验产品，而一系列的猪肉制品可视为商品贩售。因此，经营者应考虑如何将猪肉主题规划转变成更宽的产品线或面。解说员可以介绍猪的品种、公母区别；介绍猪肉的选购、品质的好坏判别，选购优质猪肉的方法。解说猪成长的过程及经营管理方法或养殖设施；现场烹调猪肉特餐或猪肉加工品（如火腿肠、香肠、腊肉制作）；解说员引导猪肉制品的参观及选购，可结合参观制作过程与展售。

（2）塑造印象

塑造小香猪可爱的印象，餐饮提供有机蔬菜、富有田园风味的特色菜，结合日常的生活教育，加深游客对该农庄的印象。如香猪肉是一种高蛋白低能量食品，而且营养全面，富含人体必需的氨基酸和微量元素，完全符合人体生理需要和健康需求。该农庄的香猪及肉制品都经过良好生产管理，食用无虑。香猪素有“一家煮肉四邻香，七里之遥闻其味”之美称，在餐饮方面，可发展不同的香猪菜品，如烤香猪、灌灌香肉、藤椒香肉、双椒香肉等，以满足不同游客的品尝需求。

（3）去除负面因素

避免产生与主题违背的事项，如加香猪饲养、宰杀等卫生管理，及时清移猪粪及降低废弃物所衍生的不快臭味等，加强人畜共传染病的预防。此外，消费者对猪肉的不正确食用加工方法、观念及对摄入高蛋白质的担心等都可纳入活动内容解说。

（4）游憩结合

以农庄的资源设计成多项感官性活动，为游客提供视觉、听觉、味觉、嗅觉、触觉等感官刺激的体验活动，举办农庄写生、传说典故故事解说等活动，香猪因为其被驯养的时间还不是很长，其身上还保留着一些野猪的天性和机能，它们活泼好斗，弹跳力好，一只成猪能很轻松地越过 1 米左右的圈墙。香猪是一种很聪明的动物，有专家研究表明一头成年的香猪相当于一个 6 岁儿童的智商，它能学会狗所能做的任何技巧。因此，可以训练香猪做一些表演项目，以增加游客的游乐兴趣。

（5）纪念品与农产品

以印有该农庄标志的包装盒包装贩卖农庄自己生产的新鲜猪肉、猪肉加工品等。若能进一步结合香猪可作宠物的特点，加强宠物香猪养殖所需的笼子、食物，以及与香猪相关的工艺品研发生产，将大大延伸香猪养殖的产业链。

3. 奶牛养殖

奶牛是乳用品种的黄牛，它是经过高度选育繁殖的优良品种，我国引种的奶牛以黑白花奶牛为主，从 1980 年开始引进，黑白花奶牛的适应性强、分布范围广、产奶量高、耐粗饲。黑白花奶牛也叫中国荷斯坦奶牛，中国荷斯坦牛有 100 多年的历史，其育种过程非常复杂，它是由纯种荷兰牛与本地母牛的高代杂交种经长期选育而成。

乡村休闲旅游养殖奶牛，在奶牛场建场选址时，要遵循地势高、干燥、背风向阳、远离交通要道、有充足水源、便于粪便处理等原则，让奶牛在干燥、干净、舒适的环境条件下生产生活。为节省开支，最好不要搞重复建筑，要合理利用原有设施。在牛舍设计上，从牛栏、牛槽、牛床、过道、饮水槽、运动场、挤奶台以及舍内通风等方面都要非常重视创意。乡村休闲旅游经营者在进行奶牛养殖时同样也应重点注意以下 5 个方面。

（1）制定主题

以牛奶及奶产品设定发展主题，加深游客对牛奶的认识，强化牧场的主题意识。牛奶视为一级产品，引入二级加工品甚而三级的商品的产品发展。奶牛与牛奶可视为二级的产品与体验产品，而一系列的奶制品可视为商品贩售。因此，经营者应考虑如何将牛奶主题规划转变成更宽的产品线或面。解说员可以介绍奶牛的品种、奶牛产奶的原因、奶粉的生产过程；介绍牛奶的选购、品质的好坏判别，分析鲜奶与复原乳，酸奶与酸奶饮料，婴幼儿配方奶与一般奶粉，以及全脂、低脂、脱脂牛奶的差别；解说奶牛的生长过程、养殖场经营管理方法或养殖设施；现场制作酸奶、奶茶、牛奶布丁等，设计多种 DIY 吸引游客体验，以达到促销的效果；奶制品的参观及选购，可结合酸奶加工厂参观制作过程与展售。

（2）塑造印象

塑造奶牛甘于奉献的印象，提供有机蔬菜、富有田园风味的健康餐饮，结合日常的生活教育，加深游客对该农庄的印象。如牛奶是最古老的天然饮料之一，被誉为“白色血液”，对人体的重要性可想而知，牛奶主要成分有水、脂肪、磷脂、蛋白质、乳糖、无机盐等；牛奶营养丰富，一般人群应每天饮用；该农庄的奶牛经过良好生产管理，牛奶食用无虑。

（3）去除负面因素

避免产生与主题违背的事项，如加强奶牛饲养、挤奶等卫生管理，迅速清移牛粪及降低废弃物所衍生的不快臭味等，加强奶牛传染病的预防。此外，消费者对牛奶的不正确食用、贮藏方法、观念及不同人群对不同牛奶的选择等都可纳入活动内容解说。

（4）游憩结合

以农庄的资源设计成多项感官性活动，为游客提供视觉、听觉、味觉、嗅觉、触觉等感官刺激的体验活动，举办农庄写生、奶牛传说故事解说等活动，或认识奶牛品种、摸小牛、挤牛奶等游憩活动，播放农庄相关活动资料及合法经营作为宣传，以获得游客认同。

（5）纪念品与农产品

以印有该农庄标志的包装盒包装贩卖农庄自己生产的鲜奶、酸奶、奶酪、牛奶糖等产品。进一步结合不同种奶加工品及纪念品的发展，让游客将其回忆带回家。奶牛场新鲜的空气、漂亮的牧野风景、草地都是牧场特色，只要经营方向正确，用核心资源营造独特性，一定能形成稳定的市场。

（二）鸟类

1. 鸵鸟养殖

鸵鸟是非洲一种体形巨大、不会飞，但奔跑很快的鸟，也是世界上现存体型最大的鸟。高可达 3 米，全身有黑色的羽毛，脖子长而无毛，翼短小，腿长。鸵鸟奔跑时平均速度达 80 千米 / 小时，最快达 90 千米 / 小时。鸵鸟全身都是宝：成鸟的羽毛，特别是翅膀末端的白羽，质地高雅绚烂，可制成华丽的羽饰品；雏羽可加工成保暖用品，如羽毛衣、睡袋等；鸵鸟皮可适用于靴鞋、皮带、大衣、手袋、公事包、装饰品及名贵家具的制造材料。鸵鸟蛋营养丰富，蛋壳是不可多得的工艺品之天然材质，可雕刻或绘画成各种精巧、高贵的装饰摆设工艺品。鸵鸟肉具有极高的营养价值，品质优于牛肉，突出特点是低脂肪、低胆固醇、低热量，可减少心血管疾病和癌症的发生，已成为国际公认的绿色健康食品。由于鸵鸟具有耐粗饲、适应性强等诸多优点，符合国家发展节粮型草食动物这一产业政策。发展鸵鸟养殖对于调整农业生产结构和人民群众的食物结构，提高农业经济效益，繁荣农村经济，将起到重要作用。

养殖鸵鸟不但有很好的生产意义，也为乡村休闲旅游带来了新的契机。鸵鸟栏舍应设在僻静处，如条件允许，场地应尽量大而平坦，适当种植可食的落叶乔木、灌木、苜蓿或草等。围栏要坚固，高需 2 米以上。房舍面积也应较大，土地面上铺沙土（为防鼠害也可水泥底，上铺沙土），冬季和繁殖时垫草。舍内应有操作廊和保温设施，还需注意采光。休闲农庄经营者养殖鸵鸟时应注意的事项可以借鉴生态土鸡养殖。

首先，以鸵鸟及鸵鸟蛋设定发展主题，认识鸵鸟教学视为二级的产品与体验产品，而一系列的羽饰品、鸵鸟皮制品、蛋雕或蛋绘可视为商品贩售。解说员可以介绍鸵鸟的品种、公母区别；解说鸵鸟的孵化、成长过程、养殖设施及经营管理方法；现场烹调鸵鸟肉特餐或鸵鸟蛋加工品，设计多种 DIY 吸引不同年龄游客体验。

其次，以农庄的资源设计成多项感官性活动，为游客提供视觉、听觉、味觉、嗅觉、触觉等感官刺激的体验活动，举办农庄写生、雕刻、鸵鸟的故事解说等情感型活动，或喂食鸵鸟、摸鸵鸟蛋、骑鸵鸟等活动，让游客产生寓教于乐的游憩体验。

第三，以该农庄标志的包装盒包装贩卖农庄自己生产的鸵鸟肉、蛋加工品等。进一步结合相关产业进行不同种纪念品的发展，如鸵鸟饰品、羽毛衣、睡袋、皮靴鞋、皮带、蛋制品、蛋雕、彩绘制品等，让游客愉快地欣赏和购买。

2. 发展百鸟林

我国是鸟类资源丰富的国家之一，已知鸟类多达 1 329 种，是世界五强之一（巴西、印尼、秘鲁、哥伦比亚、中国）。有条件的休闲农庄可发展建设百鸟林，百鸟林是一个模拟自然环境的鸟类观赏保护中心，可临湖而建，或修建池塘，园中应有一张巨型鸟网，中心高，边网低，达到一定的覆盖面积。网内放养多个品种的鸟，如养有褐马鸡、丹顶鹤、绿孔雀、红腹锦鸡等国家一、二级保护动物，将大大提高游客的浏览兴致。要避免放养鸟类之间、鸟类与人之间、鸟类与环境之间存在互相干扰，需要综合考虑鸟类的自然栖息地特征和食性以控制放养鸟的种类和数量；为鸟类设置合适的隐蔽场所，提供合适的巢材巢穴，采用多点分散投喂食物等措施有助于减少干扰的发生。

百鸟林中有意识地种植某些植物或投放鲜活食物，既为鸟类提供了自由采食的食物来源，又很好地展示了鸟类的自然采食行为。同时，在路边可设置一些展示牌，介绍关于鸟的知识、诗句或故事。百鸟林应以观鸟为主题，主要为游客提供观赏活动，向游客介绍鸟的知识，认识不同鸟的种类，了解它们的生活习性，听听不同鸟的鸣叫，也可开展喂食和鸟的表演活动。游客来到百鸟林，就像来到了一个童话世界。沿着弯弯曲曲的石子路，观赏迎风招展的花朵，翠绿葱葱的灌木丛，碧波荡漾的湖水，一只只颜色艳丽、体态活泼的小鸟在天空中掠过，或停在枝头呢喃，好一曲人与自然的和谐演奏。如百鸟林地址在离城市较远的林区，可开展露营活动。销售一些与露营相关的物品，以及与鸟类相关的工艺品。

（三）水产动物类

我国大多数地区可以利用当地渔业资源优势，如海岸线、内陆水库、湖泊、河流、坑塘等，通过水产业基础设施建设、水产业科技优势和人们娱乐生活有机结合，疏导水产养殖业向着多元化发展。目前我国已形成了以生产经营、休闲垂钓、观赏为主类型的乡村休闲旅游水产业发展类型。

生产经营型：生产经营型是传统水产业向现代水产业转型期间的较原始的休闲水产业发展方式，它是指以水产业生产为主，以垂钓为辅的生产经营方式，如郊区的养殖池塘、水库等。

休闲垂钓型：休闲垂钓型是休闲水产业最普遍的经营方式，它是指一些专业垂钓园和设施较完备的垂钓场以开展垂钓为主，集游乐、健身、餐饮为一体的休闲水产业，如北京怀柔区“不夜谷”、昌平区小汤山垂钓园、顺义区马坡垂钓园等。

观赏型：观赏型是近几年休闲水产业发展的亮点，主要指水族水产业和科普水产业，如观赏鱼、观赏水草、水族馆、博物馆、海洋馆等。

水产动物养殖应利用区位优势、资源优势、科技优势，从水库捕捞、体育、娱乐等多领域、深层次吸引不同类型、不同品位的消费者，以满足不同游客的需要。休闲水产业的发展应按照下列 4 种方法进行。

1. 因地制宜，发展不同的养殖模式

水产动物的养殖模式很多，休闲水产业应根据当地的实际情况，因地制宜地选择发展下列不同的养殖模式。

（1）工厂化循环水人工湿地科普养殖模式

该养殖模式是在循环池中养殖锦鲤等温水性观赏鱼类，有条件的可养些热带名优食用鱼，如宝石鲈，也可养殖热水性观赏鱼，如龙鱼、血鹦鹉等。通过复合人工湿地建立工厂化循环水滴流养殖模式，养殖用水经过沉淀和生物过滤后，进入以砂床形式建立的人工湿地，在人工湿地上种植观赏性水草或水稻等，形成一个人工生态系统，采用滴流的方式对水进行净化。该模式的最大特点是在养殖废水的处理过程中，养殖观赏水草或其他水生植物，实现了水资源的高效利用。在旁边将其工作原理、创新性以图文的形式表现出来，进行科普知识宣传，可激发人们的创造思维，尤其对青少年思维的发展具有启发性。

（2）工厂化循环水观赏鱼养殖休闲模式

游泳是现今流行的健身方式，不仅可以健身，还可以防病、治病，尤其是天然的温泉，更是受到人们的欢迎。将工厂化循环池与游泳健身池进行套建，形成一种创新性工厂化循环水观赏鱼养殖休闲模式。该养殖模式的建造方式为：工厂化循环池在中间，形状可以是圆形、长方形、方形或其他形状，在循环池中可单养或混养多种观赏性鱼类，如锦鲤、花罗汉、血鹦鹉等，游泳健身池套建在循环池的周围，呈环形轨道，将其包裹。工厂化循环池的池壁采用透明材料代替常规的水泥池壁，使人们在游泳池的每个角落，透过泳镜就可以看见循环池中五颜六色的观赏鱼集群游动的景观。还可以将循环池铺设砂底，种植些观赏性的水草，将更具观赏性。

（3）工厂温流水休闲养殖模式

该养殖模式利用发电厂等工厂排出的余热水或地下温泉水进行温水性或热水性观赏鱼的养殖，并与休闲活动相结合，在池边设立茶几、棋盘桌、休闲椅等，营造出观鱼品茶、棋盘观鱼的优雅环境。这种养殖模式成本低，管理方便，经济效益显著。

（4）流水仿生养殖观光模式

该养殖模式在旅游观光的山涧、库湾处设置拦网，使水体处于自然流动状态，并根据当地的光照、降水、肥源、土质等情况，有选择地栽培水草，放养滤食性和草食性的鱼类，底部放养螺、蚌等贝类。在这种仿野生环境下，水草通过吸收水体中的营养盐生长，为水体补充氧气；草食性鱼类以水草为食，其排泄物滋养浮游生物；滤食性鱼类以浮游生物为食，提高水体透明度，使水草获得充足的光照；肉食性鱼类以底栖贝类和小鱼、小虾为食。采用这种养殖模式，生态处于良性循环之中，所养鱼品种患病率低，产品近似野生，符合绿色食品要求。以天然饵料为主、人工饵料为辅进行养殖，还节省了生产成本。如果选择的是山涧小溪，可种植小型水草，并搭配放养一些观赏性鱼类，如锦鲤、虹鳟、金鳟等，让游客坐着竹筏缓缓漂流于溪水间，欣赏水中五颜六色的鱼儿悠闲地游动，完全置身于大自然之中。

（5）设施渔业休闲综合模式

综合的意义在于将设施渔业与休闲、娱乐、垂钓、餐饮、文化等融合，形成设施渔业休闲综合模式，也就是说通过多项社会活动促进设施休闲渔业的发展。比如采用此模式建立设施休闲渔业渔家乐，垂钓园用温泉水养殖名优食用鱼，以供游客垂钓，并在垂钓池上建立水上餐厅，满足人们品鲜的需求，当然水上餐厅可以设置成烧烤的形式，游客将自己钓到的鱼进行烧烤，尽情享受自己动手的乐趣；文化园可设置不同的综艺娱乐活动，如针对渔业的各种问题的抢答活动，这对丰富渔业文化有着很大的意义。还可以根据游客需求设立不同的园区，使经济效益显著增加的同时，显著提高社会效益。

2. 增加养殖品种，拓展水产养殖的功能

乡村休闲旅游水产养殖不仅指养殖鱼类，还应拓展养殖水产的种类。由于观赏型水产养殖是近几年休闲水产业发展的亮点，可以因地制宜在海水、淡水养殖区进行不同品种的鱼、虾、蟹、蛙等动物养殖，以供游客参观休闲。例如，可以养殖观赏鱼、翘嘴红鲌、泥鳅、甲鱼、虾、牛蛙、螃蟹、娃娃鱼等。

3. 发展体验项目，激发游客游憩兴致

在不同的养殖农庄，设置鱼、虾、蟹、蛙等不同的主题，可以根据各自的主题来开展活动，如开展认识鱼的教学，解说员可以介绍鱼品种、雌雄区别；解说鱼的成长过程、养殖设施及经营管理方法，如何购买新鲜的鱼等；现场烹饪鱼特餐，了解鱼的相关加工产品等。还可以根据当地资源设计多项感官性活动，如开展喂食、捉鱼、垂钓活动让游客体验，还可开展划船、快艇游活动，让游客产生不同的游憩体验。

4. 发展水产加工品，延伸水产养殖产业链

水产品加工包括以鱼、虾、蟹、贝、藻等的可食用部分制成冷冻品、腌制品、干制品、罐头制品和熟食品等的食品加工业和以食用价值较低或不能食用的水产动植物以及食品加工的废弃物等为原料，加工成鱼粉、鱼油、鱼肝油、水解蛋白、鱼胶、藻胶、碘、甲壳质等的非食品加工业。乡村休闲旅游水产养殖业经营者应加强水产相关产品的发展生产，在游客休闲游玩之余，可向他们销售一些水产品及水产加工品。由此，可促进水产品加工产业的发展。

（四）特色动物类

乡村休闲旅游养殖业还可以根据当地的实际情况，因地制宜地开展桑蚕、萤火虫、蝴蝶、天鹅等特色动物类的养殖。

1. 桑蚕养殖

桑蚕别名家蚕，也称蚕宝宝，属昆虫纲、鳞翅目、蚕蛾科，桑蚕是以桑叶为食料并能吐丝结茧的昆虫，是经济昆虫之一。桑蚕起源于中国，早在四五千年前我们的祖先就栽桑养蚕，是举世公认的伟大发现之一。桑蚕由古代栖息于桑树的原始蚕驯化而来，与中国现今食害桑树的野桑蚕同源。桑蚕的发育温度是 7 ～ 40℃，饲育适温为 20 ～ 30℃，主要分布在温带、亚热带和热带地区。桑蚕是完全变态昆虫，一生要经过卵、幼虫、蛹、成虫等 4 个形态上和生理机能上完全不同的发育阶段。整个世代只幼虫期摄食，并为蛹和成虫期的生命活动积贮营养。

“彩色蚕宝宝”是蚕业研究所引进和吸收国内外最新科研成果，并经过多年研究创新发展出的最新科研成果。采用最先进的香肠式人工饲料（不用桑叶）及彩蚕、彩茧技术，通过饲养“科普蚕宝宝”，能完整地观察到家蚕的生长发育、吐丝、结茧、化蛹、化蛾、产卵等蚕宝宝一生的全过程。在休闲农庄养殖“彩色蚕宝宝”可大大提高游客在游玩过程中的知识性、科普性、趣味性，特别能丰富广大青少年科技知识和课外生活，增加生物学知识，培养科学兴趣和能力。“科普蚕宝宝”是最新的科技宠物，也是素质教育最佳的活教材。

乡村休闲旅游可以以蚕和丝为主题，解说员可以向游客介绍我国养蚕的历史、蚕的种类、蚕的一生、真假蚕丝及丝制品的辨别。可开展给蚕喂食、捉蚕、观看蚕吐丝结茧等活动，还可制作蚕蛹，品尝特餐。在纪念品创意方面，可向游客销售宠物蚕、丝绸制品、工艺品等。考虑养蚕的季节性，农庄不应进行单一的养蚕，也应种养其他植物或动物。

2. 萤火虫养殖

萤火虫又名夜光、景天、如熠燿、夜照、流萤、宵烛、耀夜等，属鞘翅目萤科，是一种小型甲虫，因其尾部能发出萤光，故名为萤火虫。这种尾部能发光的昆虫全世界约有2 000种，我国较常见的有黑萤、姬红萤、窗胸萤等几种。根据统计，目前中国发现的种类有100余种，再加上未发现的种类，总共有150多种。萤火虫体型小至中型，长而扁平，腹部末端下方有发光器，能发黄绿色光。萤火虫夜间活动，卵、幼虫和蛹往往也能发光，成虫发光有引诱异性的作用。萤火虫是环境的指示生物，对环境要求非常高，只要是萤火虫多的地方，生态环境都是非常优质的，真正原生态的。近年来，由于环境的污染和破坏，自然界萤火虫越来越少，城市的儿童和青年几乎没有见过萤火虫，因此养殖萤火虫有很大的市场。

萤火虫对栖息地环境有着很高的要求，简单地说，萤火虫需要在有水、空气好、光线暗的地方生存，只要有一项不符合标准就可导致萤火虫消失。萤火虫最吸引人的地方在于它壮观的发光，而这美丽的生物光可以作为一种宝贵的生态旅游资源进行发展。飞舞萤火虫的发光是为了异性间的求偶，可以引申为“光就是爱”。萤火虫也可作为宠物或情侣之间的礼物。

养殖萤火虫的乡村休闲旅游项目修建时必须考虑萤火虫的环保要求，可建造萤火虫电教室、萤火虫展览室、萤火虫培育室和萤火虫实景观赏区4部分。在萤火虫电教室，游客可以观看一段环保视频，了解萤火虫从卵到幼虫再到成虫的生长过程，以及环境恶化对萤火虫的影响，听听“囊萤夜读”的故事，学习与萤火虫相关诗句。在萤火虫展览室，游客可以观看不同品种的萤火虫图片。在萤火虫培育室，游客可以观察萤火虫的卵、幼虫、成虫培育情况，用手触摸水生萤火虫幼虫。晚上，游客进入萤火虫观赏区，可以看到树枝上、半空中、草丛里漫天繁星般的萤火虫，欣赏“飞火流萤”。在观光过程中应该特别强调，萤火虫的培育过程长，观赏期短，禁止游客捉野外的萤火虫，保护萤火虫野生资源，保护当地生态环境。在游客离开时，可向他们售卖萤火虫相关的纪念品和玩具，以及培育的萤火虫幼虫。游客回家后可像喂养观赏鱼一样欣赏幼虫在晚上发出的光芒。

3. 蝴蝶养殖

蝴蝶为鳞翅目锤角亚目的某些身体细长在白天活动的昆虫，这类昆虫常具有鲜明的颜色，有特殊型的双翅，翅膀阔大，颜色美丽，静止时4翅竖于背部，腹瘦长，吸花蜜，种类繁多，也称蛱蝶。蝴蝶的生活周期分为4个阶段：卵、幼虫（肉虫或毛虫）、蛹和成虫。多数蝴蝶的幼虫和成虫以植物为食，通常只吃特定种类植物的特定部位。全球有记录的蝴蝶总数大约有20 000种，中国占2 000多种。蝴蝶的数量以南美洲亚马孙河流域出产最多，其次是东南亚一带。世界上最美丽、最有观赏价值的蝴蝶，也多出产于南美巴西、秘鲁等国。

观赏蝶类蕴含的巨大商业经济价值，涵盖多种价值，包括：①收藏价值，对一些珍贵美丽种类的收藏；②观光价值，蝴蝶生态园观光旅游、蝴蝶成虫活体放飞；③工艺价值，蝴蝶标本工艺品的制作，比如贺卡、书签、镶蝶镜框、蝴蝶翅贴画等。蝴蝶无疑是一种很有经济价值的昆虫资源，如果能够积极地加以保护，合理发展并充分利用，它将是取之不尽用之不竭的再生资源。但是大部分蝴蝶又以幼虫为害某些珍稀植物。因此，对蝴蝶要在保护中利用，并在利用中保护，在保护珍稀植物的基础上合理发展利用蝴蝶资源。养殖蝴蝶的乡村休闲旅游经营者在进行蝴蝶养殖时应注意考虑以下几点：

第一，以蝴蝶设定发展主题。解说员可以介绍蝴蝶的品种、雌雄区别；解说蝴蝶的卵、幼虫（肉虫或毛虫）、蛹和成虫生活周期、养殖方法。参观蝴蝶展览馆，观看不同品种的蝴蝶照片或标本，再到蝴蝶生态园或蝴蝶谷观光，游客通过观赏可获得奇特的感受，得到视觉上的享受，同时又能体现生态旅游的特色。

第二，根据当地资源，举办游憩活动。如儿童画蝴蝶、蝴蝶的传说、诗词朗诵活动，或认识蝴蝶品种、蝴蝶标本工艺品的制作等活动，让游客产生寓教于乐的游憩体验；举行蝴蝶放飞活动，放飞蝴蝶有“放飞蝴蝶，放飞心愿，实现愿望”之意，让游客在活动中许下美好的愿望。

第三，发展销售工艺纪念品。向游客售卖蝴蝶标本工艺品，如贺卡、书签、镶蝶镜框、蝴蝶翅贴画等，也可向游客销售蝴蝶幼虫，让游客带回家当宠物养殖，观察毛毛虫蜕变成美丽蝴蝶的过程。

4. 天鹅养殖

天鹅指天鹅属的鸟类，共有7种，属游禽。除非洲、南极洲之外的各大陆均有分布。天鹅为鸭科中个体最大的类群。颈修长，超过体长或与身躯等长，喜欢群栖在湖泊和沼泽地带，主要以水生植物为食，也吃螺类和软体动物。天鹅多数是一夫一妻制，相伴终生。天鹅求偶的行为丰富，雌雄会趋于一致地做出相同的动作，还会体贴地互相梳理羽毛。天鹅迁徙时会多群集结，但仍是小群行动。由于天鹅的羽色洁白，体态优美，叫声动人，行为忠诚，在欧亚大陆的东方文化和西方文化，不约而同地把白色的天鹅作为纯洁、忠诚、高贵的象征。

在天鹅家族中只有黑天鹅属于非保护动物，黑天鹅经断翅后已失去飞翔能力，非常适合在旅游景区、生态绿地、休闲场所、农家乐、度假村放养，它既能给人带来休闲乐趣，又能使环境充满动感和生机。养殖天鹅的场址宜选在远离城镇、村庄及人类生活区的地方，尽可能地避免外界的干扰，要有自然水域，且水草丛生的地方较为适宜。养殖天鹅可采用自然散养和笼舍圈养两种方式。自然散养天鹅在散养情况下，水面积可大可小，一般100米^{2}水域可放养一对种鹅。在水池中种植一些挺水植物，池周空地可根据季节轮作牧草，供其采食，并栽植一些乔木供夏季遮阳。笼舍圈养时一般笼舍面积为30米^2，内含水池10米^2，水深60厘米。每个笼舍养一对种鹅，并且注意池水要定期更换。养殖天鹅的休闲农庄经营者在进行天鹅养殖时应注意考虑以下三点：

第一，以天鹅及其象征意义设定发展主题，加深游客对天鹅的认识。解说员可以介绍天鹅的品种、天鹅的象征意义；解说天鹅的生长过程、养殖设施、养殖场经营管理方法。天鹅浑身都是宝，鹅肥肝是高档营养品；鹅肉、鹅蛋是高蛋白低脂肪低胆固醇的绿色动物源食品；鹅血、鹅胆还可制成多种抗癌保健药物和抗生素药物。

第二，游憩结合。以农庄的资源设计成多项感官性活动，为游客提供视觉、听觉、味觉、嗅觉、触觉等感官刺激的体验活动，可以举办农庄写生、天鹅传说故事解说等活动，或认识天鹅品种、摸天鹅蛋等活动，播放农庄相关活动资料及合法经营作为宣传，以获得游客认同。

第三，发展纪念品。以印有该农庄标志的包装盒包装贩卖农主自己生产的天鹅肉、天鹅蛋等产品。若能进一步结合不同天鹅纪念品的发展，更能增加经济效益。由于天鹅养殖户不多，天鹅养殖具有一定的独特性，对广大游客有一定的吸引力。

二、养殖景观设计与发展

（一）乡村休闲旅游养殖业的产业特色

乡村休闲旅游养殖业的产业特色主要表现在突出休闲、“三生”一体、体现和谐、服务游客等方面。

1. 突出休闲

休闲养殖业所提供的休闲产品、休闲活动和休闲服务，具有服务业商品的特性。乡村休闲旅游养殖业的发展要围绕休闲进行，以休闲为目标，突出特色、展现个性、树立品牌。由于受气候、地貌、地质、土壤以及水资源等条件的制约，相邻的休闲农庄往往无法避免主打休闲产品雷同，但应该努力突出各自辅助产品的特色。

2. “三生”一体

乡村休闲旅游养殖业是养殖生产、产品加工和游憩服务业三级产业相结合的农业企业，体现的是生产、生活和生态“三生”一体的农业经营方式。在乡村休闲旅游养殖业的发展上要以养殖业生产为基础，体现生产、生活和生态。

3. 体现和谐

乡村休闲旅游养殖业应体现人、动物与自然的和谐性，为游客提供亲近动物、亲近自然、回归自然的机会。乡村休闲旅游养殖业的发展要展现农村、牧场、渔场的自然和谐氛围，传承中华民族牧业文化、渔业文化和传统美德，创造经济、社会、文化效益。

4. 服务游客

乡村休闲旅游养殖业具有市场性，其市场目标是城市，要优先为城市游客提供休闲服务。要了解城市游客的需要，要针对城市游客的需要进行创新，在服务上应努力做到住、食、游、购、娱的兼顾发展，让游客享受服务之后记忆深刻，给他们留下美好回忆。

（二）乡村休闲旅游养殖业的发展类型

乡村休闲旅游养殖业的发展类型可以根据养殖业的不同结构或不同功能进行分类，也可以根据经营者的经营理念进行分类。

1. 根据养殖业不同结构分类

根据养殖业的不同结构，乡村休闲旅游养殖业可以分为休闲牧业和休闲渔业。

（1）休闲牧业

休闲牧业是针对具有观光性的牧场、养殖场、狩猎场、森林动物园等进行创意，为游客提供观光和参与牧业生活的风趣和乐趣，如奶牛观光、草原放牧、马场比赛、猎场狩猎等各项活动。

（2）休闲渔业

休闲渔业是针对利用滩涂、湖泊、水库、鱼塘等水体，开展具有观光、参与功能的旅游项目，如参观捕鱼、驾驶渔船、水中垂钓、品尝水产品、参与捕捞活动等，还可以让游客学习养殖技术。

2. 根据乡村休闲旅游养殖业不同功能分类

根据乡村休闲旅游养殖业的不同功能，乡村休闲旅游养殖业可以分为观赏型、品尝型、购物型、体验型（参与型）、娱乐型乡村休闲旅游养殖业。

（1）观赏型乡村休闲旅游养殖业

观赏型乡村休闲旅游养殖业是针对乡村休闲旅游养殖业中具有观赏价值的自然景观、不同的“新、奇、特”动物品种、在养殖生产中所用器具等资源进行创意，使游客获得更浓厚的自然情趣和丰富的文化体验。

（2）品尝型乡村休闲旅游养殖业

品尝型乡村休闲旅游养殖业是针对乡村休闲旅游中的游客品尝等活动进行创意，让游客充分体验农业动物资源及其制品的色、香、味等特色，如在餐饮方面提供山珍、海味、奶制品、肉制品等具有当地特色的食品。

（3）购物型乡村休闲旅游养殖业

购物型乡村休闲旅游养殖业是针对乡村休闲旅游养殖业商品满足游客购物需求进行创意。例如，建立牧产品销售中心、水产品购物站、工艺品展销中心等，向游客销售农牧产品、水产品和相关的工艺品。

（4）体验型（参与型）乡村休闲旅游养殖业

体验型（参与型）乡村休闲旅游养殖业是针对让游客体验养殖生产劳作过程和活动方式进行创意，如开展草原放牧、渔场捕捞、鱼塘垂钓、蜂房摇蜜等活动。

（5）娱乐型乡村休闲旅游养殖业

娱乐型乡村休闲旅游养殖业是针对乡野和乡土特色进行创意，以满足游客娱乐性需求。例如，开展赛马、斗鸡、斗牛、狩猎、垂钓等活动。

3. 根据经营者的经营理念分类

根据经营者的经营理念，乡村休闲旅游养殖业可分成生活型、生态型、生产型和综合型等4类。生活型以重视消费者的生活方式经营，将乡村休闲旅游养殖业作为一种生活方式；生态型指以重视土地、环境、休闲、生态及环境道德为目的的经营方式；生产型则较偏重产品的行销贩卖；综合型则结合以上3种，除经济原因外，对环境道德有一份期许，希望借助休闲化的经营，达到理想的生态与生活的环境，对土地、自然生产、教育等重视并期望达到永续经营生存。

（三）乡村休闲旅游养殖业的设计方法

乡村休闲旅游养殖业的设计方法包括科技创意法、产业融合渗透法、文化创意法、保健养生美容法、多元时尚化法和细节法等。

1. 科技创意法

科技创意法是运用科技手段，创造人工环境，将来自世界各地的一些具有观赏价值的动物养殖在某一区域，可以在养殖区域设置电子展示屏，介绍相关动物的名称、特征、养殖方法以及该动物的生长发育过程等，游客在观光的同时，可以增长知识。科技创意可以大大增强乡村休闲旅游养殖业的教育功能。随着科学技术的不断发展，休闲农庄的建设与运营应该充分利用现代农业工程技术、互联网技术、物联网技术、云计算、大数据等来提升农庄特色产业的品牌与品质，以增强休闲农庄的市场竞争力与盈利能力。

2. 产业融合渗透法

产业融合渗透法是在规划设计时，应以养殖业产业化发展为基础，把养殖产业同旅游业、服务业、文化业、商业、加工业、制造业、包装业等相关联产业结合起来，整合这些产业资源，通过一系列创意途径把各种创意理念渗透融合渗透于产业化运作过程中，将新、奇、特、怪、养生、时尚的创意休闲农产品作为满足人们不断增长的物质、文化、精神、生活等方面的需求，从而达到乡村休闲旅游养殖业体验的利益最大化。

3. 文化创意法

乡村休闲旅游养殖业没有脱离养殖业的范畴，因此养殖业文化是发展乡村休闲旅游养殖业的主要元素。乡村休闲旅游养殖业的发展要深度挖掘养殖业文化的内涵，寻求养殖业文化与乡村休闲旅游养殖业各个环节的最佳结合点，寻求养殖业文化与当地区域农业资源的完美结合。文化创意就是发展乡村休闲旅游的重要途径，目前，与种植相关的节日较多，如湖南不同区域举办的柑橘节、葡萄节、桃花节等，但与养殖业相关的节日较少，可举办与养殖业相关的节日。此外，在发展农产品的过程中融入文化创意，如蝶翅画带有浓浓的文化韵味，深受广大休闲消费者的青睐。

4. 保健养生美容法

保健养生美容法是将现代人追求的养生美容、康体保健生活目标作为推动乡村休闲旅游养殖业升级的重要参考依据，在项目规划设计和制订营销方案时要积极宣传消费者吃安全、卫生、新鲜、时令的禽类、牲畜、水产品，既能大幅度提高乡村休闲旅游养殖业的经济收益，还能在一定程度上使休闲消费者达到养生的效果。乡村休闲旅游养殖业的经营者应根据每一种禽类、牲畜、水产品所衍生的养生产品和养生文化，运用传统烹饪方法和创新烹饪方法建成“养生文化食府”，以满足消费者对养生康体美容的追求。

5. 多元时尚化法

多元时尚化法是在项目规划设计时，应将目前流行的时尚休闲元素融合到乡村休闲旅游养殖业的项目设计、建设、实施的各个环节中，针对儿童、中青年、老年群体，以及休闲、娱乐、养生保健、科普教育、文化传承、生态文明、游戏、婚庆等多元化、时尚化的休闲方式，满足不同消费群体的需求，探索符合乡村休闲旅游养殖业发展的各种途径。

6. 细节法

细节法是为了体现乡村休闲旅游养殖业的重要特征，规划设计乡村休闲旅游养殖业农庄内的各个环节时，应融合包括养殖动物品种、生活生产体验的形式、牧场与池塘水库的形状、垂钓台的形状、建筑的造型与颜色，以及绿化苗木、指路牌、垃圾桶、室内装饰、餐饮菜式、员工服饰等方面的设计在内的各种休闲、文化、科技的理念与内涵。

三、经典案例分析

（一）国内乡村休闲旅游养殖业的代表性案例

1. 湖南益阳锦大休闲度假渔村

湖南省益阳大通湖风景秀丽，水产丰沛。大通湖的锦大特种水产有限公司把传统水产业功能延伸开来，利用大通湖的自然资源，以特色养殖带动休闲水产业，将水产业与旅游结合起来，提高水产品附加值，促进了水产业更好地发展。

（1）特色养殖

湖南省益阳大通湖的特色养殖的特色主要体现在 3 个方面。首先，发展鱼蟹套养，获得成功，创产值 1 000 多万元；其次，筹建万头猪场，利用猪粪肥建沼气池，发酵后的猪粪肥及沼液用来喂鱼，实现了“猪—沼—鱼”的生态养殖模式；第三，养殖“娃娃鱼”，在试养“娃娃鱼”成功后，进行“娃娃鱼”规模养殖。

（2）休闲水产业

在生态渔场打造了一个集休闲娱乐、餐饮美食、大湖观光、会议接待于一体的锦大休闲度假渔村。该休闲度假渔村的休闲水产业提供的服务主要有以下几个方面。

①吃全鱼席。锦大渔村配有绿色环保的电动车，免费接送游客来锦大渔村，吃全鱼席，余味无穷。

②大通湖游览。游客乘船到大通湖上去兜风，其乐无穷。游锦大渔村，绿草茵茵，鸟语花香，别墅连排，曲桥弯延。坐在仿古摇椅上，微风拂面，水天一色，鱼跃湖面，水鸟盘旋，细浪拍岸，美不胜收。

③鱼类旅游产品售卖。公司拥有一条年产 500 吨鱼类旅游产品的加工生产线，可提供 100 余种鱼类旅游产品。游客离开时可购买各种鱼类产品。

大通湖的美味和美景，吸引了周边及省城不少游客前来休闲度假。每年“十一”长假，锦大休闲度假渔村迎来五湖四海的游客，7 天假期内，接待游客上万人。游客既享受了大通湖的湖光美景，又饱了眼福，饱了口福，休闲体验，身心愉悦。

锦大休闲度假渔村是以公司投资为主，以特色养殖带动休闲水产业发展的典型，目前已获得较高的收益，发展前景看好。在发展方向上，可增加渔业文化创意，将几大养殖基地结合，开展更多体验项目。

2. 湖南望城光明蝴蝶谷

光明村位于长沙市望城区白箬铺镇，属于长沙大河西先导区。在"光明蝶谷"品牌下，规划结合地形环境、农业产业布局和项目引进情况，推出了"王谷、八景"作为光明村乡村旅游的主要景区。"五谷"即：梅花坪——梅花山寨，桃花谷——桃花故里，梨花谷——梨园春雪，葡萄湾——葡萄庄园，枇杷湾——金色果园。"八景"即：荷塘古韵——包含万荷塘和仿古商业街；湘酒佳味——以葡萄酒庄为特色的乡村饮食文化，葡萄酒酿制、品尝及工艺文化体验；枫桥野渡——依托鱼塘发展垂钓，规模化花卉苗圃；八曲烟雨——打造湿地公园，开展生态观光和科普教育，整治八曲河，设置拦水坝，开展水上活动以及露营、探险活动；田园牧歌——以牧场、超级杂交水稻田为特色，同时展示风力发电新型能源；红枫岭——美化光明山，形成四季多元山地景观，开展登山、探险活动；潇湘画苑——打造画家村，剪纸、陶艺展示，建立创意文化基地；大塘梅湾——依托莲花大塘，打造梅湾景观，建有廊桥、沙滩、度假酒店、会议中心等旅游功能点。

光明蝶谷位于光明大观园核心功能区，依山傍水，生态自然环境优美。蝶谷分为活蝶观赏网棚区、蝴蝶放飞区、登山览景区、蝴蝶饲养区、谷地休闲区、科普展览区、DIY 制作展销区、生活服务区 8 大功能区域。活蝶观赏网棚内种植有大量蝴蝶蜜源植物及自然景观植被，定期投放斑蝶科、蛱蝶科、凤蝶科、绢蝶科等 100 余种、近万只蝴蝶供游客观赏。光明蝶谷蝴蝶养殖区建有热带蝴蝶养殖棚和蝴蝶产卵棚，饲养 20 余种名优蝴蝶，可年产蝴蝶约 100 万只。在蝶谷中的科普展览厅内，游客可观赏到来自世界各地的数百种珍稀蝴蝶及昆虫标本。在蝴蝶饲养区，游客可以全面了解蝴蝶由卵到破茧成蝶的整个生命过程，增强科普知识。园区内还提供蝴蝶放飞、蝴蝶饲喂、蝴蝶工艺品加工制作等互动性活动环节。如光明蝴蝶谷开园这天，园区特组织开展了以"我和蝴蝶有个约会"为主题的开园系列活动：摄影家蝶谷采风、"香妃游园""小记者、亲子游方阵蝶谷集结令""画蝶之美""亲子 DIY 蝴蝶标本及儿童画蝶比赛""小记者蝴蝶谷探访有奖征文"等，吸引了大批游客和活动参与者前来。

光明蝴蝶谷不是单一的景区，而是与光明村乡村旅游的"五谷、八景"结合起来，打造成为了一个休闲旅游的片区，让游客在春、夏、秋、冬四季都有不同的看点和体验。来到这里，游客可观蝶、赏花、摘果，可垂钓、登山、探险，还可以酿酒、剪纸、做陶艺等，进行多种不同的休闲体验。光明蝴蝶谷的发展前景美好。

3. 福建德化珍禽休闲养殖

在福建省泉州市德化县南埕镇，德化珍禽农民专业合作社依靠优美的自然环境和规模养殖场，创新打造出了集吃、住、休闲为一体的休闲养殖新模式，带动了当地乡村休闲旅游养殖业的发展，促进了农民增产增收。该休闲养殖新模式的经营方式为：成立珍禽农民专业合作社，将农户组织起来，分类养殖珍禽，共同发展休闲养殖。游客目标为附近城市的游客。资源特色为：优美的自然环境，不同品种的珍禽。提供的服务为：观赏珍禽，感受、体验农家生活。养殖场四面环山、满眼翠绿、空气清新。由于空气好，环境好，吸引了很多游客来这里观光休闲，体验农村的生活，饲养珍禽。青山绿树中崭新的房子，白白的墙，黑黑的瓦，远远望去格外漂亮。每个房间装修风格古香古色，同时现代设施也配备齐全。游客来到这里，可以参观放养场的万羽德化黑鸡，可以与农家鸭、鹅嬉戏，亲手饲养，也可以在农家小灶里炖黑鸡品尝，体验农家无穷乐趣；还可以留下来小住，感受乡村的宁静和清新。游客离开时还可以购买亲手养过的家禽，和一些当地土特产。该休闲养殖新模式的不足之处是：规模较小、组织偏散，休闲养殖在文化创意上有待挖掘，体验项目需要增加。

4. 中国台湾飞牛牧场

飞牛牧场位于中国台湾苗栗县通霄镇南和里，坐落在远离尘嚣的山野之中，区内林木青葱翠绿，繁花茂盛，更有一座种类众多的蝴蝶园。经营面积 120 万米^2，现有服务设施面积计 50 万米^2，前身为中部青年酪农村。当地空气很干净，散发着阵阵的草香，微风中透着沁心的清凉，耳边尽是鸟语虫鸣，眼里见到的是绿茵、山岭。青葱的绿野上有低矮的房舍和成群的乳牛，老羊的低鸣和小羊清亮的叫声相互辉映。飞牛牧场除让人们亲近大自然，享受自然之美外，还提供其他的休闲活动。

飞牛牧场占地宽广，分为游客游憩区和农业生产区，让游客有多重休闲选择。游客游憩区中有烤肉区、露营区、住宿区、餐厅、纪念品屋、乳制品专卖店、会议室等，提供游客来到飞牛牧场享受最完备的休闲服务；农业生产区种植牧草、养殖乳牛、生产牛乳等乳制品，有机园区种植花草和有机蔬菜，让游客体验农场生活。

飞牛牧场自然生态区则分为乳牛生态区、蝴蝶生态区、可爱动物区、自然步道和水域生态区，让游客亲近自然生态与大自然交融，在草原上奔跑嬉戏，为游客提供最自然的生态享受。乳牛生态区是飞牛牧场的招牌区域，宽广的草原放养着数种乳牛让游客以最亲近的方式亲近乳牛；蝴蝶生态区成立于 1993 年，占地约 250 米^2，园内广植蜜源植物进行蝴蝶保复工作，目前约有 10 多个蝴蝶品种的 150 ～ 200 只蝴蝶，让游客了解蝴蝶从卵、幼虫、蛹到成虫的完整生活；可爱动物区中有许多迷人的动物，如贝多绵羊、新西兰白兔、台湾黑山羊等，可以喂它们吃饲料、牧草，模样相当可爱；自然步道分为数条，有垂榕步道、榄仁步道、樟林步道、丛林步道等，步道大多以木栈空桥、碎石沙土、连锁砖、红砖以及枕木等自然材质所组成。飞牛牧场以牧场风光驰名，在乡村休闲旅游的风潮下，牧场除了畜牧的本业外，还提供多种休闲活动，让人们亲近大自然，享受自然生态之美，已成为农村体验、生态保育、自然休闲的度假乐土。

5. 中国台湾鳄鱼生态休闲农场

20 世纪 90 年代，适逢中国台湾加快农业现代化步伐，“富丽农村”“一乡一品”等政策陆续出台，并加强对乡村休闲旅游的推广力度。几年后，有经营者通过别出心裁的创意，办起了台湾岛内唯一以鳄鱼为主题的休闲体验农场。

该鳄鱼生态休闲农场以鳄鱼生态体验为主题，取名“不一样鳄鱼生态休闲农场”。农场内建有鳄鱼养殖池、鳄鱼标本展示区和产品贩售区。空地上养几只黑山羊，既省去打理疯长青草的麻烦，也形成了山羊与鳄鱼“和平共处”这一吸引游客的奇特景观。农场将鳄鱼总数控制在 200 只左右，并配套养殖了兰屿小耳猪、绿头鸭、火鸡等，空地上还穿插种植了香蕉、凤梨、台湾栎树、血桐。既让游客不会单看鳄鱼感到乏味，也顺带增长了认知各种动植物的体验。

该鳄鱼生态休闲农场提供的体验项目有：①喂鳄鱼活动，游客买一个鱼头喂一次，游客可以体验“惊魂一刻”，农庄也可省下一笔喂食的费用；②逛鳄鱼农场，游客在农场游玩，近距离观赏这些凶猛的家伙；③吃鳄鱼套餐，游客可品尝鳄鱼肉做的美食，权当品味“胜利者”的志得意满；④ 钓鳄鱼活动，游客用竹竿绑块鱼肉让鳄鱼来抢，这个项目最为惊险刺激，还通过设立高额奖金增加人气。

游客临走时，还可以购买到满意的纪念品。农场有鳄鱼皮包、鳄鱼皮钱包、名片夹等鳄鱼皮制品售卖，还有鳄鱼肉排等食品出售。此外，农场的鳄鱼参与了电影拍摄，电视台做节目，农场还成为一些学校的户外教学课地点。这些活动提高了鳄鱼生态体验休闲农场的知名度，吸引了越来越多的游客来农场参观体验。

“不一样鳄鱼生态休闲农场”体现了新奇特动物养殖创意，加上提供的体验项目刺激，吸引了大批游客。这说明乡村休闲旅游养殖业的发展可以针对平常少见的新奇特动物，以特别的动物及少见的体验活动，来吸引广大游客，能获得不一样的收益。

（二）国外乡村休闲旅游养殖业的代表性案例

1. 日本的 mokumoku 农场

传统的养殖大户（养猪场等）转型做休闲农庄，在农庄的构成里占到很大比例。它们的优势是，以农为核心的产业依托非常清晰，动力足起步快。但是面临的考验也非常多，比如：如何结合产业定位梳理消费主题？如何围绕核心产业进行综合发展？如何拓展延伸二、三产业，打造完成乡村休闲旅游旅游产业链？等等。日本的 mokumoku 农场曾是一个养猪场，在转型做乡村休闲旅游中，以亲子教育为出发点，以家庭为主要需求群体，最终打造出集观光农业、生产、加工、销售为一体的产业农场，被誉为日本产业化主题农庄的典范。其在围绕主产业的打造、一二三产业有机结合、产业与休闲产品无缝融合的诸多玩法，都值得我们借鉴。

（1）将亲子当作消费主题，围绕主产业进行发展

日本 mokumoku 农场位于日本三重县伊贺市郊区，由农户养猪的经营联合体发展而成，是一个以“自然、农业、猪”为主题的工作室农庄。因为是一个养猪为主产业的亲子休闲农庄，以家庭、学生为主要客群。他们在进行发展时，就围绕着“猪”为核心进行发散，全力打造出了一群深得童心的动物明星——“小猪”。

（2）依托核心产业，延伸拓展二、三产业

作为一个综合性产业平台，农庄在产业依托的基础上，还需要围绕核心点不断向外延伸扩散。经过多年尝试，mokumoku 农场扩展形成了 4 大主导产业，分别是种植业、养殖业、加工业、运输商贸业。他们将一二三产业完美融合，将农业各个环节与旅游产品无缝融合，形成密切关联的乡村休闲旅游旅游产业链，并发展出了系列产品。

①在全产业链的打造中，第一、二产业起到非常重要的支柱作用。mokumoku 农场围绕自给自足的种植养殖以及后期加工、售卖，形成了一个完整的商业闭环。

②在 mokumoku 农场 4 大功能区域里，分别提供观光游览、科普教育、产品展览、餐饮美食、休闲体验、商品购买、度假住宿等服务。

③农场养殖的小猪和奶牛还能给游客带来别具一格的休闲体验。比如农场巧妙通过小

猪训练园的方式为游客提供观赏、零距离接触以及喂养小猪的机会。

④农场的服务意识非常高，设计细节考虑周到，比如为亲子设立哺乳室、产品的包装、活动安排与说明、农户的介绍等。

2. 日本萤火虫产业发展

日本民众对萤火虫非常痴迷，每年5～8月，全国各地都有赏萤的节日，民众尤其是儿童和老人纷纷前来观赏萤火虫。在日本，萤火虫深受喜爱和保护而被称为“国虫”，全日本国各地有大大小小上千个萤火虫保护协会，并且产生出诸多关于萤火虫的文艺作品。日本对萤火虫的保护非常重视，尤其是优良水质的标志性水栖萤火虫格外显著。日本共有3种水栖萤火虫，一种被立法保护，其他两种水栖萤火虫则是萤火虫产业化的主打品种。日本的萤火虫产业产值可达20亿日元，折合人民币1.4亿元。日本萤火虫产业化的类型大概分为3种，即萤火虫的饲养和销售、萤火虫生态旅游及相关配套产业、萤火虫农产品等附加值的发展。

（1）萤火虫的饲养和销售

日本饲养两种水栖萤火虫销售给民众，民众可像喂养观赏鱼一样在家庭中欣赏幼虫晚上发出的迷人光芒。一些温泉、饭店及旅馆也购买大批的水栖萤火虫用以吸引顾客。日本水栖萤火虫幼虫为日本萤火虫产业的主打品种。每年萤火虫销售产值超过2 600万元人民币。

（2）萤火虫生态旅游及配套产业

日本各地分布上千个大大小小的萤火虫自然景观。萤火虫生长地受到政府保护和重视，并将其发展为引人入胜的生态旅游基地，充分延长了游客欣赏旅游的时间。每年的5～8月，大批的民众纷纷前往赏萤。因赏萤从傍晚开始，持续3个小时，所以赏萤地点附近的旅馆、餐馆纷纷爆满。在赏萤景区，还附带出售众多与萤火虫相关的纪念品和玩具等附加产品。据统计，每个景区的萤火虫纪念品达到上百种。此部分产值达到5 200万元人民币左右。

（3）萤火虫农产品及产业链

萤火虫是洁净自然环境的象征，它对各类污染非常敏感，包括空气、土壤、水质、光线等。如果哪里有萤火虫的大量生存，就说明这里的环境是非常清洁、无污染的；这里的土壤里种出来的农产品也是真正绿色无害的。日本在萤火虫旅游景区周围进行特色水果的有机耕作，并赋予其萤火虫的商标，提升了产品的生态价值；这些产品不仅在赏萤景区里销售，而且作为特色有机产品进入高档超市，取得了非常不错的效果。此部分销售产值可达2 600万元人民币。

日本的萤火虫产业发展是全世界做得最好的，这对中国发展萤火虫、蝴蝶等昆虫的产业发展很有借鉴意义。

第三节

农产品生产的发展

一、地方特色农产品的类型选择

乡村休闲旅游农产品是针对乡村休闲旅游与乡村旅游市场，发展的鲜蔬、肉禽、加工农产品、休闲旅游食品等。因为乡村休闲旅游生产发展的农产品通常都具有鲜明的特色，并且具有很强的针对性，具有较强的市场竞争力，所以休闲农产品的市场潜力巨大。同时，乡村休闲旅游容易实现农产品的标准化与规模化生产，农产品的质量与安全可控性高，所以产品市场竞争力大。

二、旅游纪念品、工艺美术品的设计与发展

乡村休闲旅游生态旅游商品是旅游产品的一个重要组成部分，旅游商品设计的成功与否不仅关系到当地旅游业经济的发展，还影响着新时期新农村的建设。旅游商品收入是增加当地旅游收入的重要来源，是建设新农村的重要举措，发展出适应乡村休闲旅游旅游者需要、有较高文化内涵的旅游商品是蓬勃发展的生态农业旅游的必然需求。

乡村休闲旅游旅游商品的设计，应具备乡村休闲旅游生态旅游和旅游商品设计的原则，尽量挖掘旅游地自然人文资源的生态文化内涵，创造出体现当地地方特色，具有艺术性、实用性、教育性和纪念意义的生态旅游商品，其设计应该遵循以下 4 项基本原则。

1. 维护生态环境，强化生态意识

要以保护当地自然及人文旅游资源为前提，体现旅游地原汁原味自然资源特征及历史文化特色，充分利用当地资源，根据资源的不同特性，有区分的发展设计，如再生能力比较强的资源可以重点发展利用，再生能力比较弱的特色资源则要特别注意控制其发展规模，而对于缺乏再生能力的资源则以保护为主。

2. 发展绿色食品，发挥教育意义

发挥生态教育意义是指商品的生产和销售，将资源环境保护知识融入商品中去，发挥其对旅游者的生态教育功能。近些年来由于地球环境污染日趋严重，人们对环境的反思与觉醒导致消费观念也随之改变，绿色生态食品异军突起，都市农业生态旅游地一般都具有优越的生态环境，其大气环境质量、水质量、土壤质量都较高，具备了生产绿色旅游食品

的环境条件，利用区内丰富的绿色食品资源，发展绿色旅游食品，如各种有机蔬菜、营养丰富的紫红薯、黑枸杞等，不仅可以取得较好的经济效益，而且还能发挥旅游商品的生态教育意义。

3. 突出文化内涵，创新旅游商品

突出都市农业生态旅游文化内涵体现在将商品的地域特征和历史文化特性两者有机地结合起来，利用生态旅游文化拓宽生态旅游反映的内容，创新生态旅游商品。都市农业生态文化具有多面性，既可以指一定的地域范围内的语言文字、性格特征、社会心理、传统道德、生活方式、哲学思维模式等，也可以指由多种要素综合作用的表现形式，如文学、节庆、风俗、艺术、建筑等，这些都可以作为增加旅游商品文化内涵，创新商品的素材。

4. 符合市场需求，生产优质商品

在国内旅游商品市场上，存在很多相同或类似或粗制滥造的商品，这直接损害了旅游地形象，导致了当地民族特色文化的逐渐丧失。因此，在设计旅游商品时，一定要先进行市场调查，根据当地的旅游资源状况，研究不同旅游者对旅游商品的需求情况，积极发展适宜旅游者需求的生态商品，提高商品内在质量和外在质量，树立品牌意识，建立良好的主客关系。

三、经典案例分析

在这里主要介绍乡村休闲旅游旅游商品——特异型小果型西瓜的栽培技术、山东烟台栖霞贴字苹果和北京蝶翅画。

（一）特异型小果型西瓜栽培技术

小果型西瓜是普通西瓜中果形较小的一类，单瓜质量 1.0 ～ 3.0 千克，外形美观、小巧，肉质细嫩，汁多味甜，品质极好，果皮极薄，一般只有 0.3 ～ 0.5 厘米，食用率高，是高档的礼品水果，故又称迷你西瓜、袖珍西瓜、礼品西瓜等。因其易于携带，适于现代人口少的小家庭食用，深受广大消费者青睐，已逐渐成为市场消费的热点。小果型西瓜的幼苗弱，前期生长慢，分枝性强，雌花出现较早且着生密，易坐果；果形小，果实发育期短，在 25 ～ 30℃的适温条件下，雌花开放至果实成熟仅需 25 天左右，较普通早熟品种西瓜提早 7 ～ 10 天；结果的周期性不明显，因养分输入的容量小，对植株自身营养生长影响不大，持续结果能力强，多采用多蔓多果栽培，可以多茬结果。小果型西瓜对栽培环境的适应性比普通西瓜强，可以采用多种栽培形式，特别适合于作特异型西瓜栽培。如果采用设施，可以实现一年四季栽培供应，价格比普通西瓜高 2 倍以上。因此，小果型西瓜的生产发展较快，种植面积迅速扩大，从 2001 年不到 0.67 万公顷，2005 年增长到 6.67 万公顷，2007 年超过 10 万公顷。

特异型小果型西瓜栽培技术是为了适应消费者“求新、求异”的消费需要，满足市场对“新、奇、特”的需求，以提高西瓜栽培经济效益为目的而采取的相应栽培技术，是为了追求小果型西瓜的高附加值而在栽培技术上进行的一种创新。特异型小果型西瓜主要包括方形西瓜和印字西瓜等。

1. 方形小果型西瓜栽培

方形西瓜栽培是指利用模具改变西瓜本来的形状，按照种植者的意愿生产出方形的西瓜。随着人们生活质量的提高和消费观念的改变，方形西瓜的生产和消费已逐渐成为一种时尚。方形西瓜栽培因成本增加不多，但价格提高很多，所以经济效益非常好。如果采用珍珠岩、炉渣、草炭等基质代替土壤栽培，在生长过程中不施用化肥和农药，培育出有机的方形的瓜，更是迎合了现代人的消费理念。现将方形小果型西瓜的栽培技术介绍如下。

（1）品种选择

栽培方形小果型西瓜一般选择抗逆性较强、果型稍大、外形美观、品质优、瓜形圆正的小果型品种，如早春红玉、小兰、冰晶、黄小玉、红小玉、小玉红、小玉黄等。

（2）关键栽培技术

可以采用设施栽培也可以采用露地栽培；可以采用土壤栽培也可以采用基质栽培；可以采用爬地栽培也可以采用立架栽培。生产上用得最多的是利用大棚等园艺设施，采用爬地式嫁接稀植地膜覆盖栽培，也可采用地膜覆盖立架栽培。

爬地栽培一般采用 3 ～ 4 蔓整枝，每株坐瓜 3 个左右；或采用多蔓整枝，每株保留枝蔓 5 ～ 6 条，坐瓜 5 ～ 6 个，定瓜 4 ～ 5 个。一般选择第 2 或第 3 雌花进行人工辅助授粉坐果。根据不同的整枝方式，每亩栽 300 ～ 500 株。立架栽培时每亩栽 800 ～ 1 200 株，一般采用 2 ～ 3 蔓整枝，选择第 2 或第 3 雌花进行人工辅助授粉，做到 1 蔓 1 果。

施肥原则掌握以基肥为主，追肥为辅。定植前大棚内每亩施优质有机肥料 1 500 ～ 2 000 千克或饼肥 200 千克，均匀撒施后深翻入土，闷棚熟化。然后开沟作畦，爬地栽培一般按 3 米宽起畦，6 米宽的标准大棚起 2 畦，在每畦靠棚中间一侧开 1 条定植沟；立架栽培按畦宽 2 米（包沟）开沟作畦，每畦开 2 行定植沟。在定植沟内每亩施生物有机肥 50 ～ 80 千克或三元复合肥 40 ～ 50 千克。畦面覆盖地膜后适时定植壮苗。

定植后以“两肥”为主，即定植 1 周后浇 0.2% 尿素水或稀人粪尿 1 次，作为提苗肥；坐果 1 周后，当 70% 的瓜鸡蛋大时追施膨瓜肥。膨瓜肥以磷、钾肥为主，亩追施复合肥 20 ～ 30 千克，硫酸钾 10 千克，腐熟菜饼肥 30 ～ 50 千克，在离根部 30 ～ 50 厘米处条施或穴施或随水淋施。小果型西瓜前期容易徒长，在幼瓜膨大前肥水不宜过多，果实膨大后成熟前保持肥水均衡供应，以防裂瓜。

（3）制作模具

制作大小合适的模具是生产方形西瓜的一个重要环节。如果模具过大，西瓜很难长成方形；如果模具过小，不仅影响产量，而且还会因胀力过大而使模具破损导致栽培失败。多年的实践证明，以雌花授粉后 15 天左右的西瓜测出的直径为边长标准，做出的立方体大小最合适。所以在授粉后 15 天选择刚好能装入该瓜的立方体模具最好。

模具材料要求透光、通气、漏水、耐胀。生产上应用较广的模具有 3 种。一是用螺栓将角钢与玻璃固定成型的模具，这种模具拆装方便，成本低，可多年使用，容易推广，因而应用最广。二是用有机玻璃按一定规格大小定做，用螺栓固定的模具，这种模具可反复使用多年，但一次性投入成本较高。三是由玻璃厂按一定规格直接注塑成型的玻璃模具，西瓜成熟后用玻璃刀破模取瓜，这种模具的成本也较高，适合于西瓜的工厂化栽培。

（4）选瓜装模

装模一般在晴天下午进行，因为下午经蒸腾作用失水后藤蔓和叶片比较柔软，装模时可减少对叶片、果柄及藤蔓的损伤。雌花授粉后约15天，当西瓜长到接近模具大小时即可开始装模。一般选择植株生长健壮、无病虫、节位适中、瓜形圆正、色泽均匀、授粉后15天左右的西瓜装模。但使用一次成型玻璃模具的，因这种模具的模口较小，应在西瓜授粉后瓜柄挺直时就开始装模。一般每株选择2～3个适合模具规格的西瓜装模。装模前先清除西瓜表面泥土沙粒，装模时要轻拿轻放，不要触摸瓜柄茸毛。西瓜放入模具后，将瓜柄嵌入玻璃圆孔中，使瓜柄和瓜脐垂直，再扣上角钢方框，上紧螺栓。然后在坐瓜节位下方垫一片白色泡沫包装材料做成的瓜垫，把装模后的西瓜放在瓜垫上，再整理好枝蔓与叶片。如果采用立架栽培，西瓜装模后要用细铁丝将模具吊起固定在立架上。

（5）装模后的管理

装模时由于可能对西瓜和瓜蔓造成不同程度的人为损伤，应及时补充营养以修复损伤。可用0.3%～0.5%尿素溶液或磷酸二氢钾溶液进行根外追肥，以促进植株尽快恢复生机，提高光合效率，防止早衰。

为了防止阳光暴晒使模具内温度过高而灼伤西瓜，晴天中午高温时需在上了模具的西瓜上覆盖遮盖物，也可将其放在瓜蔓下面避光。采用设施栽培的，在晴天中午高温时使用遮阳网，避免阳光直射玻璃导致容器内温度过高而影响西瓜的正常生长。

装模5天以后，每隔3～5天需翻转模具1次，使其受光均匀。并要加强肥水管理和病虫害防治，使西瓜充分长满方块模具空间。采摘前7～10天停止浇水。

（6）适时采收

西瓜达到八九成熟时应及时采收拆模。一般情况下在西瓜装模后15天左右即可采收。如果过熟的西瓜密闭在模具内，很容易产生烂瓜现象。采收时可在坐瓜节位处保留2～3节瓜蔓后用剪刀剪断瓜蔓，连同模具、蔓叶带出田外。将西瓜放在铺有毛毯的桌面上，打开模具，拿出方形西瓜，在阴凉干燥处放置2～3小时，然后贴上标签，分级装箱，即可装运销售。小果型方形西瓜目前主要销往各大酒店和超市。

2. 带字小果型西瓜栽培

带字小果型西瓜是果皮上印有各种吉庆字样的西瓜，这种西瓜作为礼品送人很受欢迎。近年来，随着人们生活质量的提高和消费观念的改变，小型、营养、安全、带字的小果型西瓜越来越被消费者所喜爱，成为西瓜销售中的精品。带字西瓜栽培是在市场经济条件下，为满足人们对物质文化品位的需求而采取的一种西瓜促销手段，也是瓜农增加收入的一种新的栽培技术。带字西瓜因栽培技术简单，成本和普通西瓜基本相同，但西瓜价格却成倍增加，可以大大提高生产者的经济效益。现将带字小果型西瓜的栽培技术介绍如下。

（1）品种选择

选择适应性广、外观美丽、高产抗病、品质优良、果型稍大、适宜本地栽培、单瓜质量3千克以下的品种。黑皮品种印字清晰，效果好；花皮品种也适宜作为带字西瓜的栽培。目前，可供选用的小果型西瓜品种有黑美人、冰晶、金福、特小凤、早春红玉、京玲、京阑等。

（2）关键栽培技术

带字小果型西瓜的栽培与其他小果型西瓜栽培基本一样，主要栽培技术措施包括选择适宜当地栽培的优良品种，适时播种，培育壮苗，深翻土地，施足以农家肥为主的基肥，精细整地，及时定植，合理密植，适时整枝打杈，选择合适的坐果节位人工辅助授粉，加强肥水管理等。

栽培方式可以采用爬地栽培也可以采用立架栽培；可以采用设施栽培也可以采用露地栽培。一般采用地膜覆盖设施栽培。

在定植前施足基肥，每亩施腐熟鸡粪等有机肥 1 500 ～ 2 500 千克，复合肥 50 千克，过磷酸钙 50 千克，硫酸钾 10 ～ 20 千克。因小果型西瓜果实小，可以采用多蔓多果方式栽培，一般保留 1 条主蔓和 3 ～ 4 条子蔓。留果时选留第 2、3 雌花坐果，坐果节位以下孙蔓宜尽早摘除。肥水管理以基肥为主，整地作畦时施足基肥，定植后采用“两水两肥”的肥水管理方式，即定植 1 周后施伸蔓肥，以氮肥为主，灌 1 次水；坐果 1 周后施膨瓜肥，以磷、钾肥为主，再灌 1 次水。所施肥料 N：P_2O_5：K_2O 的比例大约为 6：3：7，其中氮肥主要是有机氮，禁止施用硝态氮肥。坐果以前要防止植株徒长，坐果后保持肥水均衡供应，防止裂瓜。坐果后期，每亩用硼砂 50 克、蔗糖 1 千克、氯化钙 5 克加水 40 千克叶面喷施 2 次，以提高西瓜的甜度。

爬地栽培当西瓜长到一半大小时，必须进行翻瓜、竖瓜，以保证瓜形圆正，受光均匀，减少畸形瓜出现的比例。

（3）印字方法

印字方法可以采用毛笔直接在没有成熟定型的西瓜上写字，也可以将写好字的剪纸在西瓜膨大后但还未成熟前粘贴到西瓜果皮上面。在西瓜成熟后再将墨迹揩去或揭去贴纸，西瓜就印上了黄白色字迹。

①直接涂写法。用毛笔蘸足浓墨汁，在西瓜膨大后接近成熟但未定型和着色之前，把“福、禄、寿、喜、贺、发、吉祥、如意”等喜庆吉祥的文字直接写在果皮上；或事先用较厚的尼龙纸刻成镂空的文字再用墨汁印在果皮上。待西瓜成熟采摘时，用柔软的湿布揩去墨迹，字迹便清楚地印在果皮上。因西瓜表皮上有一层蜡质，经雨水冲刷后墨汁容易冲淡散开，墨迹容易被雨水冲淋掉，所以该方法仅适于可以防止雨水冲洗的保护地设施栽培。

②剪字粘贴法。选好贴字材料是采用剪字粘贴法栽培带字小果型西瓜获得成功的关键。选择贴字材料时既要考虑剪的字能够防水、防潮、防透光、弹性好、不易拉断和在西瓜表皮上粘贴得住、不脱胶，又要考虑操作简便、瓜农易于接受。多年的实践表明，彩色或黑色“即时贴”是贴字材料的最佳选择，因为它自带粘胶，粘的字牢固，纸薄，防水，防透光性好，弹性好不易拉断，农民操作也很方便。也可选用有色蜡纸，还可选用香烟防潮包装盒用的锡箔纸等材料。选用蜡纸和香烟盒包装纸作剪字材料时，应重点解决粘胶的问题，用普通胶水、浆糊等粘胶剂均会出现脱胶、无法贴牢的现象，可用白色强力木板粘胶剂。

贴字材料选好后，用电脑将“福、禄、寿、喜、贺、发、吉祥、如意”等喜庆吉祥的文字直接打印在“即时贴”等贴字材料上，或先将这些喜庆吉祥的字词用各种美观的字体打印在纸上，再用复写纸临摹于“即时贴”等贴字材料上，然后把字剪下来贴到西瓜表皮上面。

贴字时期应掌握在授粉后15天以前，西瓜未成熟转色时进行。选瓜形好，单瓜大的西瓜贴。一般选择坐果后13天左右，八九成大小时的西瓜贴字，过早贴字容易在西瓜膨大过程中造成字型移位，影响贴瓜的粘胶性能；过迟贴字因瓜皮已老化，贴后西瓜表皮字迹不明显，或显现不出字模。

贴字时将剪好的字贴于西瓜侧面或西瓜的朝阳面上，然后覆盖薄层杂草或将西瓜放于藤蔓下面遮阳，以防止夏季高温造成黑色“即时贴”吸热烫伤西瓜表皮。

（4）及时采收，适时上市

小果型西瓜一般在开花后28～32天即可成熟，贴字或直接写字后经过15～18天就可成熟采收。

不同季节和不同品种小果型西瓜的具体采收时间应根据当时的气候条件、品种特性、生长发育状况及销售地情况而定。为了保证小果型带字礼品西瓜的品质，西瓜应当正常成熟，严防生瓜上市，严禁使用乙烯利等药品催熟。采收前5天停止浇水。采收时用剪刀将果柄从基部剪断，每个果保留一段绿色果柄，再揭去贴纸或揩去墨迹，让西瓜表皮上的黄白色字迹呈现出来，然后进行分级包装，即可上市销售。

（二）贴字苹果

苹果贴字艺术起源于山东栖霞，现在各省市苹果产区都有种植。主要包括：节庆祝福系列、爱情果系列、圣诞果系列、婚礼喜庆果系列、民间艺术系列、生日祝福果系列、企业定制系列。该贴字艺术被赋予了丰富的人文气息，融艺术情感入苹果，让苹果成为传递情感祝福的媒介，提高了苹果本身的价值。

1. 贴字苹果产生发展历史

苹果贴字艺术是栖霞农民的杰作，从1992年开始栖霞果农就在藏家庄镇，蛇窝泊镇尝试种植艺术苹果，经过多年的尝试摸索，栖霞果农终于生产出了健康、时尚、吉祥又满含浓浓胶东文化的贴字艺术苹果，在栖霞艺术苹果的影响下，现在全国多个省份也纷纷开始种植艺术苹果。

2. 贴字苹果的关键技术

苹果的着色必须有阳光照射，如果某种不透光的物体在果实表面挡住了阳光，该部位果面就显示原始色（绿色或黄色）。依据这个原理，把字模贴在苹果表面，待苹果充分着色后再取下字模，使字模在果面造成的色差部分与果面着色部分产生对比，看上去字就像“长”在果面上一样了。

①字模的选择。目前生产上主要应用不干胶字膜，要注意字模的质量。不干胶字膜要求做工精细、边缘整齐、不带异味。

②贴字苹果的选择。应选择经济价值高的苹果品种，如红富士、红王将、新红星等，并要求果形端正、高桩，单果重200～250克。

③贴字方法。套袋果要在去袋后进行。操作时，先将果面贴字处的果粉轻轻擦拭，揭开字模贴在果面上。将字膜在果面摆正，然后用两手大拇指从中间向四角展平压实。采摘

时将贴有相同字词的苹果集中放置，经分级后用礼品盒包装。

不干胶塑料应贴在果实阳面和背面的结合部位，切不可贴在中午阳光直射的阳面，否则果实产生日灼。贴字时一定要粘贴均匀实在，否则显字效果不好。

3. 贴字苹果市场

全国各省市苹果优势产区，各地苹果都有自己独特的别处无法比拟的优势，栖霞苹果、花牛苹果、秦冠苹果在国内外都久负盛名。目前各省市艺术苹果的从业者们正在携手一起努力，完善规范艺术苹果这个大市场。

（三）北京蝶翅画

在北京花露蝴蝶养殖专业合作社的展位，其展示的一幅幅惟妙惟肖的蝶翅画让人赞叹称奇。但是，养殖蝴蝶制蝶翅画仅是这个合作社的产品之一，他们还依托蝴蝶养殖园搞科普教育，同时为婚庆、节会提供蝴蝶放飞等服务项目，每一个项目都带来一笔不菲的收入。

蝶画是纯手工制作的艺术作品，工序达 30 多道，而主要需要经过软化、展翅、干燥等过程。由于蝶翅需要经过严格的甄选才能采用，制作一幅大型蝶画，要采用数百种上万只蝴蝶、耗时数年。中国有蝴蝶 1 200 余种，除国家保护品种和珍稀种不能用于蝶画外，其他共有 500 余种普通蝴蝶可以利用。

蝶画是利用蝶翅的天生丽质、绢绸丝绒般的质感，不同角度泛出的光泽和自然天成的图案纹理，经过精心构思和巧妙拼贴的画。蝶画以蝶翅组成块面，强调原有外形和斑纹的表现，突出不同品种蝶翅的肌理、图案和金属光泽。蝶画发挥蝶翅网纹的特点，使之与物体的造型结构相吻合，看上去片片蝶翅似有丝绒感，蝴蝶画往往厚重紧密，繁而不乱，一旦置于亮处，光彩夺目。

蝶画制作者在制作蝶画时，选择不同外形的蝶翅巧妙组合，强调结构与色彩的关系，运用疏、密、厚、薄的手法，以充分体现每种蝴蝶翅翼的独特之处。一幅好蝶画作品，往往能体现出作者高超的想象力，扎实的绘画功底和丰富的蝴蝶知识，每一幅成功的蝶画作品，都是不可多得的艺术精品。

第三章

乡村休闲旅游生活的发展

CHAPER

03

乡村休闲旅游是当今旅游发展方向之一，具有强大的生机和广阔的前景。乡村休闲旅游依托农村广阔的田野和绿色村庄，以服务为手段，以游客为目标，将农业生产与生活、乡村生态文明、农耕文化等要素紧密结合起来，是三产融合发展的新型产业。农业生活主要包括餐饮、住宿、交通、娱乐、休闲等功能，其中，餐饮、住宿、交通是最基础的功能之一。通过开展乡村休闲旅游，为游客提供具有鲜明特色的饮食、住宿服务以及便利的交通服务，对于增加乡村休闲旅游目的地吸引力，打造乡村生态旅游产业链，提高旅游经济效益具有重要意义。

第一节

饮食生活的发展

俗话说民以食为天，吃饭是人类生存繁衍的头等大事，饮食是社会发展、生产力发展的一个基本保证，餐饮行业自古以来就是一项非常重要的自然行业。现代社会发展日新月异，原本按照人们生活消费分类的恩格尔指数的统计依据又发生了很大的变化，作为基本生活消费的饮食状况发生了颠覆性的改变。在发达国家，超过 50% 的饮食在家庭以外消费，饮食的功能逐渐也由温饱型的吃饱，向吃好、吃舒服、吃气氛、吃营养、吃健康、吃环境（风味、特色、文化）等诸多有关休闲、生命生活质量、社会交际及文化艺术追求转变。饮食生活的发展也因此变得尤为重要。

一、乡村休闲旅游餐饮业的分类

餐厅的服务人员应根据就餐客人的特点，有针对性地提供热情、周到的服务。乡村旅游地的餐厅为游客提供的餐饮服务主要有两种方式：零点用餐服务和团队用餐服务。零点用餐服务即针对散客用餐，随点随吃，吃完自行结账的服务方式。由于接待散客就餐，宾客人数多，构成复杂，客人的口味需求不同，到达时间不一样，因此要求服务人员在提供零点用餐服务时，主动、周到、反应灵敏，能够根据当天厨房的供应情况、菜式烹调的基本方法和客人的需求，向客人推荐合适的菜式，以最佳的服务适应和满足不同客人的不同需求。团队用餐服务即针对团体客人就餐，按照每人每餐的用餐标准及要求提供膳食和服务。团队用餐由于用餐时间统一，人数集中，因此提供服务时，要注意集中人力做好餐前准备工作，尽力缩短客人的候餐时间，迅速上菜。另外，尽管团队餐的用餐标准统一、菜式品种也不多，但是也要注意科学合理地搭配，确保餐饮服务质量。乡村旅游地内的餐饮类型主要包括大排档、快餐服务点、特色餐馆、宴会餐厅、主题餐厅、农家乐和户外烧烤等类型。

1. **大排档**

食摊大排档以供应地方小吃为主，由于花样繁多而且价格低廉，因此特别受到游客的喜爱。例如，南京的夫子庙是秦淮小吃的发源地，历史悠久、品种繁多，形成了独具秦淮传统特色的饮食集中地，是我国四大小吃群之一。这里的小食摊满目皆是，供应的小吃品种多达百余种，很多中外游客到南京旅游都要慕名前来品尝美食。

2. 快餐服务点

快餐服务点，以方便、卫生、快捷为特点。外卖餐馆是为不在店中就餐的顾客制作食品，然后出售。游客到景区的主要目的是参观游览，因此在游览过程中会选择简便易携带的快餐来节约用餐的时间，同时，快餐服务点的设置还可以省出大量的就餐空间，减少投入，增加销售额。由于快餐服务符合旅游餐饮的特点，因此在国外许多著名景区的餐饮服务大都以快餐服务为主。外卖的食品可以是预先制作好，然后等顾客预定时再包装起来；也可以等到顾客点订时再制作。有些外卖餐馆没有供顾客就餐的地方，也就是只经营外卖，如丽华快餐；有的则既有外卖，也有供顾客就餐的场所，或者外卖只是其经营业务的一项，如肯德基的宅急送。

3. 特色餐馆

特色餐馆主要指经营菜品有特色的餐馆。特色餐饮是以民俗、民族、土特产、郊野化、农家化为特点的餐饮，由于有较深的地方烙印，文化内涵丰富，因此将成为旅游中的主要餐饮方式。特色餐饮的优势主要有两个方面，一是渊源，二是特有。“渊源”是一种历史事实，无法更改。它往往代表着正宗。如顺德是粤菜发源地、北京烤鸭是最正宗的烤鸭、南京板鸭是最正宗的板鸭。“特有”是指一些美食材料具有很强的地方性，如三水的禾花雀、南京江宁的老鹅、苏州阳澄湖的大闸蟹。虽然现在飞机可以把外地的原料长途运输到另外一个城市，但游客还是会觉得到原产地品尝才放心，不会对原料的真正产地心存疑虑。特色餐饮不仅仅体现在食物本身，也体现在用餐的环境和氛围等整体饮食文化上。例如，无锡三国景区推出的三国宴特色餐饮，包括“八卦豆腐、草船借箭、舌战群儒、火烧赤壁、三顾茅庐、长坂坡、关公刀豆、苦肉计、子龙救孤、桃园结义、貂蝉玉饺、反间计、三国归晋”等菜品，菜谱的设计凸显了三国文化。另外三国水浒景区还推出了“湖上冷餐”——乘水浒官船、观太湖夕阳、尝太湖湖鲜，别有一番风味。

4. 宴会餐厅

由于宴会是以餐饮聚会为形式的一种高品位社交活动方式，因此大型宴会餐厅非常讲究环境的设计，同时对于宴会菜单的设计以及餐具的配置都有严格的规定。宴会餐厅的菜点可能是民族风味的，如中餐、法国风味，也可能是海鲜、山珍野味等特色，还可能以某位主厨的特色菜肴为招牌，如谭家菜、厉家菜等。宴会餐厅的食品质量上乘，制作精美，餐馆气氛一般都非常正式，服务更是至关重要，有的为优雅的法式服务，有的则为典雅的中式服务。当然，宴会餐厅的价格也都很昂贵。例如，曼哈顿的圆谷餐馆、旧金山的马萨餐馆专为显贵常客服务。

5. 主题餐厅

主题餐馆是围绕某一主题而设计的，这一主题体现在营造餐馆氛围的每一个要素中。它往往围绕一个特定的主题对餐厅进行装饰，甚至食品也与主题相配合，为顾客营造出一种或温馨或神秘，或怀旧或热烈的气氛，千姿百态，主题纷呈。如北京的邓丽君音乐主题餐厅，餐厅中装修装饰均以邓丽君及其音乐为主题，包括VIP包间也都以邓丽君歌曲命名，如《甜蜜蜜》《小城故事》《在水一方》等。另外还有“老三届”“黑土地”餐馆是做知青主题，北京“老舍茶馆”是文化主题。在三亚景区，有着各种各样的民族风情餐厅，比较有代表性的黎寨餐厅，以“黎寨风情”为主题，餐厅装饰多以茅草盖顶，有木制墙裙，服务风格引入黎族待客风俗，清秀的黎家少女身着民族服装侍立两旁。

6. *农家乐和户外烧烤*

农家乐旅游是近几年兴起的旅游产品。农家乐餐饮为游客提供地道的农家饭，使游客在农家品尝五谷杂粮和天然野味的同时，身心得到一种回归自然的享受。户外烧烤也是景区常见的用餐类型，但考虑到烧烤时油烟对景区环境的破坏，因此这种餐饮类型不值得提倡。

随着游客餐饮的多元化需求，休闲旅游点的餐饮形式开始与各种娱乐活动相结合，呈现出多样化的特点，常见的有以下几类：①餐饮与歌舞表演相结合。采取饮食文化与歌舞艺术相结合的形式，使游客在品尝美味佳肴的同时，还能欣赏一台优美的歌舞表演。比较著名的有西安唐乐宫唐代歌舞盛宴，昆明世博园的“吉鑫宴舞”等。②餐饮与康体活动相结合。这主要是指餐饮与垂钓、桑拿、洗浴等康体活动相结合。例如，在一些景区，游客可以在鱼塘垂钓后，将自己亲手钓的鱼虾交给景区内的厨师烹制，更可亲自下厨，做出适合自己家人口味的美味佳肴。③餐饮与郊野娱乐相结合。这种餐饮形式常见的有篝火晚餐、滨海大排档、野外烧烤。例如，在承德坝上草原推出的“烤全羊”项目，同时附赠篝火晚会项目。

二、乡村休闲旅游餐饮业的发展

（一）餐饮业的发展模式

我国幅员辽阔，物产丰富，自然环境、社会经济和生活习俗差异显著，使得我国的地方饮食丰富多彩。以饮食为基础，融合习俗、民族、传统、思想和哲学等人文内涵，饮食文化成为蕴含着科学、哲学、民俗和艺术的一种风格各异的文化景观和文化现象。综合而言，饮食文化是在共同地域、共同历史和共同文化作用下，由人们饮食生产与生活的方式、过程、功能、人文等结构聚合而成的全部饮食事项，它融合制作工艺、食俗、食仪、食器、典故传说、诗词歌赋、审美情趣、人文精神于一体，也充分寄寓了中华民族的哲学思想、伦理观念、审美情趣和艺术理想。在某一地域，某类饮食及烹饪技术与理念的系统化与知识化便形成地方菜系。由于各地气候、物产和风俗习惯等差异，我国饮食形成了精彩纷呈的菜系文化，其中最具影响力和代表性的是湘菜、粤菜、闽菜、鲁菜、川菜、浙菜、淮扬菜和徽菜等八大菜系。

文中所指的餐饮业主要指乡村旅游特色餐饮，即在乡村旅游的过程中，具有当地特色，并含有一定文化风俗的饮食活动。乡村旅游特色餐饮是指为前来进行乡村旅游活动的游客提供餐饮服务的消费场所，以即时制作加工、商业销售、服务性劳动为主要特点，在乡村开展的一系列餐饮相关服务活动。乡村旅游特色餐饮是乡村旅游餐饮服务的升华，其主要特点是：第一，地域性，各地地理环境不同，物产各异，乡村特色餐饮，往往就地取材，有些特色餐饮原材料本身具有强烈的地域特色，具有不可替代性；第二，文化性，乡村特色餐饮依托具有鲜明特色的乡村民俗民族文化，增加了乡村旅游餐饮服务的内容；第三，乡土性，经营者以当地农民为主，突出“吃农家饭、干农家活、享农家乐”的体验性和参与性，乡村旅游特色餐饮产品的发展针对城市居民，要体现乡土、自然、生态特色，让厌烦了喧闹城市的都市消费者感受到恬静、健康的田园风光和田园美食。随着乡村餐饮文化的不断发展，乡村旅游特色餐饮以其独特的农村文化特色，不断调动着旅游者的消费欲望。

（二）乡村休闲旅游餐饮的发展原则

乡村休闲旅游餐饮业发展的 3 个原则是：突出本地区的独特个性、体现时代的风格特色、注重文化品位和审美情趣。

1. 突出本地区的独特个性

不同地区的文化体现了不同的地域特征，反映了不同的人文景观。我国疆域辽阔，民族众多，历史悠久，地域风情、物产菜品多姿多彩。俗语说"聊向村斋问风俗"，地域性菜品饮宴的独特个性的展现，需要烹饪创制者时刻把握地方特色和乡土气息，设计、制作与突出有自身地域特色的菜点品种。我国各地有各自的风味特色，在选料、技艺、装盘等方面都形成了自己的个性。菜点饮宴的创新，应该本着就地设计的原则，继承传统，唯我独优地发挥本地的特长，才可能使本项目的餐饮特色鲜明，并可以生根开花，从而产生巨大影响。

随着社会的进步发展和各地烹饪文化的交流和影响，在突出地方风格的创作中，制作者也会潜移默化地不断吸收新的东西，在借鉴外邦的烹饪文化的同时，只要不影响本地区的主导特色，这对于本地区的餐饮发展也是有其利而无其害的。

2. 体现时代的风格特色

地域美食的创作与推出，是众多特定地理范围空间的饮食文化的产物，不论是历史传承还是空间移动扩散，都离不开特定的地域。不同地区的人们都喜爱并且不愿意脱离自己及种族的饮食方式、烹饪传统和菜点风味，所以各地区、各企业的餐饮风格注意在周围的地域性上做文章是相当重要和合情合理的，也是当前餐饮经营和促销最有利的方式。不同的时代有不同的制作方式和审美观念，人类的烹饪文化是由传统遗产和现代创造成果共同组成的。不同的地域、不同的时代创造出的菜点饮宴风格是不同的，其文化精髓正是迎合当地、适应民众的价值取向。当地的餐饮经营，其时代特色是不容忽视的，也就是我们所说的适应市场的变化。我们制作和发展的食品必须是当代顾客所认可的、感兴趣的，即使是很传统的菜品，我们也要用现代的审美观念去完善它、武装它、改良它，使其符合现代人的进食欲望，因为只有这样，才能满足现代客人的需求，从而取得良好的社会效益和经济效益。即使是发展古代的饮宴菜品，或回采粗粮野菜，我们也要以现代的观念和思路，去满足当代客源的思维模式和饮食方式，即用新时代的观念去武装古老的、传统的食品，使其成为符合新时代需求的美味佳肴。我们千万不能把古代较流行的，甚至营养卫生不讲究或有些糟粕的东西带到今天的餐桌上，以至于令人反感。

3. 注重文化品位和审美情趣

今天，人们的饮食需求已发生了翻天覆地的变化，人们已从过去的饱腹需求，向更高的审美需求发展。吃得好，吃得有营养，吃的环境有氛围，吃的菜品、饮宴有文化品位，这绝非过去的客人所要求的；而今，乡村休闲旅游项目的餐饮经营在发展菜品、饮宴时，需要利用一切文化特色，多从环境氛围的角度考虑，多从娱乐、情趣方面着想，以此来调动广大顾客的进食欲望。

在发展地方特色的餐饮菜品、饮宴时，要着重渲染地方饮食文化特色。这不仅是外地客人所向往的，而且也是本地人所感自豪的。那些地方风味宴、仿古宴、乡土宴，风味浓郁，文化底蕴深厚，加之幽雅的环境和特色的菜品，让客人感到惬意与温馨，符合新时代的审美需求，自然就具有无限的生命力。例如，红楼菜、红楼宴的研制，对菜点的文化、餐厅的环境、员工的服装等都进行了一定的渲染，以提升餐饮文化的品位档次和风格特色。南京夫子庙的秦淮风味小吃宴，多少年来已形成一定的品位和规模。人们荡漾在桨声灯影里的秦淮河畔，满眼望去，两岸茶馆酒楼鳞次栉比，其风味小吃带有浓郁的本地方独异的口味风格。秦淮小吃之所以耐人寻味，是经过经营者和厨师们精心配制，才成为干稀搭配、雅俗共赏的美味佳品。在晚晴楼、白鹭宾馆、秦淮人家等处，这些小吃宴品，伴随着歌舞、画舫、食具和各种地方风韵呈现在食客面前，表面是品尝普通的“小吃宴”，实际上更体现了另一种滋味、另一番雅趣和美感。

（三）乡村休闲旅游餐饮发展战略

针对民俗文化的传承和利用，乡村休闲旅游的餐饮有两个方面的资源：一是各种类别的民俗文化资源；二是乡村休闲旅游的硬件和软件资源，如场地、设施、设备和人员。乡村休闲旅游应当充分利用自身硬件和软件之长，将众多民俗文化资源有机整合起来，以饮食为核心，以贯穿一年始终的节日习俗为红线，串联起人生礼俗、社交习俗、民族习俗等颗颗珍珠，形成美食与民俗文化交相辉映的璀璨珠串。乡村休闲旅游餐饮业的发展应着重考虑以下 5 个方面。

1. 发展特色与绿色兼顾的产品

只有做到“食在农家”，才能有效吸引游客前来。首先，乡村旅游的特色餐饮应该以就地取材为主，利用乡村现有的材料，表现出野生、家养和粗种的特色。其次，可以宣传生长于水库和山溪中的鱼虾，这些食品都是没有污染、无人工养殖的，属于“纯绿色食品”。所以，不但在餐饮中要突出当地农家特色，而且还需考虑到城市人希望回归自然、追求绿色的愿望。食材或原料以当地生长为主，可以邀请游客亲自采摘或烹饪。还可以请种菜名家、养殖名人，从自然科学角度讲解农业知识。在就餐时，鼓励游客自己动手，使餐饮做到绿色健康，让游客亲自体验到乡村餐饮的与众不同。游客在消费美食时不只要求具有感官刺激，而且还希望自己的精神得到解放，缓解城市生活压力。所以，为了增加游客的体验，在发展餐饮产品时要依靠食物产品和餐厅环境，提供优秀的餐饮服务，发展游客认可的餐饮产品。在发展乡村餐饮产品时以色、香、味、形结合为主，对游客形成多种感官刺激，从而达到享受的目的；还需重视发展餐饮产品的文化内容，利用饮食文化博物馆、美食培训讲座、美食论坛等环节，增加游客的知识，将文化与美食结合在一起；还需设计一定数量的游客体验活动，鼓励游客自己参与制作美食，才能放心享用，达到自己心理上认可的食品安全，同时在餐饮过程中还可提供娱乐节目，鼓励游客参与，让游客在轻松愉快的气氛中进一步得到放松。

2. 提高服务质量，加强卫生管理

在提高餐饮服务质量过程中，就餐环境具有非常重要的地位，要做到餐饮环境的安全与卫生。要注重就餐环境的塑造，以增加服务、菜肴、就餐方式、就餐环境的文化内涵等体验要素。可深入调研、广泛征集和创意升华当地饮食文化的历史渊源、名品典故、民间传说和私家菜品，如过桥米线、叫化鸡、东坡肉等。就餐环境体验化的成功案例很多，例如，由昆明北门书屋旧址改造而成的金石印食府主打“马帮菜”，不管是菜谱设计还是店内装潢，都极力凸显本地特有的马帮文化。堂屋内的茶树、蜂巢、鸟窝、蓑衣、水烟筒、老唱片机与楼外的石渠溪水游鱼、水车修竹、奇花异卉争奇斗艳。历经百年的老马鞍、马龙头、马干粮袋、皮酒囊、马帮生活用具，以及666盏星星般闪亮的老马灯，200余幅装点君子楼、新迎楼的老照片，许多餐具上小巧可爱的小铃铛，别具一格的驮子、马车、瓢餐具，无不折射出悠久的马帮文化的光芒。

现在很多生态餐厅都跟都市农业生态旅游、产业园区等结合起来，借助周边的休闲娱乐业来带动人气。生态餐厅的选址要整合周边的人气，在设计上要做到功能特色并举，在材料选择上要讲究安全舒适相宜。要想建一个有特色的生态餐厅就需要在设计上下功夫，要突出主题特色，风格标新立异，让客人不仅仅只品尝美食，还要有良好的就餐场景体验，例如张家界的洞穴餐厅不仅主题特色突出，而且风格标新立异。就餐环境绿意盎然，流水潺潺，翠鸟鸣唱，食客犹如置身山水田园，惬意畅饮，这就是绿色的生态餐厅。在菜谱的构思与设计上，也可以突出农家特色或增加环境的体验感。

3. 发展乡村旅游特色饮食主题餐厅

饮食文化旅游资源有一定的层次性，可以是特色名菜，也可以是家常小菜、糕点小吃。餐厅的档次不同，客人才能感到满意，才能留恋忘返。虽然不同餐厅具有不同的档次，但都应以地方特色为主，才有利于当地饮食文化的发展，才能对发展乡村旅游特色餐饮有所帮助。值得提出的是乡村主题餐厅要以“自然本味”为特色。当前人们都希望回归大自然，当然也迷恋于自然本味，乡村饮食自然就会得到游客的青睐。

4. 设计乡村美食线路

人们都知道“食在民间”，乡村美食种类数不胜数，但不集中于一处，有的游客根本不知道美食的位置，只是在一些地方吃到一点小吃而已。所以，具备旅游条件和丰富餐饮资源的乡村要加大宣传力度，可以将旅游线路制作成旅游线路美食图。在图上标明不同地区的名菜美食，形成一条龙服务，有利于游客沿着旅游路线一路就餐。依据餐饮资源不同可以设计不同的美食路线，如古城美食、养生美食、药膳美食、减肥美食、烹饪修学美食、海鲜美食等旅游线路。不同游客可以依据自己的兴趣选择相应的旅游路线，在美食线路上享受听、看、尝、思、乐，丰富自己的乡村生活体验和精神享受。

5. 结合旅游节庆打造餐饮品牌

策划旅游节庆活动。依据每个节庆活动的不同特点，推出形式多样、丰富多彩的餐饮产品。各旅游饭店、旅游餐馆要重点做好节庆活动的餐饮创意、设计和组织工作，积极策划推出美食节、美食月、美食周、风味小吃节等系列餐饮活动。要面向游客、面向社区居民家庭推出丰富多彩、不同标准的优惠酬宾菜谱，吸引各个层次的消费者参与，做到天天有活动，天天有优惠，形成规模效应，满足广大游客和人民群众节日期间的餐饮消费需求。

6. 加快餐饮产品的更新速度

当前，餐饮市场竞争越来越激烈，有的特色餐饮美食在刚刚推出后不久就消失了，更多的游客希望吃到没有吃过的美食。因此政府部门和相关协会要指导乡村餐饮经营者，在做到特色不变的前提下勇于创新，以吸引大量的游客前来。在发展餐饮产品时要努力创新，依托当地历史文化、传统风俗，在沿用传统饮食的前提下进行改造。随着时代的发展而不断进行改革，应用新型服务方式，创建具有时代特色的餐饮环境，在游客用餐时可以表演娱乐节目。只有在保留原有特色的基础上不断改革创新餐饮产品，才能保证乡村美食的经久不衰，使乡村美食得以不断丰富，促进乡村餐饮价值的提高。

三、经典案例分析

（一）鲜花宴

“春城无处不飞花”，这里的“花”不仅开在了绿地，甚至开到餐桌上。想体验云南的花情花意，怎可以错过我们的食花之旅。云南人吃花，是要把花一朵一朵地吃进肚。爱花，就要爱它的全部——花的香、花的味，以及花朵本身。两个相爱的人在一起甜言蜜语时，多半会说：想一口吃了你。这多半做不到也不能做到，而云南人爱花，却真真正正就是这么爱的——溶进血里，融进肉里，化进骨头里，一生一世不分离。所以云南的鲜花食用潮流，比国内任何一个地方都走得更快更前卫。

1. 从小吃到盛宴

20 世纪 80 年代初期，云南的鲜花是这样吃的：在学校门口三三两两的小摊上，5 分钱一碗的米凉虾和木瓜水用点睛之笔的玫瑰蜜糖一划，是夏天孩子们解渴的佳品。到医院打针、被同学欺负，回到家撒娇，妈妈也总会小心翼翼拿出家里面的奢侈品——藕粉，同样加一勺色泽艳紫、质地晶莹的玫瑰蜜糖。那时，谁也不知道，红玫瑰加入普普通通的白砂糖捣烂后的玫瑰蜜糖，就是本地鲜花小吃的开端。除了玫瑰蜜糖，每年春风乍起，云南人便进入轰轰烈烈的全民吃花旺季。菜市场、餐馆和家庭厨房等一切涉及饮食的场所，随处都可以发现花的踪迹，如棠梨花炒韭菜、茉莉花煎蛋、腌韭菜花等，都是几十年如一日的炮制方法。

从“餐”到“家宴”“盛宴”“大宴”，从鲜花餐到鲜花宴，不仅是规模大、花样多、礼仪隆重的飞跃，同时也意味着源于传统又高于传统的取舍与开拓后的文化提升。鲜花宴，顾名思义就是以各种鲜花为原料做成的佳肴美味。而昆明春天这家餐厅，为云南餐饮业鲜花餐到鲜花宴的转变立下了汗马功劳。昆明春天凭借其鲜花宴，曾一举夺得中国餐饮界的顶级桂冠——中国名宴奖，为云南餐饮打出了一张响亮的名片。那些匪夷所思的创新菜肴，甚至让土生土长的云南人，也着实跌破了眼镜。比如“鲜枝菊花酥”，一枝枝菊花“高高在上”，俯览众菜，不细看还以为是摆在桌上做装饰呢。制作时先将菊花瓣上裹一层泡芙，用油迅速炸几秒后出锅而成，吃时就这么让整朵菊花送入嘴中，还有“玫瑰椰虫”，将海南远道而来的肥嫩大椰虫油炸之后，放到新鲜采摘来的玫瑰花蕊里，椰虫的头变成了玫瑰的花蕊，椰虫的香味和玫瑰花的清香融为一体。这道菜由于虫香、花香两种味道都有，酥香至极，吃起来别有一番滋味，但吃这道菜必须有勇气，难免让人想起云南十八怪里的“花汤蛹虫作招待”。如此几十个菜品下来，总体而言卖相独特华丽而口味欠缺，也许正是如今其停止营业的原因之一。

2. 煎炸烹炒花尽其香

得意居的鲜花宴，让云南花餐风云再起。得意居就是一部网罗滇味美食的全书，其强调古典精致的烹饪法及菜品的内在价值和效用。这些菜品内外皆修、好看又好吃，既“上得厅堂”，又“下得厨房”，造型美观的同时，味道还丰富迷人。有的营养丰富、有的清爽回味、有的精致漂亮，老少皆宜，最难得的是经过一番煎、炸、煮、烹之后，鲜花的芬芳仍留于颊齿间，焕发出云南原生态健康美食的魅力。比如“普洱茶香虾”，巧妙地将云南传统味型与稀有的原料相结合，将汉族的烹制方法与其他少数民族的烹制方法相结合，被普洱茶和茉莉花同时醺过的虾仁，清澈鲜美，一点不见腥膻，极爽口宜人；比如“石榴花烧肉”，清淡的石榴花饱吸了三线肉的精华，口感层次刹时丰富立体起来，那种介于肉类与花类之间的奇妙质感，令人分外回味无穷；比如“桃花酒”，酿自昭通金沙江畔桃花园，色泽通透，气味芬芳醇厚，盛在白色酒杯里，很好看。辣是入口的味道，香是回味的味道，尾韵是桃花的味道。啜着桃花酒，感觉一头扎进了桃花园。待桃花的味道在齿间散尽，脸上泛起了桃花晕。

除了以上颇成规模的鲜花宴代表商家，如今，云南人还将鲜花广泛运用到粥、茶、火锅之中。比如桥香园的菊花过桥米线，粉白的肉片，金黄的菊花，白嫩的鱼片，碧绿的葱花，红亮的椒油，制汤考究，吃法特异，滋味鲜甜清香，咸淡相宜，且鲜艳的黄色搭配在鸡汤中也十分漂亮，菊花米线也成为一种别致的吃法；比如花积厨推出的菊花火锅，让你在津津有味大块朵颐的麻辣鲜香中，感受菊花那种清凉解毒及美容的功效。

（二）水果菜

水果是一种老少皆宜、全民皆爱、四季通吃的食物，但是水果入菜在国内还比较少见，在热衷于养生的国外，水果入菜很早便已风靡。无论是蓝莓、杧果加入甜品，还是圣女果、凤梨参与正餐烹饪，都广受好评。2013 年，南京市的湖滨金陵饭店推出了创意水果菜，颇受市场青睐。如榴莲煲鸡、菠萝蜜焗肋排、红酒梨、莲雾芡实葛仙米等。水果菜是乡村休闲旅游餐饮业的一个代表性案例。水果入菜有以下 3 个方面的作用。

1. 调味

水果丰富的汁液和奇特的香味，能够为料理增添很多天然的香气。无论是搭配肉类还是蔬菜，都能够创造出与众不同的滋味和口感。有人可能会觉得水果的酸酸甜甜和油盐酱醋混合在一起很奇怪。但是，只要把握好度量，就是给菜肴画龙点睛，水果本身的浓郁香味不仅不会抢了料理的主风头，还能解腻，缓和“高温”出产下的料理的浓重口味。

2. 营养

水果含有丰富的营养，尤其是维生素。有些水果确实不适合煮，因为煮后会造成多酚的氧化和维生素 C 的流失，但是，也不是所有的水果都如此。有些水果，比如梨、山楂、苹果等，加热后会呈现出新的营养价值，具有润燥、通便、促进消化、保护虚弱肠胃等功效。养生和美味结合，是时下的饮食新理念。所以，将水果的元素加入传统中餐，或者西餐甜点，都是对料理在营养上的加分，更能博得消费者的青睐。

3. 美观

无论是讲究“色香味形”的中餐，还是摆盘精致的西餐，五颜六色的水果绝对是厨师们烹饪、装盘、摆饰的缪斯，其中的作用不可小觑。一个莲雾的小樽子，一片橙子的点缀，或者西柚汁的浇淋，都会对菜肴本身的美观起着很大的作用。起码从一开始，便能抓住食客的眼球，勾人食欲。

下面简单介绍榴莲煲鸡、菠萝蜜焗肋排、红酒梨、莲雾芡实葛仙米的做法。

（1）榴莲煲鸡

原料：榴莲肉160克，清远鸡650克，葱段，姜片，绍酒，盐，鸡汤，胡椒粉，黄、红椒块。

做法：首先，将鸡斩大块用绍酒、盐、胡椒粉腌一下。然后，旺火热锅把鸡块两面略煎黄，烹酒加鸡汤烧沸、放盐调味煮12分钟后，加榴莲块、甜椒块于砂煲中小火煲8分钟，待卤汁开始浓稠，榴莲香味从缝中溢出即可装盘。

（2）菠萝蜜焗肋排

原料：猪肋排1 500克，菠萝蜜肉200克，菠萝蜜汁150克，姜25克，葱25克，洋葱200克，干红椒5只，啤酒1瓶，盐、白胡椒粉、红曲米粉、冰糖碎、酱油及色拉油各适量。

做法：首先，斩好的肋排洗净，再加上葱、姜、盐、料酒、白胡椒粉腌渍备用；菠萝蜜切片备用。然后，将腌渍好的肋排过油，加入啤酒、盐、酱油，红曲米粉及汤烧滚后，加料包（煸香的洋葱、生姜、干辣椒）、菠萝蜜汁烧35分钟后加冰糖碎、菠萝蜜汁大火收汁，到快稠时弃料包，加菠萝蜜块翻炒出锅。

（3）红酒梨

原料：去皮去核雪梨6个，红葡萄酒750毫升，砂糖250克。

做法：砂糖加入红酒中煮溶，放入雪梨块，用中慢火加热煮至红酒滚起，续用小火慢煮至红酒汁呈糖浆状及雪梨变酥时，捞出梨放凉，淋上红酒糖浆，再搭配少许新奇士橙肉块，效果更好。

（4）莲雾芡实葛仙米

原料：大莲雾100克，新鲜芡实15克，葛仙米50克，天鼎汁100克。

做法：在莲雾大头1/3处切段，并沿边留5毫米一圈，中间割挖个半球形，然后用薄刀竖切2/3六刀，做成莲雾盅，在滚水中略烫捞出备用。留下的莲雾靠外表一面切比芡实略大的颗粒，其余榨汁；葛仙米用汤汁煮一次，并勾芡出锅，装入莲雾盅，最后用莲雾汁煮芡实，调好味，下莲雾粒翻炒出锅，与莲雾盅一起装盆上席。

第二节

民居生活的发展

住宿业是典型的传统服务业，即有偿为人们提供住宿场所。通常在住宿场所还提供诸如餐饮、清洁服务等一系列顾客需要的服务。住宿业的范畴比较大，不仅包括商务酒店、独家酒店、会议中心，也包括提供住宿服务的农庄、公寓楼、学校宿舍、招待所、寄宿处、敬老院等相关设施，同时还包括分时度假的共管产权式酒店、临时酒店以及邮轮、卧车等活动状况的住宿设施，甚至包括医院中的住院部。下面主要介绍住宿企业的差异要素和住宿企业的服务。

一、乡村休闲旅游特色民宿的分类

乡村休闲农业离不开民宿，国内外已有民宿的种类有多种样式，比如迪拜的豪华民宿酒店，莫干山的乡野民宿等。本文为契合乡村民宿主题，将民宿按功能及体验分类，可分为：

1. *农家体验民宿*

主要接待的是城市居民，在城市高压力的工作环境下，人们需要趁周末时间去调整，放松心态；相比之下，乡村闲暇、田园的生活体验成为了大部分城市居民优先选择的周末度假方式，结合农林牧渔体验加工活动，提供给游客乡村生活休闲体验。

2. *工艺体验民宿*

乡村生活着许多的民间手工艺人，传统工艺通过教学方式，满足游客的公益体验，比如刺绣、雕刻和剪纸等。

3. *民俗体验民宿*

民俗是人民传承文化中最贴切身心的生活的一种文化，包罗万象、兼容性强。“民俗+民宿”的模式，具有一定的时间性，人流量大，当地性，范围大等特征，提供游客民俗文化活动体验，不仅是对当地文化的宣传，还对地方经济的拉动具有显著的影响。

4. *自然体验民宿*

乡村的自然环境是显著区别于城市的人工环境，伴随城市化的进程，城市污染也随之增加，城市居民的生活环境也不同程度地遭到破坏，人们越来越向往田园的生活。自然体验是乡村独特的旅游卖点，民宿隐藏在自然环境中，人居住在其中，可以贴身接受大自然的洗礼，真实地感受舒适的“自然+城市生活方式”的民宿体验。

5. 运动体验民宿

以运动为主题的民宿系列，提供亲近自然的运动项目，比如登山、滑雪，骑马等颇具地方自然风貌特点的运动体验系列。此民宿类型更多地依赖自然环境因素，挖掘户外运动类型，增加游客户外体验感。

二、乡村休闲旅游特色民宿的发展

乡村特色民宿旅游指的是乡村村民利用自用住宅空闲房间，结合当地农业资源，生态环境和农村生活文化，为游客提供住宿、餐饮和相关活动的设备与服务。它不是传统农家乐的升级版，而是具有慢生活、家服务、趣体验等特点的新型休闲旅游方式。乡村民宿强调业主与乡村周边自然环境和地域特色相结合，对农村闲置房进行保护性更新，从而形成满足城市及周边地区居民对乡野生活体验需求的旅游街道场所，也可以是旅游目的地。

（一）特色民宿的经营模式

通过总结国内学者观点，将特色民宿的经营模式分为个体经营模式和合作经营模式。

1. 个体经营模式

个体经营可以细分为主业和副业两种经营模式。中国的民宿业首先是在台湾发展的，台湾民宿业的经营已经比较成熟了，也制定了相关的法律来规范民宿经营。其中，台湾出台的《民宿管理办法》中定义的民宿是以“家庭副业经营”模式，但中国大陆市场规模庞大，随着民宿业的不断升级，民宿市场逐渐扩大，现在的民宿已经不仅仅局限于传统民宿模式，而是强调地域特色。另外，现有的民宿已从原来的单一民宿经营演化成了民宿群或者多个民宿单元的经营方式。以业主经营为主体的民宿，房屋内绝大部分房间都供游客居住，其中发展较好的民宿会有自己的民宿品牌。民宿价格较一般的酒店或宾馆要高，但游客不再是单单的居住，更多的是游客与民宿主的互动及当地生活的体验，价位幅度小，客源市场更广泛。如北方的“山楂小院”、南方的“浮点禅隐”等。以副业经营方式的民宿，其基本位于城郊或乡村地区，经营者将自家的房屋进行改造升级，提供部分房间用于出租。此类民宿经营模式服务对象主要是城市居民，在周末或者节假日时段，提供简单的休闲娱乐放松场所。根据旅游的淡旺季走势，民宿价位幅度大，因需求在一定范围进行调整。

2. 合作经营模式

对于合作经营的民宿，主要有以下几种模式：

（1）“公司＋农户”模式

这种模式一般指一些有实力的企业或者旅游公司，在与政府达成协议后，统一对民宿地区进行管理与建设。依托现状地的自然环境、文化资源等，租赁较具特色的闲置房屋，与当地的居民签订用房合同或合作经营相关合同。同时，建立农村合作社培训机制，对农户进行统一管理培训，倡导本地居民踊跃参与到旅游活动中来，充分发挥居民对当地文化习俗熟知的优势，将其体现在旅游服务上，吸引游客体验独具当地特色的旅游服务。相对而言，公司需要负责旅游设施的投入建设与维护，以及加强对外营销宣传的工作，游客舒适的休闲体验，需要公司和农户相互依托，共同创造优质的旅游体验环境，促进当地旅游业的发展，增强地方传统文化的保护意识，从而带动小城镇的可持续发展。

（2）“农户 + 农户”模式

在乡村旅游发展初期，也是农家乐向民宿业过渡的时期，部分了解旅游市场信息且同时富有一定商业头脑的农户或返乡居民，为适应市场需求，率先开办了民宿，自发地将自己的房屋或购买闲置的房屋进行改造，提供游客住宿，一般依托景区或者产业园而建。这种模式的特点就是民宿建设属于自发行为，一旦民宿经营成功就会形成辐射效应，吸引周边的村民或者外来返乡人员加入到民宿业中来。这种模式下，游客更能真实感受乡村生活，满足游客田园式的生活体验。然而，这种模式下的民宿经营方式，通常不能形成产业规模，服务标准比较随性。

（3）“政府 + 农户”模式

政府为主导，通过大力支持及引导当地居民参与到旅游发展中来，鼓励居民在满足上位规划要求的前提下，进行房屋改造升级，用于民宿发展。而地方需为民宿的前期发展提供一定的资金支持，完善当地基础设施。同时，制定民宿旅游管理条例和办法，对民宿的经营许可资格、经营风格等方面进行约定，规范民宿经营条件，提升民宿旅游品质，控制市场秩序。

（4）“政府 + 公司 + 社区 + 农户”模式

政府主要职责有，一是负责发展地基础设施的建设和维护，二是负责制定民宿管理规范及相关法律法规。旅游公司经政府授权后，与社区进行合作，组织动员居民参与旅游发展建设，并由公司负责对参与的居民进行统一管理和培训，通过学习一些理论知识及实践技能，从而更好地服务于游客，其中，从事旅游活动的薪酬统一由旅游公司支付。

（二）特色民宿的发展战略

特色民宿的发展战略主要包括以整体定位打造民宿的住宿功能特色、以文化发展民宿住宿功能的类型、以科技提升民宿住宿功能的内涵、以艺术拓展民宿住宿功能的形式等方式。

1. 以整体定位打造民宿的住宿功能特色

住宿功能的发展空间大，发展样式多。其中，最直接最有效的便是根据民宿的整体定位，打造与民宿品牌相称的特色住宿服务，例如，杭州畲乡农庄会所度假木屋区，利用良好的生态环境提供原生态休闲。将清新雅致的住宿环境与乡村休闲旅游的体验服务、产品等功能相结合，形成一体化的乡村休闲旅游项目。

中国台湾的宜兰香格里拉休闲农场是体现住宿功能特色的典型例子，该农场海拔 250 米，四面环山，景色清丽，气候宜人，年平均气温 25℃，四季如春，终年适合游玩。该农场兼具采果、休闲、度假、生态等多功能，设有欧式森林小屋，周边遍植山花，住宿功能与项目定位相当契合，打造出香格里拉仙境般的住宿环境，有强烈的品牌效应。该乡村休闲旅游内设有清新雅致的住宿设施，共 106 间不同档次的乡野套房。在房间内可以一览农场的美景。而且对住宿旅客赠送景观果园门票，并可免费参加民俗活动。其住宿功能不局限于提供夜宿，而是将住宿功能与体验、产品功能相结合，整合出具备高度品牌意识的特色休闲旅游。

2. 以文化发展民宿住宿功能的类型

民宿的类型多样，不同类型的民宿如自然景观文化型、农田景观文化型、餐饮养生文化型、民俗风情文化型等，都有各自不同的文化背景和定位，在对其各功能的发展时，要针对其自身的文化内涵与格调，量身定做不同的个性化方案。

（1）自然景观文化型

自然景观文化型民宿远离城市，自然生态良好，是城市游客回归自然的好去处。该类型农家乐的文化特点是空气指数好、污染指数低、环境淳朴自然。在住宿功能的创新发展中，不能破坏自然生态的优势，客房外墙可种植攀缘植物，让住宿环境与自然环境融汇在一起。客房外走道处可摆放园林特色盆景。客房内部可陈设小型花卉、盆景。卫生间内可摆放绿色植物清新空气。客房内墙可贴园林特色的花卉、苗木墙纸，既环保又自然。该类民宿一般依山傍水，周围自然景观便是最大的特色，根据这一文化特点，项目的住宿功能也可兼顾景点介绍，在客房内可放置大量旅游景点的介绍，交通等攻略。例如，浙江省安吉蓝海养生温泉项目，坐落于安吉天子湖畔，项目四面群山环抱，风景怡人。该项目依赖良好的自然地理环境优势，以养生为主题，以温泉为特色经营，设有温泉溶洞客房。该客房内部设计以溶洞为主题，加上私人温泉的特色，相当契合项目当地四面环山的自然景观文化特色。另外，有一些项目，依赖湖泊的自然资源，在水面建造独立的水上小木屋，营造出清幽、自然的氛围，同时也充分保护了游客的私隐，让游客在完全放松的情况下享受自然度假之旅。

（2）农田景观文化型

农田景观文化型民宿以花卉、盆景、苗木、果品为特色项目，提供农家菜品、果品、农特产等吸引游客前来观光、赏景、休闲。此类项目可采用小木屋形式，客房周围再布置小片农田围绕，别有一番风味。在客房内盛放些当季现摘的水果供游客食用，让住客感受到乡村休闲旅游项目主人的热诚。果品收成旺季时，可提供创意果品（如水果馅饼）作为早餐提供给住客。以日本笠间市某民宿为例，该民宿距离东京约两个小时，在规划完善的民宿里，种植了花、草、蔬、果。住宿区为小木屋设计，设施约占1/10，通道与给水设施完备，住宿空间设计有前门小阳台、客厅、卧室、厨房、浴室等。小木屋被农田围绕，住宿在这里，一推开门映入眼帘的便是小有规模的瓜果农田。游客身心被自然环抱，或许会让暂住于此的都市人忘却自己的真实身份，全身心投入“乡野农夫”的角色中去，享受蔬菜瓜果自给自足的惬意生活，真正达到舒缓压力的作用。

（3）餐饮养生文化型

餐饮养生文化型民宿利用当地的农副产品吸引游客前来品尝农家菜，达到养生健身的目的。这类民宿重在餐饮养生。抓住该特点，在客房内放置养身菜品介绍，提供点菜配送入客房等贴心服务。也可将养生特色菜制成半成品，装入礼盒供住客外带。针对民宿的购物等功能，在客房内应设有多柜多箱以及购物清单等便民措施。对需冷藏的农产品，客房部提供冰柜等冷藏服务。这类民宿多为多功能项目，游客一般为中高层消费者。在住宿功能上要相对豪华，在客房外部设计与主题相统一的同时，客房内部设计可相对奢华。

（4）民俗风情文化型

民俗风情文化型民宿以民俗风情村寨为特色。利用当地民俗文化、民族文化和村寨建筑吸引游客。该类型民宿民俗特色与众不同，文化内涵深刻。将深刻文化底蕴融入住宿功能，定会收获丰盛。住宿客房的设计需与民俗风情相统一，客房走道以民俗小品作装饰。客房内部以民俗挂饰、风景画作装饰。在住宿功能个性化过程中，应以介绍当地乡村文化、自然风光为主。房内摆放些景点宣传册等刊物。住宿退房时赠以民俗配饰做馈礼，既可以让住客留念加深印象，增加重游率，又可增加潜在游客。

此外，为增加游客重游率，吸引不同层次的游客，住宿标准可分层分类。根据各自具体的文化特征，划分不同级别的住宿功能。客房不必千篇一律，可各有主题、各有特色。例如，将住宿区划分为四区，分别以“春、夏、秋、冬”四季当地观赏植物的特征作为客房特色，可用这些植物做摆设、小品、挂饰等。

3. 以科技提升民宿住宿功能的内涵

民宿虽以农为基础，却不是传统农业的简单缩影。民宿作为现代乡村休闲旅游的重要组成部分，必须依靠现代科技的力量，才能转变农业经济生产方式，让民宿又好又快发展。将现代科技如现代网络科技、现代农业科技等与住宿功能的发展相结合，可以吸引更多年轻游客入住。

（1）现代网络科技

进入移动互联网时代，“在线”成为无数年轻人的习惯。住宿部提供 Wifi 服务对于一个高品质的现代民宿而言是必不可少的。当一天的游玩观赏结束之后，躺在客房内的游客，特别是年轻游客，会使用手机或者其他移动终端进入网络，发微博、发“朋友圈”，分享一天的游乐心得与感想。这种人际关系网络的分享，在吸引游客的方面会发挥巨大的作用。另外，在客房内提供 USB 充电接口和各种手机的充电器，也会获得年轻旅客的好感。

（2）现代农业科技

一个有创意的住宿环境，可以将农业用材融入现代科技的成分。例如，某些柴草热水器，只需要“柴、草”等各种生物质资源，通过气化燃烧原理，点火即有热水，随用随烧。其适应性强、安全性高，高效节能且成本低。这样在城市中不曾使用过的游客会感到惊喜与兴奋。

4. 以艺术拓展民宿住宿功能的形式

艺术是提升民宿水准境界的必经之路。艺术作为一种文化现象，为满足主观与情感的需求，亦是日常生活进行娱乐的特殊方式。各种民宿之间的住宿功能要形成差异化、个性化，可依托艺术的不同表现形式来塑造，例如，文字、绘画、雕塑、建筑、音乐等。

（1）音乐创意

根据不同类型、不同文化内涵的民宿，在客房入口处与走道间播放与该民宿特色相符的音乐，让耳朵也进入大自然的怀抱，让心神都走近民宿。

（2）建筑创意

民宿的住宿建筑可根据不同类型，设计成不同风格，而不是单调的建筑。如欧式、藏式、水上小屋，甚至是帐篷等。

（3）绘画创意

结合民宿的特色，在住宿外立面上进行绘画创作，也可作为小品、摆设添置于客房内外的走道两边。用来激发游客对于民宿的情感与归属感。如住宿部的外墙上涂上与民宿风格相一致的民间涂鸦（有农家鸡鸭等形象，也有农家过节欢聚愉快氛围的写实），画风及主题都结合了“农”字的特色，却不失创意个性，能给人留下深刻的印象。

三、经典案例分析

1. 慕吉云溪山居

位于派潭镇樟洞坑村的慕吉云溪山居是广东首个生态度假民宿群落，由废旧的民房改建为客家别墅，背靠青山，溪水环流。民宿房屋与自然风光和谐融合，当中还有富有客家传统特色的围屋。慕吉酒店投资管理有限公司负责人介绍，酒店经常举行各种传统文化沙龙活动，除了客家山歌表演，还有当地非物质文化遗产舞春牛、舞貔貅等表演活动。除挖掘当地特色传统文化，慕吉云溪山居还利用当地丰富的农耕资源，和当地农户合作发展各种农副产品的采摘项目，为村民搭建良好的销售平台。

2. 云夕戴家山民宿

云夕戴家山位于杭州桐庐莪山畲族乡新丰村。那里的山上有一个仅有 38 户人家的小村庄。村庄虽小，人文气息却非常浓厚，更有一家被 CNN 评为“中国最美的书店”。它也是南京先锋书店的分店之一。斑驳的土墙，透明的玻璃，有一种城市与乡村之间的碰撞感。住在这儿的人，没事看看书，会有一种悠然自得的感觉。畲乡人热情好客，走在村子里，迎面走来的都是一张张和气微笑的脸庞。再看看远处无尽的大山，近处屋瓦上飘出的炊烟、清澈的溪流、小块的菜地和大片的竹林，还未入住就颇为欢愉。

3. 碧山村猪栏酒吧

碧山村离黟县县城只有几里路，在它的周围有旅游风景区宏村、西递等地，也许正是这些地方的光芒遮挡住碧山，让它竟有了“大隐隐于市”的庆幸。碧山村最大的优势就是没有被发展，相对保持了农耕文明、自然生态，以及淳朴的民风。它名为酒吧，实为“吃喝住玩”为一体的乡村客栈。这个酒吧是上海诗人郑小光夫妇开的，因为他们太爱皖南乡村的风景，几年前夫妻俩就来这里买了老房子，并按自己的审美眼光进行装修。这座老房子原来是“碧山油厂”的旧址，郑小光要做的就是原汁原味地保留，比如厅堂天窗下面“人民公社好”几个红油漆大字，比如院子里那个巨大的榨油的石碾子，比如那个用于生产的工棚，这些活生生的历史符号，承载变迁的沧桑岁月。他们爱旧物这一点，在猪栏酒吧里处处可以体现。

4. 青岛微澜山居

微澜山居，取自陆机《招隐》里的一句诗：“芳兰振蕙叶，玉泉涌微澜”。就像这句诗一样，山居整体就位于山间，点缀在山石和水塘中，被山林包围，整体就透露着一股与世无争、宁静致远的格调。最近，微澜山居刚刚获得“2017 最佳隐士居所”称号，乍一听这个称号挺神秘，当你真正身处山居时，发现它的确有一种莫名的力量可以让整个人都沉静下来，叫它隐士居所，名副其实。

从青岛市区驱车不到 1 小时，走到崂山仰口风景区的旁边，过一个小桥，沿阶梯拾级而上，灰瓦白墙的小筑跃然眼前。开门见山，是青郁郁的连环；推窗见绿，是翠盈盈的起伏铺展。巨幅挑空的飘窗，也多了层玉的质感。脚下那碧湛湛的海，从不同的角度望过去，或凝成一弯，或瘦成一线……朴宿微澜山居作为青岛首家真正意义的精品民宿悄然面世，开启了青岛民宿时代。

微澜山居最棒的其实是空间感，坐在顶楼全透明落地玻璃茶室，树荫过滤掉太猛烈的日光撒进房间里的，都是温柔光线。山居的日子才不单调。微澜山居有专门的取水来源，当地的好水配当地的好茶再好不过。茶香怡人，回甘无穷。这样的日子充实又饱满。

5. 南山山鬼民宿

山鬼民宿位于重庆市南岸区南山公园北路24号。民宿的名字源于屈原的作品《九歌·山鬼》，大概是山鬼在山上美景中与心上人幽会及再次等待心上人的故事。山鬼民宿建在南山山顶，是一座几乎全玻璃的大宅，全玻璃的设计给人一种梦幻的感觉，被满山葱葱的绿色围绕，游客住在里面有一种一览众山小的感觉，随意拍一张照都很有“INS 风”，微风的晚上可以数着星星入睡。

第三节

交通生活的发展

旅游交通业是旅游业的三大支柱之一，从旅游交通的空间范围大小来看，旅游交通可以分为两大类，一类是旅游景区的外部交通，主要交通工具包括飞机、火车、高铁、旅游大巴、自驾车、轮船等；另一类是旅游景区内部交通，乡村休闲旅游的交通主要指乡村休闲旅游园区的内部交通。乡村休闲旅游园区内的道路和沟渠，不仅是连接不同场景的线性单元，也是农业园区景观的视觉走廊。它可以将不同的景点和背景组成景观序列，例如，田成方、林成网、路相通、渠相连，各要素组合井然有序、脉络清晰、标志鲜明，结合着天际优美的轮廓，能够带给旅游者活动的便利和视觉的美感。

一、乡村休闲旅游交通的分类

在日常生活中可采取的交通方式主要为航空运输、铁路运输、水路运输、公路运输以及景区内的特种旅游交通。而常见的公共交通方式主要包括航空运输、铁路运输、水路运输以及轻轨、巴士、出租车、公共汽车、快速公交和公共自行车。多元的交通方式可以分担区域的交通压力，但当前许多乡村可行的公共交通方式过于单一，因此有必要丰富公共交通方式来增强公共交通的承载能力。乡村旅游地是旅游地的一种类型，多位于乡村地区，以极具乡村性的自然和人文景观为旅游吸引物。乡村的地理位置既促进了其乡村旅游的发展，也限制了区域的交通条件。我国乡村旅游地区多依山而立，航空运输和铁路运输还未出现，因此客运中心成为地区内外交通网络的唯一交通枢纽。交通是乡村旅游发展的先决条件，只有良好的通达性才能更好地占有市场，拥有更多的潜在消费者。仅以一种交通方式难以负担与其他地区的人员流动，因此地区政府必须加以重视，大力发展铁路运输和航空运输，以加大地区与外界的联系，并加强地区运输能力，尤其是应对短期内高负荷的承载运输需求。如在特定时间内加开班车，设置流动服务车队等。

乡村休闲旅游园区的交通要素主要包括陆地交通道路、水道、桥梁、索道和观光电梯、空中交通、交通工具以及停车场等。

1. 陆地交通道路

乡村休闲旅游园区的陆地交通道路主要有两种类型，一类是公路，可以行驶车辆；另一类是步道，供旅游者步行游览。由于道路建设可能对生态环境造成影响，如占用土地、砍伐树木、尾气噪声污染、妨碍动物生活等；同时也对旅游者的体验造成影响，助长“走马观花”的旅游模式，并且不利于增加旅游者的消费，提高效益。所以，一般来说在景观核心区不宜建设道路，在非核心区建设的道路，也应该选择无须砍伐太多古树名木或破坏古迹名胜的地方。道路要尽可能考虑对生态环境的影响，避开景观视线，减少对景观的损害。同时，在道路的两旁要加强绿化、美化，可以适当建设小品，按景观路、生态路、文化路、交通路四路合一来设计。要充分考虑道路的安全性，选择适当的宽度、坡度和硬度，路面颜色要和周边景观协调。乡村休闲旅游园区里大量使用的是步道，步道设计的一个重点是选址，这和游览线路的设计有关。步道设计不宜过宽，在色彩、质感方面要与环境协调。在材料使用上应以本土材料为主，兼用现代材料，现代材料模仿的树木、古砖等往往可以达到以假乱真的程度。在步道设计中可以适当穿插一些花样，如洞、梯、桥、汀步等。如美国黄石国家公园中有一处必须从一棵古树中穿过，别具匠心。步道建设还要考虑不同人群的需要，特别是要照顾到老弱病残等特殊群体。步道建设也要和景观、游憩设施建设结合起来，使旅游者行、停两便。

2. 水道

水道与道路相比，水道最重要的功能往往不是交通，而是观景和娱乐。大多数景区的水域都有水上项目，如武夷山九曲溪的竹筏、张家界金鞭溪的漂流。水道建设必须考虑污染问题，一般不能在生活水源中进行水上活动，在水质保护严格的区域可以采用环保船只。

3. 桥梁

乡村休闲旅游园区如果需要修建多座桥梁，可设计形态多样、风格各异的平板桥和拱桥，建筑材料采用石质、钢筋混凝土、竹木或仿竹木结构，水流平缓区采用布设汀步方式来帮助游人过河。汀步顶部底部平整，出水不宜过高。

4. 索道和观光电梯

目前在全国很多景区内都建有索道，一些景区的收入甚至主要来源于索道收入。人们对于索道是爱恨交加，争议较大，但索道的存在自有其价值。索道不仅提供交通便利，而且也提供了新的观景视角；但索道也会对景区生态环境、旅游资源价值、旅游者消费方式等造成一定影响。从历史辩证法的角度来看，在不同历史阶段人们对于索道可能会持不同的看法，所以建设索道必须慎重。

5. 空中交通

空中交通包括热气球、直升机等。欧美一些滑雪胜地常用直升机将旅游者送上山顶，然后再滑下来，但这一方式国内较少采用。直升机的安全性、价格昂贵、噪声污染、起降空间、空中管制、驾驶人才等都是制约直升机交通发展的因素。虽然热气球得到了更多的使用，但是热气球也存在很多和直升机类似的问题。

6. 交通工具

乡村休闲旅游园区中可选用的交通工具较多，如电瓶车、自行车、船等。电瓶车是景区内使用得最为广泛的一种交通工具，它的优点是污染较少、上下方便、舒适安全、适宜观光。

7. 停车场

乡村休闲旅游园区的停车场应设置在服务区，在饭店、宾馆、干支线重点及重要停车点附近也应有不同规模停车场。

二、乡村休闲旅游交通的发展

（一）乡村休闲旅游交通的发展模式

乡村休闲旅游园区道路系统主要由各级公路、游步道、停车场以及桥梁等辅助基础设施构成。游道不仅起到连接各项目点的作用，也是确定项目环境容量的依据。从景观生态学的角度来看，道路是景观的廊道，其增加景观的破碎化，从而破坏了景观的稳定性。

（二）乡村休闲旅游交通的发展战略

1. 建设即时通信的公交信息系统

通信、电子、多媒体和计算机网络技术应用在交通系统中，产生了先进的交通信息系统。可以为乘客提供完整的道路交通线网和其他出行信息。如车辆出发前的信息、驾驶员信息、路程推荐及导航信息、交通动态流向等。这些信息可以有效防止交通堵塞的进一步严重，实现各个路段交通流量的合理分配，并降低了车辆延误和事故的发生率，提升了整个公共交通系统的整体效率，促进了公共交通结构合理化。同时，在公交运行系统中加入自动定位系统就可以监测公交车辆的具体位置，实现乘客对车辆信息的实时查询。还应尽早推出具有当地特色的公交 IC 卡，或在公交车辆上安装关联热门移动支付平台的设备，实现旅游者的“无纸币化”出游。并推出具有纪念价值的游客公交 IC 卡，如特定村落照片或个人定制图像。通过预定、邮寄或现场领取的方式在旅游活动前交给旅游者，并根据再游次数，为旅游者设置一定比例的优惠。

2. 引导低碳绿色出行方式

旅游者进行乡村旅游的目的是希望通过与自然的接触获得身心上的放松，因此乡村旅游的发展是建立在对当地生态与资源环境进行保护的情况下的。但随着乡村旅游的不断发展，无论是旅游发展还是游客的旅游活动都一定程度上对目的地村落的生态环境造成了污染。为避免对目的地村落的资源、环境造成不可修复的伤害，无论从旅游发展还是旅游者本身都应该勇于承担社会责任，保护美丽乡村。

3. 注重交通的文化内涵和体验性

（1）注重交通的文化内涵

交通是人类在自然界中留下的痕迹，它体现着建设者的意志和情感，体现着以人为本的理念和人性化的关怀，具有文化内涵和审美要素。因此，交通的设计可以紧紧围绕其功能的发挥，结合每个旅游区的实际情况，在充分发挥使用功能的基础上，进行合理的规划建设，追求其生态性和审美性的最佳效果。如河南省新郑黄帝文化园景区的公交路线有叫“黄帝专线”，车上涂上旅游标徽等。在景区内使用指南车形状的代步车辆，不仅和黄帝文化紧密结合，而且是一道独特的景观。另外，像海南省南山佛教文化旅游区的电瓶车根据景区主题进行佛教文化的包装。西宁至拉萨的旅游列车，更是根据青藏高原的自然环境和藏文化包装车厢，成为体现文化内涵的典型案例。

（2）提供特殊体验的交通

在乡村旅游规划中，应尽可能增加出行的乡土性，可在保持交通工具干净、整洁、安全的前提下，使用传统的牛车、马车、驴车、骆驼、大象等畜力交通工具，行走在乡野气息浓郁的羊肠小道，充分地体验和了解中国的农业文化。趣味性的交通工具，如造型各异的游览车、古代欧式马车、吉普赛大篷车、老爷车、单桨木船、橡皮筏等也会给游客以新鲜的感受；观光游览区要控制游程的节奏，张弛有致，休闲设施和观光游览交错设计，并在交通工具上进行创新。例如，各种绳木游乐设施，所有设施均以木头和绳子为主要材质，不用任何动力，如攀岩架、横梯、竖梯、吊床、网梯，设计一段让游客通过网梯爬到树屋中进行动物观察的体验足以令游客印象深刻；张家界大峡谷的全透明玻璃桥是体验交通创意的典范之作，游客必须克服胆怯才能在玻璃桥上将脚下 400 米处的谷底全景尽收眼底。

三、经典案例分析

1. 美国的 Spruce Creek 低空旅游

美国的 Spruce Creek 航空小镇，位于美国佛罗里达州，是美国规模最大的、最典型的航空小镇（airpark）。这里坐落着风格各异的房屋，而每一栋房屋门前都停放着 1 架或 1 架以上的飞机。房屋门前的大道直通毗邻小区的一条修葺完整的飞机跑道，跑道上不时地会有飞机起飞或降落。

Spruce Creek 机场的前身是修建于 1943 年的美国海军机场，在第二次世界大战后移交地方政府，并于 20 世纪 70 年代出售给私人所有并进行了商业发展。机场目前拥有一条 1 214 米跑道，2 家 FBO，600 余栋带有机库并与机场跑道相连的别墅，一个锦标赛级高尔夫球场，多家高级餐厅和俱乐部。航空小镇提供的这种独特的生活方式吸引着越来越多的飞行爱好者，而在这里居住也在某种程度上成为富人的象征。但其实住在这里的人并非都是极为富有的人，很多都是中产阶级，包括飞行员、空管人员、商人、律师或退休人员等各行各业的飞行爱好者，许多社会名流们也都非常享受飞行社区的生活方式和私密性。多产业的复合发展，形成“低空 +”的产业发展格局，让低空旅游获得良性发展和广阔前景。

2. 布里斯托的热气球旅游

布里斯托是位于英格兰西部的海滨城市，环境优美、气候宜人、文化多元，是英国重要的旅游城市之一。Bristol International Balloon Fiesta（布里斯托国际热气球节），是英国最大的 5 个户外活动盛事之一，每年八月左右都会有数百只热气球来布里斯托参与这个拥有三十多年历史的热气球节，遨游于美丽的英伦田园风光之中。最特别的景观是晚上的“night glow”（点灯仪式），气球会被点燃发动，然后随着音乐明灭律动，夜空中的浪漫场景令人惊艳。

3. 白石山悬空玻璃栈道

白石山位于河北省涞源县城南 15 千米，拥有全国独一无二的大理岩峰林地貌。白石山悬空玻璃栈道，位于白石山景区，是国内最长、最宽的悬空玻璃栈道。建设长度为 1.3 千米的白石画廊游线，并在这条游览步道支线上建设了全长 95 米左右、宽 2 米、海拔最高达 1 900 米的悬空玻璃栈道。栈道位于白石画廊的双雄石至飞云口绝壁栈道 1.5 千米处。走在玻璃栈道上不仅能感受步步惊心、如腾云驾雾般的绝壁悬崖行走，更能完美欣赏到白石山“雄秀双并融，一山兼四季”的美景。

4. 武夷大峡谷漂流

武夷大峡谷为九曲溪上游一段，全长达 40 余千米，从皮坑口至大王宫约 14 千米，距风景区 28 千米。峡谷相对落差 300 米，因受桐木溪—大竹岚断裂带构造控制和水流强烈切割发育，形成近西东向大峡谷地，谷地深切 500 米以上，沿谷峰峦，悬崖绝壁绵延起伏。山谷内山回水转，水抱山流，两岸群峰耸立，万木叠翠，沿途怪石嶙峋，急流险滩遍布，飞瀑流泉高挂，溪水清澈见底，鱼石相映成趣。从大峡谷 28 千米处起漂，至大王宫上岸，全程长 6 千米，约需 80 分钟。跳上皮划艇，人便“坐”在水面上，任手中的桨、大峡谷的风、身后的急流拥推向前，开始一段大自然最完美的体验，享受大自然赋予的宁静、舒坦的惬意。当然，游人还可以击涛搏浪，寻求大峡谷漂流的刺激。

第四章

乡村休闲旅游生态的发展

CHAPER

04

第一节

高效生态农业概述

一、高效生态农业内涵与特点

（一）高效生态农业的内涵

1. 生态农业的起源

生态农业思想起源于古老的中国，中国自春秋时期就懂得用地养地的道理，以及物理杀虫、人工除草等做法。1924 年生态农业在欧洲才兴起，20 世纪 30 ～ 40 年代在瑞士、英国、日本等得到发展；60 年代欧洲的许多农场转向生态耕作，70 年代末东南亚地区开始研究生态农业；至 20 世纪 90 年代，世界各国均有了较大发展。建设生态农业，走可持续发展的道路已成为世界各国农业发展的共同选择。

生态农业是世界农业发展史上的一次重大变革。纵观人类一万余年的农业发展史，大体上经历了三个发展阶段：一是原始农业，约 7 000 年；二是传统农业，约 3 000 年；三是现代农业，距今约 200 年。

20 世纪 70 年代以来，越来越多的人注意到，现代农业在给人们带来高效的劳动生产率和丰富的物质产品的同时，也造成了生态危机——土壤侵蚀、化肥和农药用量上升、能源危机加剧、环境污染等。

面对以上问题，各国开始探索农业发展的新途径和新模式。而高效生态农业为农业发展指明了正确的方向。

2. 生态农业的内涵

生态农业，是按照生态学原理和经济学原理，运用现代科学技术成果和现代管理手段，以及传统农业的有效经验建立起来的，能获得较高的经济效益、生态效益和社会效益的现代化高效农业。它要求把发展粮食与多种经济作物生产，发展大田种植与林、牧、副、渔业，发展大农业与第二、三产业结合起来，利用传统农业精华和现代科技成果，通过人工设计生态工程、协调发展与环境之间、资源利用与保护之间的矛盾，形成生态上与经济上两个良性循环，经济、生态、社会三大效益的统一。随着中国城市化进程的加速和交通快速发展，生态农业的发展空间将得到进一步深化发展。生态农业是相对于石油农业提出的概念，是一个原则性的模式而不是严格的标准。而绿色食品所具备的条件是有严格标准的，包括：绿色食品生态环境质量标准；绿色食品生产操作规程；产品必须符合绿色食品标准；绿色食品包装贮运标准。所以并不是生态农业产出的就是绿色食品。生态农业是一个农业生态经济复合系统，将农业生态系统同农业经济系统综合统一起来，以取得最大的生态经济整体效益。它也是农、林、牧、副、渔各业综合起来的大农业，又是农业种植、养殖、加工、销售、旅游综合起来，适应市场经济发展的现代农业。生态农业是以生态学理论为主导，运用系统工程方法，以合理利用农业自然资源和保护良好的生态环境为前提，因地制宜地规划、组织和进行农业生产的一种农业。是20世纪60年代末期作为“石油农业”的对立面而出现的概念，被认为是继石油农业之后世界农业发展的一个重要阶段。主要是通过提高太阳能的固定率和利用率、生物能的转化率、废弃物的再循环利用率等，促进物质在农业生态系统内部的循环利用和多次重复利用，以尽可能少的投入，求得尽可能多的产出，并获得生产发展、能源再利用、生态环境保护、经济效益等相统一的综合性效果，使农业生产处于良性循环中。

生态农业不同于一般农业，它不仅避免了石油农业的弊端，并发挥其优越性。通过适量施用化肥和低毒高效农药等，突破传统农业的局限性，但又保持其精耕细作、施用有机肥、间作套种等优良传统。它既是有机农业与无机农业相结合的综合体，又是一个庞大的综合系统工程和高效的、复杂的人工生态系统以及先进的农业生产体系。以生态经济系统原理为指导建立起来的资源、环境、效率、效益兼顾的综合性农业生产体系。中国的生态农业包括农、林、牧、副、渔和某些乡镇企业在内的多成分、多层次、多部门相结合的复合农业系统。20世纪70年代主要措施是实行粮、豆轮作，混种牧草，混合放牧，增施有机肥，采用生物防治，实行少免耕，减少化肥、农药、机械的投入等。

80年代创造了许多具有明显增产增收效益的生态农业模式，如稻田养鱼、稻田养萍，林粮、林果、林药间作的主体农业模式，农、林、牧结合，粮、桑、渔结合，种、养、加结合等复合生态系统模式，鸡粪喂猪、猪粪喂鱼等有机废物多级综合利用的模式。生态农业的生产以资源的永续利用和生态环境保护为重要前提，根据生物与环境相协调适应、物种优化组合、能量物质高效率运转、输入输出平衡等原理，运用系统工程方法，依靠现代科学技术和社会经济信息的输入组织生产。通过食物链网络化、农业废弃物资源化，充分发挥资源潜力和物种多样性优势，建立良性物质循环体系，促进农业持续稳定地发展，实现经济、社会、生态效益的统一。因此，生态农业是一种知识密集型的现代农业体系，是农业发展的新型模式。

3. 高效生态农业的内涵

高效生态农业，是在生态农业保护、改善农业生态环境的前提下，遵循生态学、生态经济学规律，运用系统工程方法和现代科学技术，将集约化经营与生态化生产有机耦合的农业发展模式。它以市场绿色消费需求为导向，以提高农业市场竞争力和可持续发展能力为核心，兼有高产高效与优质安全的特征。

高效生态农业既区别于高投入、高产出、高土地生产率的“石油农业”，也区别于纯天然、自循环、低劳动生产率的有机农业。与自然生态农业相比，它是既偏重维护自然生态平衡，又注重实现高产出目标的农业发展形态与技术体系。

目前，我国高效生态农业发展面临资源与环境双重压力。面对新的挑战，为顺应新的发展，必须结合各地乡村实际，促进一二三产业融合，推动乡村供给侧结构性改革——这是当前与未来相当长时期内我国发展现代农业迫切需要破解的重大问题。

在农业水资源利用方面，人们往往关注水资源能否满足农业生产需要，而对其水质却关注不够。随着工业化、城镇化进程的加快，越来越多的优质水资源配置到工业产业、城镇生活领域；而农业生产用水则面临着水质不达标等越来越严峻的形势。分析导致水资源污染的原因，农业生产用水不仅受工业企业污染排放影响，也有农业自身不规范使用化学品所致，例如过量或低效利用化肥、农药、除草剂、杀虫剂，随意丢弃农药、除草剂、杀虫剂等包装物污染水源。当然，更直接的原因还有农村规模化养殖过程中的废弃物排放。可见，实施高效生态农业的关键环节是农牧产业废弃物的循环利用，以此来有效减少污染源。

相关资料显示，在我国耕地资源构成中，优质耕地面积所占比例仅为2.9%，而且在工业化、城镇化背景下，这一比例还在下降。在优质耕地资源严重不足的同时，耕地污染日益严重，尤其是重金属污染，正由大气、水体向土壤转移。在开展治理时，特别是推行承包土地确权颁证后，由于在分散耕地上从事生产经营的农户行动难以统一，必然会对物理防控、生物防治尤其是发展高效生态农业的新技术推广构成障碍。

因此，要解决耕地污染和水污染等问题，仅依靠高科技远远不够，因为许多土壤污染本身就是不合理使用化学品造成的，此时兼顾合理经营与科学管理会产生更好的治理效果。

（二）高效生态农业的特点

1. 高效性

生态农业凭借其循环、再生的综合性，通过物质循环和能量多层次综合利用和系列化深加工，实行废弃物资源化利用，降低农业成本，提高了农民的增值收益，加快了农业生产的效率，同时改变了局部农业产业结构。为农村大量剩余劳动力创造农业内部就业机会，保护农民从事农业的积极性。

2. 多样性

我国地域辽阔，各地自然条件、资源基础、经济与社会发展水平差异较大，生态农业应根据不同地区所具有的不同条件，因地制宜分析，充分吸收我国传统农业精华，运用现代科学技术和系统工程方法，在农业生产中采用多种生态模式、生态工程和丰富多彩的技术类型，使各个区域农业生产都能充分发挥本地区优势，扬长避短，各产业都根据社会需要与当地实际协调发展。

3. 综合性

生态系统的综合性，主要是坚持以农业整体为中心，协调生态、经济和社会三方效益，实现资源的循环利用和能源的再生，以达到调节整个农业产业结构的目的。生态农业强调发挥农业生态系统的整体功能，以大农业为出发点，按“整体、协调、循环、再生”的原则，全面规划，调整和优化农业结构，使农、林、牧、副、渔各业和农村一二三产业综合发展，并使各产业之间互相支持，相得益彰，提高综合生产能力。

4. 持续性

生态农业坚持农业经济发展与生态环境建设相结合，在保护和改善生态环境、维护生态平衡、减少资源消耗、防治环境污染、固碳减排、提高农产品质量和安全性等方面具有重要意义。生态农业把农业和农村经济的常规发展转变为持续发展，将经济发展与环境建设紧密结合起来，更注重农业生产与生态环境相互协调。在最大限度地满足人们对农产品日益增长的需求的同时，提高生态系统的稳定性和持续性，增强农业发展后劲。

5. 开放性

生态农业的发展模式，要求农业生产是可持续性的社会效益最大化的，这就要求我们必须从封闭式的自给自足、小富即安的小农心态中跳出来，从环境有序度不断降低的恶性循环中跳出来，将生产和流通环节有效疏通，扩大农业系统的物流和信息沟通，不断强化农业生产的外部环境与之相互交换，以促进发展农业商品化和农业系统的有序性，最终实现农产品的商品率的提高，形成人口资源市场的开放型农业体系。

6. 产业化

生态农业是以产业化经营为理念的高效农业。社会主义市场经济下，农业经济生产规模小、分散化程度高的特点，使其不能很好地适应市场经济发展的要求，市场经济的快速发展和小农经济的碎片化发展模式间的矛盾越来越突出。高效农业的产业化经营模式成为了生态农业发展的重要内容和发展趋势。

生态农业产业化是以市场需求为导向，以人与自然和谐发展为目标，依托本地生态资源优势，对生态农业进行区域化战略布局、专业化规模生产建设、系列化生产加工及经营以及经济管理一体化进行优化布局，走出一条符合“三农”、经济、社会、环境协调发展的具有中国特色的现代生态农业发展模式。

二、发展高效生态农业的意义

我国生态农业兴起于20世纪70年代末，20世纪90年代全面展开。强调以协调人与自然的关系来促进农业和农村经济社会的可持续发展。倡导坚持整体、协调、循环、再生的原理，实现生态经济良性循环和资源高效利用。它是把农村经济发展、农业生产及环境保护协调为一个整体的新型综合性农业体系。多年来的建设实践已经证明，我国依据区域资源优势发展生态农业，在强化农业主导产业的同时，促进了农业产业的多样化，从而提高了水土资源利用和废弃物的循环利用效率，实现了经济、环境效益同步增长。

因此，发展高效生态农业意义深远，是实现可持续发展、保护农村生态环境，提高农业资源利用率的有效途径。

1. 推动农业发展，引导农民增收

发展生态农业有助于提高单位土地经济效益。依赖化学肥料的粗放式的种地办法，产量相对较高，但价格便宜，容易受市场行情的影响，资源浪费相对严重。要提高单位土地的经济效益，有两种办法，一是继续扩大土地生产规模，质量不提高价格不改变，让经营者从数量上有利可图；二是提高农业产品质量，提高价位，使农业不减产，增加单位面积的土地经济效益，从数量和质量两方面受益。这样一来，消费者购买了放心食品，保护了自身与家人健康，生产者也增加了收入，更愿意向土地投入优质劳动，可以说是两全其美。

2. 可以带动第三产业发展

目前，一些地区正在大力推进生态农业的发展，从中尝到了不少甜头。如国家集中连片地区秦巴山区，主打“绿色环保”牌，倡导生产无公害农产品，不但为不少农业企业拓展了销路，还使农产品价格得到了大幅提升，进一步增加了农产品的效益。同时，依托生态农产品，生态旅游得到发展，农业对第三产业的带动作用更加凸显。

3. 改善农业生产环境，有利于人类健康

从长远的眼光来看，生态农业的发展，将能从根本上解决农村环境破坏的问题。过去，人们片面地追求产量，在农产品生产过程中大量使用农药和化肥，导致土地和水质污染严重，这种污染具有长期的破坏性，随着农产品的供给侧向生态、绿色转变，必将大大减少农药和化肥的用量，从而改善土地的污染，提高土地生产的可持续性。生态农业要让农业生态环境更加优美、人与自然和谐共生、元素循环再生，达到生态平衡，保持物种多样性，大大减少乃至杜绝农药、化肥、抗生素、人工合成激素的使用量，让大部分化肥被作物吸收而不是污染环境。

人类健康、生态环境呼唤生态农业和绿色食品的出现。我国农业生产活动中大量地使用化肥、农药，严重地污染了环境，破坏了自然界原来的生态平衡，影响农业的可持续发展。同时农业污染使农产品中化学药品残留严重超标，致使产品质量下降，危害人体健康。而生态农业的生产原则是充分发挥动物、植物、微生物和人类的相互作用，采用物种或品种轮换种植的方法，注意利用天敌防治害虫，有效地减少化肥和农药的用量，并且生产出无污染、无公害、有利于健康的绿色产品。因而它可以保护自然资源，促进生态良性循环，为农业经济发展创造良好的生态环境。

4. 生态农业建设有利于农业可持续发展

我国农业自20世纪50年代后期普遍出现粗放式的经济增长方式，生产经营水平不高，生产规模小。其特点是“高投入、高能耗、高污染、低效率”，破坏了生态平衡，形成了农业的恶性循环，如种植业广种薄收，重用轻养；林业过量采伐，重采轻造；草原牧业超载过牧，靠天养畜。自然资源的不合理利用，生态环境的整体恶化，水土流失，土地荒化、水体和大气污染，森林、草地和湿地生态功能退化等等已成为制约我国农业和农村经济发展的主要障碍。因此，生态农业建设是农业可持续发展的必然选择。

5. 发展生态农业有利于农村经济发展

随着经济发展和农业内外部环境的改变，我国农业目前出现了不少急需解决的新问题，如农产品市场竞争日趋激烈，一些传统农产品市场占有率下降。另外，我国加入WTO后，进口粮食的数量和种类不断增多，大量农产品的进口降低了我国农产品的价格，减少农民收入。而发展生态农业的根本目的是实现生态效益、经济效益和社会效益的统一。它不仅有利于农民根据市场导向，增加农产品种类，降低生产成本，提高产品质量，增强市场竞争力，从根本上保证农业增效、农民增收。发展生态农业还有利提高劳动生产率、土地和资源利用率，拓宽农民增收渠道。生态农业是劳动和技术密集型综合产业，涉及种养加、贸工农多种生产经营，可为农民提供新的就业空间。发展生态农业还有利于充分利用各种废弃物，做到“变废为宝”，降低农业生产成本，促进农村经济发展。

6. 发展生态农业可促进我国粮食增产，确保粮食安全

中国粮食生产从1998年的5.12亿吨减少到2003年的4 367亿吨。我国从20世纪80年代以来，便积极进行生态农业建设，寻求既能增产粮食等农产品，又能使生态环境得到

改善的农业可持续发展途径。

7. 生态农业具有良好的生态功能、观赏价值

生态农业以生态与环境建设为基础，注重农业生产经营与生态状况的协调、互补，净化水质、土壤、空气。所以经常处于生态农业环境条件下，人的身心状况就会得到改善，增强抗病能力，对减少疲劳、恢复健康大有裨益。可以通过生态农业旅游发展、以清新的田园风光让游客亲近农业、亲近自然，陶冶情操。

8. 促进美丽乡村建设

历史实践表明，生态农业可以促进美丽乡村农业产业转型，是建设青山绿水的基础保障和有效途径，是美丽乡村建设中不可替代的内容。因此，发展生态农业是建设美丽乡村的有效途径。

第二节

高效生态农业的发展

一、高效生态农业的发展现状

自 20 世纪 80 年代开始，我国生态农业经过 30 多年的发展，初步形成了生态农业技术体系，在一定程度上取得了一定的社会经济和生态效益。但是，由于政策理论研究不足，生产经营缺乏持续推力，管理体系方面也不够完善。因此，现在我国生态农业仍面临着规模较小、生产力较低下、社会响应不够积极等问题。

（一）高效生态农业发展具备的条件

1. 我国具有发展高效生态农业的良好资源环境条件

我国地域辽阔，广大农村自然资源和经济文化资源十分丰富，尤其是生物资源种类繁多，不同地区气候、作物、地貌特征、资源、技术、经济水平等差异性较大，形成了多种不同的生态类型，各地可以从本地实际情况出发，开创各具特色的现代生态农业模式。例如，东部地区具有发展生态农业的技术、人才、资金等优势；而西部广大农村地区受污染的程度相对较低，具有发展生态农业的自然资源、环境等优势，东西部地区相结合发展生态农业基地还可以优势互补。同时，我国广大农村地区还具有丰富的自然景观与人文景观资源，可以充分挖掘这方面资源潜力发展生态观光旅游农业，拓展现代生态农业的内涵和发展空间。另外，我国农村劳动力资源丰富，一些农村劳动力经过一定的生产与管理技术培训，就可以进行生态农业的实践活动，生产者通过出售质优价高的生态农产品获得较高的收益。

2. 我国具有发展高效生态农业的市场优势

从国内农产品市场供求状况来看，目前我国常规农产品供给已经很丰富，而且由卖方市场转为买方市场，一些大路货农产品供给甚至出现了阶段性、结构性过剩和“卖难”现象，追求高产量已不是农业生产的最重要的目标。相反，随着人们消费观念的转变，追求绿色食品和绿色消费渐成时代潮流，许多生态农产品供不应求，生态农业发展具有广阔的空间和美好前景。据统计，2016 年我国绿色食品年销售额达到 4 600 亿元左右。另外，从国际农产品市场来看，生态农产品市场规模不断扩大，全球将形成绿色消费潮流，这无疑给我国发展生态农业提供了很好的机遇。目前我国以蔬菜、水果、花卉等为代表的园艺农业及畜牧业具有国际农业分工的比较优势，这类农产品出口潜力巨大，而这些产业恰好是发展生态农业的理想领域。同时，随着我国农业开放度越来越高，面对日趋激烈的国际农产品市场竞争环境，我国出口农产品遭遇国外“绿色壁垒”增多，而生态农产品在国际市场上具有很强的竞争力。所以，发展现代高效生态农业也是增加出口创汇、发展外向型农业和实现农业国际化的最好选择。

3. 我国具有发展高效生态农业的丰富经验

我国传统生态农业实践历史源远流长，技术与经验比较丰富。现代生态农业的研究与实践开始于 20 世纪 80 年代初，至今已积累了 30 多年的经验，并总结出“整体、协调、循环、再生”的生态农业系统发展模式，这些为今后生态农业建设奠定了坚实的基础。在中国北方沙漠化较为严重的一些地区，当地农民逐渐探索出“农林草间作”“林粮间作”等生态农业模式，林木具有防风固沙、涵养水源、防止水土流失和美化环境的功能，经济效益和生态环境效益都明显提高；在黄河三角洲土地盐碱化严重的地区，农民开创了“枣粮间作”“上农下渔”的生态农业模式，不仅有利于改良盐碱地，而且为作物生长创造了良好的生态环境；我国南方地区的多种鱼类混养和“桑基渔塘”等生态农业建设成效显著。我国现代生态农业建设的步伐逐渐加快，一批生态户、生态村、生态乡、生态县、生态市、生态省如雨后春笋般在全国兴起。目前我国现代生态农业已经初具规模，现代高效生态农业必将成为今后中国农业现代化建设、实现农业可持续发展和建设生态文明的理性选择。

4. 我国发展高效生态农业的技术日趋成熟

从国内生态农业技术发展看，中国农民经过几千年的积累，具有丰富的精耕细作、间作套种、生物链等传统生态农业技术。我国发展现代生态农业也有 30 多年的历史，新型农业技术逐步成熟并形成体系，包括退耕还林还草与治理水土流失的技术、节水农业与旱作农业技术、沙地农业与雨养农业技术、资源与能量循环利用技术、种养加结合与生物链综合技术、平衡施肥与秸秆还田技术、发展生物肥料农药与利用生物防治病虫害技术、农林牧渔结合的立体农业技术等，这些为我国发展现代生态农业提供了技术支持。

从外部条件来看，国外大量现代生态农业建设的先进技术可资借鉴，欧盟、美国、日本等国家开始进行有机农业和现代生态农业建设的时间较早，并积累了不少宝贵经验，发展了大量相关新技术、新工艺和新品种，可以通过技术合作、交流和引进等方式促进我国生态农业技术的发展。东亚地区近年来现代生态农业发展迅速、特点鲜明，并积累了丰富的实践经验和技术，我国与东亚其他国家和地区地理位置邻近，农业资源、作物、气候、农村劳动力、耕作技术等有很多相似之处，其现代生态农业建设的经验技术亦可借鉴。

5. 生态农业适应我国当前农户分散经营的特点

目前我国生态农业建设一般仍处于小规模和分散经营状态，无论是北方的“上粮下渔”生产模式，还是南方的“桑基渔塘”生产模式，以及众多的中小型生态农场，大多是由农户或乡村举办和经营的，生态农业这种经营规模小、灵活分散的特点在一定程度上适应了我国农村土地承包经营状况。同时，生态农业具有长效机制，在初始阶段由于突然停止使用化肥、化学农药，产量可能有所下降，但随着生态农业基础设施的完善、土壤的改良、益虫数量的增多，产量会稳定提高，以及减少了农业对价格昂贵的化学投入品的依赖，生态农产品市场价格一般高于普通同类农产品。所以，从长远来看，生态农业具有高效益的优势，比传统农业更有利可图，这已被美国等国家的科学研究和试验所证实。根据对我国 51 个生态农业试点县的统计，其农业投入产出比、农民人均收入年均增长率等，不仅大大高于试点前的增长率，而且大大高于全国平均水平，同时生态环境等也得到了显著改善，表明我国现代生态农业的经济、生态环境和社会等综合效益提高速度快，对我国广大农户具有一定的吸引力。

6. 我国发展现代生态农业具有政策和文化制度建设等方面的保证

从生态农业政策及文化建设方面来看，从 20 世纪 80 年代初以来，国家制定了一系列生态环境保护与治理的政策及措施：1998 年颁布了《全国生态环境建设规划》，开始对部分食品、蔬菜、水果等实施绿色标志及环境标签制度；自 1999 年以后，我国许多省市相继颁布了无公害农产品标准与管理办法，使生态农业和绿色食品管理纳入法制化轨道。中国在现代生态农业建设中，还采取了限制使用化学合成的肥料、农药、生长调节剂、饲料添加剂等措施，鼓励使用绿肥、人畜粪便和其他有机肥料及农业体系自身力量保持土壤肥力，利用秸秆还田、作物间作、桑基渔塘、多种动植物混养、豆科作物固氮技术等增加土地养分等。同时，随着国家对生态农业发展越来越重视，我国社会各界对生态环境保护的呼声越来越高，形式多样的生态环保宣传教育活动在城乡展开，环保观念逐渐深入人心，广大农民生态意识不断增强，我国发展现代生态农业已具有广泛的群众基础和文化氛围。

（二）高效生态农业发展存在的问题

1. 生态农业产业化水平低

从生态农业产业化的发展内涵来看，生态农业产业化不同于传统的农业产业化，生态农业产业化不仅要谋求传统农业所具有的产业稳定性，还要实现生态农业生产的标准化、全程化、区域化，将区域化布局、专业系列化生产、企业化的经营销售管理和网络化的市场紧密结合，形成系统化的整体。

从我国生态农业产业化程度来看，我国生态农产品生产标准设计不科学，不切合我国生态农业发展实际，缺乏生态农产品供应链条，产品生产没能形成区域化的产—供—销合作服务模式，农民组织化程度不高，缺乏合力；在专业化生产上，区域内缺乏主导产品，使得农产品的可替代性较强，而且小农思想的短视行为导致区域内生态农产品生产各自为战，致使生态农产品良莠不齐，难以形成品牌效应；区域化布局不科学，具有相同或者相似的生态农业特点的区域易于形成产业雷同，一旦区域间不能达成合作战略意识，就不能形成产业聚集效应和规模效益，也很容易产生区域间恶性竞争，影响本地区生态农业的竞争力；产业的营销经营模式在很大程度上影响着生态农产品的产出效益，农村地区的生态农业生产往往缺乏稳定的营销网络和持续的市场信息源，这在一定程度上影响着生态农业的经济效益，也直接关系到生态农业的可持续发展。综合来看，当前我国生态农业产业化实施基础较差，生态农业产业化水平较低。

2. 农业发展生态效益低

由于我国参与生态农业的主体主要是在农村的农民，生产主体小，这就导致：第一，从投入产出来说，以个体农民为单位的生态农业建设资金少，规模小，这样是很难形成产业化大生产的，加之农民合作意识不强，农业产业链的其他环节仍不健全，这从客观上就使规模经济和生态效益大打折扣；第二，生态农业生产经营主体还面临着投资经营风险大的问题，新的生态农业技术的推广和应用面临着资金投入大、个人无法承担的问题，由于主体经营规模较小，又缺乏配套的基础设施保障，一旦面临经济和环境的冲击，生态农业的主体将难以承担这种经济风险；第三，农村生态农业生产主体的生态意识较差，往往因为追求经济利益和眼前短期效益而忽视了生态效益，这种短视意识往往会导致生态农业可持续发展后劲不足，影响生态农业产业化，最终影响生态效益的提高。

3. 生态农业发展制度建设不完善

我国生态农业的发展虽然有政府的主导，客观上符合国内外经济、社会发展的需要，但是，由于我国生态农业发展起步较晚，制度建设不完善，所以我国发展生态农业的经济基础和经济效益都不理想。虽然我国颁布了《食品安全法》《全国生态农业建设技术规范》等法律法规，但是从我国生态农业的指导思想和总体目标、保障机制和发展措施等方面都缺乏相关文件，对地方的生态农业建设没有规范性的指导和要求，对现有的法律法规宣传和执法力度都不够。

另一方面，我国生态农业建设的补偿机制尚未建立，生态补偿机制是将生态补偿作为促进生态农业发展、促进生态环境保护为目标的经济手段和制度安排。这种补偿机制是一种激励手段，可有效调整相关利益主体在利益关系上的安排，以使客观行为主体能产生外部正效益的一种制度模式。因其能根据生态系统服务价值、发展机会成本等综合运用市场经济手段来调剂生态受益者、保护者以及社会之间的相关利益关系，越来越被人们所接纳。但是这种补偿机制在我国尚未建立完善。

4. 生态农业体系建设不完善

我国生态农业建设发展了30多年，但是从效果来看并不理想。生态农业不能形成一个可持续的高效产业主要是缺乏一个完善的生态农业体系。生态农业建设不是靠一个制度、一个机制、一部法律或者是一个地方行政命令就能搞得好的。上文中提到了生态农业建设缺乏制度保障，一个有利于生态农业发展的制度需要相关的农业法律支撑，需要财政政策对生态农业的大力支撑，需要全社会全民对生态农业的支持，所以，生态农业建设需要的是一个完善的体系支撑。

当前，我国在生态农业体系建设方面还不完善，例如，我国社会对生态农业缺乏相关了解，对生态农产品的认识不足，加之生态农产品价格普遍偏高，社会对生态农产品的消费能力有限。就目前来看，生态农产品在国内还是少数人消费的不能普及全社会的消费品类，所以，我国生态农业发展还需要一个完善的体系，以保障生态农业在社会中的“市场”。

（三）制约高效生态农业发展的因素

1. 农民主体生态意识不强

我国生态农业的社会认识不到位、民众生态观念薄弱是导致我国生态农业建设推广不力的重要因素之一。广大农民的生态农业参与能力和投入直接关系到生态农业的发展，毕竟农民是重要的参与主体。在国外，是非常重视国民的环境教育的，而我国的环境教育在现阶段刚刚起步，长期的以经济建设为中心的思维惯性还在一定程度上左右着国民的价值观，从而使一些人忽视了生态建设。虽然我国已经倡导绿色消费、低碳经济，有关的法律法规也在不断完善，可是国民的参与热情依然不高。目前，政府也没有对公众参与生态农业建设的行为提出规范化和制度化的要求。从企业角度来讲，生态农业建设意识也较为滞后，认为发展生态农业的投入产出比过高，不能形成短期经济效益。而在生产过程中，考虑到防治污染的成本过高，企业没有动力防治或治理污染，仍然以环境破坏为代价达到企业增加效益的目的。

2. 资源环境的外在制约

现代经济社会发展严重挤压着农业发展的空间，尤其是生态农业，发展生态农业需要良好的生态环境。目前，我国资源环境严重制约着生态农业的发展。首先，我国并没有从根本上改变粗放式的经济增长模式，经济发展对石油、煤炭等资源过度依赖，工业上造成的水、土、大气污染，在客观上影响了生态农业的发展；其次，传统农业过度依赖化肥农药等化学药品来提升农产品产量，化肥农药的积累造成了土壤板结和水体污染，另外，传统农业造成的白色污染也破坏了土壤质量，影响土壤结构和土壤通透性。发展生态农业不是一蹴而就的，需要持续的环境改善，要改变资源环境对生态农业的外在制约，就需要从生态农业建设的外部环境入手，改变资源依赖型的经济发展模式，坚决杜绝环境污染。

3. 生态农业技术研究与推广体系不健全

一方面，目前我国生态农业技术水平不高，难以形成生态产业的技术普及。首先，农民对生态农业技术理论知识缺乏复合统一的设计，就是对某一成功实践案例的照搬也较为困难；其次，生态农业生态工程设计规范尚未形成，技术支撑体系和技术成果转化率都不高，在社会上，也缺乏相应配套服务设施和基础设施，即使有了成熟的技术，也不能将农业技术有效推广；最后，传统农业的发展适应了当地的生态农业发展，而新的技术、新的操作方式方法和工作流程与农民传统技术的有效融合需要一个过程，使得生态农业技术推广、普及缓慢。

另一方面，虽然生态农业技术得到了国家层面的重视，但是从科研的投资、试验点的投入、社会配套基础设施的完善上都缺乏有力的推广，尤其基层农业部门，没有明确的职责、工作标准和考核机制。技术推广体系的不健全，使得先进技术引入生态农业建设中的速度缓慢，技术成果的转化效率和农业经济产出效益也比较偏低。从某种程度上说，我国生态农业建设还是处于试点阶段，还未成“燎原之势”，生态农业的推广力度远远不够。

4. 政策支持和组织建设力度不够

我国生态农业发展伊始，就是在“靠政策、靠投入、靠科技”的道路上摸索行进的，可以说是政府单方面的主导。在教育投入上，在生态农业实践过程中，政府特别注重基础生态农业基础技术人才的培养，但是资金投入和教育资源投入不足，有些地方即使有充足的教育资源，但是在对生态农业技术人员的培训过程中多流于形式，没能达到预期效果，浪费了教育培训资源和教育培训资金。政府对生态农业建设的支持力度和效果显得缺乏和不足。在政策制定上，尽管生态农业建设有政府的支持，政府一直在推，可是在一定程度上生态效益和经济效益是相矛盾的，在政策干预手段不足和经济干预手段乏力的背景下，官员以经济指标为重的“政绩观”让政策成为了短期行为，没有持续性，这也在一定程度上导致生态农业建设的效果不明显。

另一方面，生态农业建设的组织建设也是影响生态农业发展的一个重要因素。例如，当下我国的市场经济体系已经建立，市场经济比较活跃，但是按照市场机制建立起来的各类生态农业组织缺乏。世界环境与发展委员会在《我们共同的未来》报告中指出：新的问题和挑战的相互依赖与综合特征，与当前的组织机构的特征形成了鲜明的对比，因为这些独立的、片面的机构将要和某些狭隘的决策过程相关。而这些组织的作用在于将原来简单的生产、销售、加工等的买卖关系转变成以利益为连接纽带的利益共同体，以便促进生态农业发展的新机制，这些组织之间也能进行互帮互助，形成服务利益共同体。

5. 生态农业的管理体制制约

生态农业建设从技术环节、生态农产品、政策保障等方面都需要建立严格的生态农业建设管理体制。当前，符合市场经济发展规律和建立生态农业生产规程所要求的相关管理制度体系仍没有建立，制约着生态农业的发展方向和发展速度。如生态农产品生产技术操作流程的规范，生态农产品质量安全标准体系的制定，生态农产品质量安全标准体系的认证、农产品质量监察与执法体系以及市场资源与信息体系的建立等，都没有完善建立。没有国家政策和管理体制的规范、企业技术指导和资金上的支持，难以提高生态农业发展的高效率和农民进行生态农业发展的积极性与主动性。

二、高效生态农业发展的思路及对策

（一）高效生态农业发展思路

针对我国农业发展新阶段的要求，生态农业建设要遵循自然规律和经济规律，依据我国国情，寓生态环境保护与建设于农业增效、农民增收之中，有效遏止农业生态环境恶化的趋势，实现资源高效利用，逐步达到经济、生态和社会效益的和谐统一。

从可持续发展的角度看，中国未来农业只能走“用地养地”“精耕细作”、配合一定现代化设备和生态技术的生态农业之路。因此，要解决粮食安全问题，必须发展可循环性的生态农业。这样的农业方式是由动物和植物共同参与的，虫害的防治由物理的和生物的方式解决，少用或不用化学的方法解决，动物的粪便作为有机肥料，建立完整的农业循环生物链。即发展高效生态循环农业。

1. 标准化、组织化发展

一是大力推行标准化生产，生产出外观统一、内质符合要求的优质农产品，提升农业产业的标准化水平；二是加强农业合作文化建设，扶持和帮助农民走合作的路子，根据农田、园地、林地等资源优势和不同的区域生产特点，在相对集中的区域内形成自我管理、自我服务、自我发展的组织形式，提升组织化水平。

2. 区域化、规模化发展

按照集中连片、规模发展的原则，优化区域布局，培育产业优势，确立优势特色主导产业，在短期内形成规模，集中人力、物力、财力、重点突破，快见成效。

3. 产业化、市场化发展

按照有利于形成高效产业的原则。以提高农业效益和增加农民收入为中心，按照产业化方向安排项目、组织生产和经营。坚持把高效生态农业建设与产业发展、农民致富和区域经济发展相结合。一头对接市场，一头对接农户，按照“企业 + 基地 + 农户”的发展模式，大力推进农业产业化水平和市场化水平。

4. 立足于环境

努力保护和改善农业生态环境和生产条件，采取工程措施、生物措施和农艺措施，增强农业综合生产能力，为农业和农村经济可持续发展提供生态安全保障。

5. 着眼于质量和效益

努力解决农产品地区性和结构性过剩，促进农业和农村经济结构战略性调整，实现农业增效和农民增收。

6. 解决污染问题，增强农产品竞争力

按照“重点突破，稳步推进”的原则，在巩固和提高全国生态农业试点、示范县的基础上，有重点、分区域地推进生态农业建设。

在沿海经济发达地区和重点区域，在防治城市和工业污染的同时，主要是控制农业生产过程中的面源污染，防止农业环境污染和农产品污染，通过实施农业面源污染防治工程，推广化肥、农药合理使用技术，进行生态功能强化和环境污染预警控制。粮食主产区的主要目标是防止农产品污染，提高农产品质量，发展出口创汇型农业，增强农产品国际竞争力。在西部生态脆弱区，主要是保护和改善农业生态环境与生产条件，根据资源环境等特点调整大农业的结构、应用生物工程等综合措施改善和恢复生态功能，维护农业的生物多样性，发展具有地方特色的无公害农畜产品，形成生态农业主导产业，提高农业综合生产能力。

（二）高效生态农业发展对策

1. 加强生态农业宣传工作，提高农民的科技素质

农民是生态农业建设的主体，也是生态农业生产的主要参与者，发展生态农业必须强化农民的生态意识。传统农业生产模式的惯性使得农民的农业生产观念相对落后，对“生态农业”这个新的理念认识不到位，这就使政府的积极导向作用尤显重要。政府加大生态农业宣传力度，不断提高农民的科技素质是实现生态农业主体意识优化的重要因素。

加强生态农业的宣传工作，一是要不断加强各级政府领导干部的生态意识和生态农业市场意识，只有政府领导干部真正领悟和认可了生态农业，才能在实际推广和制定相关政策等问题上进行实质性的落实，进而通过政策的导向作用积极引导农民走生态农业的可持续发展道路。二是要注重电视、互联网、报纸等媒体的广泛宣传，结合生态农业实验成

功的典型案例，引导农民对生态农业致富的思想认可。三是大力发展职业教育，在职业教育实践中增加对生态农业理论、技术培训类课程，通过对干部群众生态农业理论技术的培训，培养一批具有较高理论、技术水平的生态农业方面的人才。尤其要抓好技术方面的普及和传播，以提高农民的整体科技素质，保证生态农业的发展有足够的技术支撑。

2. 实现农村生态农业产业化发展

生态农业产业化是实现我国现代农业可持续发展的必然选择，在生态环境和人民对农产品质量要求不断提高的今天，必须推进生态农业产业化发展，从而实现生态农业发展的持续性、低成本、规模化。

（1）调整和优化生态农业产业结构

生态农业建设要求改变传统的一元化的产业结构和劳动密集型、资金密集型的生产方式。发展生态农业，必须进行农业结构调整，要结合优质、高效、高产农田和特色农产品生产基地，实现生态农业生产多种经营结合、资源利用率的显著提高和产业协调发展与相互促进等目标。

通过组建劳动资金密集型、技术密集型等生产综合体系，最终实现生态农业系统的高效运作。例如，北京瀛海镇的蔬菜种植、畜禽养殖两大支柱产业已经获得成功，实现了产、加、销的产业链条，在农业种植业、畜禽相结合上实现了生态农业产业化的良性循环，有效地提高了生态农业的产业优化和经济利益。增强生态农业系统的综合生产能力，促进农业产业结构优化升级。

（2）因地制宜选择生态农业发展模式

如果通过一种生态农业模式能够实现社会效益、经济效益和环境生态效益，并且能让生态农产品有稳定的市场，那这种生态农业发展模式就是合适的，是符合当地农业经济发展的。当然，生产、消费习惯、市场价格、居民收入水平等都直接关系着生态农业生产者的获利和市场认可与否。

因地制宜地选择生态农业发展模式，首先要遵循地域差异和生态适应性原理，为了保障当地生态资源的充分发展利用，有效发挥当地特有的生态资源潜力，形成区域性特色产业，就要对当地的生态资源、人力资源、区位优势、政策扶持情况等有利因素综合考虑，在此基础上对当地的生态农业发展进行总体规划设计，以实现生态农业效益；其次，要充分利用当地的比较优势，扬长避短，因为区位优势能直接将生态农产品的市场竞争力展现出来，但是，考虑到比较优势会随着自身条件和外界参照物的变换而变化，所以，在利用区位优势的时候，要具有与时俱进地不断调整产业结构、优化产业结构和及时进行产业升级的意识。除此之外还要考虑市场因素、生态技术手段、营销手段和管理水平等因素。总之，生态农业生产模式的选择必须要考虑当地的资源优势、区位优势等因素。

（3）大力推进农村生态农业产业化经营

实现生态农业产业化经营，其基础是要实现农村生态农业产业化经营，即以市场为导向，以农村家庭为单位实行的家庭联产承包经营，这种经营模式就需要依靠龙头企业或者中介组织的带动和链接，将生态农业生产各个环节有效链接为完整产业链条的一种资源优化配置的新型生态农业生产经营形式。

推进农村生态农业产业化经营，要努力实现农村生态农业生产专业化、企业规模化、经营一体化和服务社会化，在努力降低生产、交易成本实现经济效益的同时兼顾社会效益和生态环境效益。

生态农业产业化的组织形式也被称为生态农业产业化运行机制。就现在我国生态农业的发展状况而言，要实现生态农业产业化经营，必须重视龙头企业和主体参与者的重要性，努力构建市场带动型、主导产业带动型、龙头企业带动型等组织模式。逐步建立一种以农户、企业、科研院所等为主体的风险同担、利益共享的共同体，实现农村生态农业产业化经营新局面。

3. 加大生态农业推广力度

（1）加强不同类型的生态农业试点建设

总的看来，我国生态农业发展仍处于一个低水平阶段，主要表现在生态农业发展环境薄弱，农业企业技术含量低，不能形成品牌效应，农村经济基础设施不完善。生态农业建设需要从明晰的产品标准、特色的区域经济、良好的品牌效应、规范的生态农业生产基地、农业增值服务等方面着手，加大农村不同生态农业类型的试点工作。

结合新农村建设过程，在保障社会主义新农村经济发展实效基础上，立足当地生态条件、区位优势、经济基础等因素，抓好不同类型的生态农业试点，是发展生态农业、培育生态农业新模式的有效途径。例如，对于具有工业发展基础的区域应重视工业垃圾的处理，结合城乡实际实现对工业垃圾处理的“资源化、无害化、效益化”的处理目标；对于具有环境资源优势的区域要注重利用自然资源实现休闲、娱乐、生产等生态区域建设。

不同类型的生态农业试点建设，有利于实现生态农业的效益量化和比较实验，通过对比，从资源利用、生态效益结果、社会效益实现等多方面对生态农业的不同类型进行比较研究和对比测试，才能达到建立生态农业建设的评价指标体系，最终实现对生态农业优化选择和推广的目的。

（2）加强生态农业示范县建设

建设生态示范县，必须要抓好规划这个基础，努力发展种植业、养殖业、加工业合理配置的大农业模式。在规划的基础上，逐步建立市场经济条件下的资金投入体系，坚持“国家引导，配套投入，民办公助，流动发展”的投入方式；逐步建立示范县建设的科技发展技术支持体系，不断完善先进技术的引进、扩散、推广等运行体系，引导生态农业生产和技术服务相结合，以尽快实现科学技术向实际生产力的转化；逐步实现生态示范县积极参与环境改善与县域经济发展的综合决策，生态示范县的建设需要因地制宜，因势利导，结合当地实际进行政策制定和改革。

4. 加大生态农业科技投入力度

（1）大力发展生态农业技术创新体系

农业技术创新体系是以农业技术创新为中心，为解决农业技术供给、推广、需求之间矛盾而进行的农业技术研究发展、试验、推广、生产应用和扩散等一系列相互关联的技术发展过程。

发展生态农业技术创新体系是一个从制度、政策顶层设计到技术研发、推广和应用的一系列创新制度和技术应用体系。发展生态农业技术创新体系，一是要不断努力营造一个良好的生态农业科技创新大环境，让社会认可、支持生态农业技术的创新，这就需要政府层面给予正面的舆论宣传和引导，加大对生态农业的宣传力度，营造一个适应发展生态农业技术创新的社会环境；二是提高对生态农业技术创新的政策支持，生态农业是关乎国家农业可持续发展的重要途径之一，保障政策支撑能有利于对农业技术创新的技术和资金支持；三是加大对生态农业技术创新的资金支持，技术创新需要大量的资金支撑，通过试验、试点进行推广；四是重点对已经成熟了的生态农业技术进行推广和应用，让生态农业生产者对生态农业技术能熟练地应用和掌握，能更加有效地参与到生态农业的生产实践当中来。

（2）加强科技人才培养

生态农业是高层次的现代化农业，缺乏高水平科技素养的生态农业生产者，生态农业建设的发展和提高是很难实现的。所以，要加大对生态农业技术传播与推广人才的培养和对从事一线生产技术人员的技能培养。

加快改革农村教育体制，加大对高职高专学校的生态农业科技普及教育，扩大办学规模，改善办学条件；发展乡镇级别的农民技术学校，可以利用当地职业高中的优势资源对从事生态农业技术工作的人员进行培训。人才的培养离不开财政资金的支持和保障，地方政府可以根据当地的实际财政情况和生态农业发展实际对从事生态农业生产的技术骨干给予专项培训资金的支持，以保障生态农业科技人才的培养。

（3）加速农业高新技术研发和成果转化

在生态农业发展过程中，需要不断研究新技术，并把新出现的科技成果转化为生产力。首先，这些高新技术的研发和成果的转化有赖于政府的保障机制和激励机制，例如，建立健全生态农业方面的知识产权保护制度，在知识产权保护制度下，对生态农业知识技术的研发、转化进行保护，不仅能提高研发、转化主体的正当收益，也能刺激各方利益主体维护自身利益的意识；在技术十分成熟和应用较为广泛的条件下，鼓励知识产权人把生态农业技术作为一种公益性的技术积极推广，这就要对科学研发技术主体进行激励和奖励机制，使技术能及时地应用到生态农业生产中。

其次，生态农业技术的研发与应用是生态农业发展的重要指标，是实现生态效益、经济效益和社会效益的有力保障。尤其是新技术、新材料的发展和应用，如绿色耕种技术、节水灌溉技术、配方施肥技术等。新技术应用重在技术成果的转化，新技术成果最终落到生态农业生产实践当中，实现经济价值的增值和社会效益的提升。要完善生态农业技术推广应用体系，创新生态农业技术发展方向新思路，创新生态农业技术新思路就是要充分利用生物技术，不断完善生态农业技术推广应用系统，例如，向农业技术需求者提供政策、信息咨询，把农业技术咨询和农业技术指导相结合，大力推广生态农业技术的应用，将技术服务于生态农业生产，形成生态农业高新技术的优秀成果。

5. 建设和完善生态农业保障体系

（1）完善生态农业发展的相关政策

我国的传统农业在现代产业行列中可以说是处于弱势地位，在市场经济中处于不利地位，而对于在市场经济中处于相对劣势的农业来说，有力的农业政策的综合保障，是其持续稳定发展的重要保障，对于我国还不成熟的生态农业来说更是如此。生态农业保护政策是一项系统工程，从农业地位的保障、农民生产生活的政策倾斜、农村经济面貌的改善到对生态农业资金的投入、对农民投资效益的保障、对农产品生产、销售的保障，再到对生态农产品市场秩序的规范、对生态农业相关配套设施的完善以及生态农业服务的保障、保护等一系列问题，都需要一个精细化的规划和有效政策的落实。各种政策的实施和落实要相互配合，才能相得益彰、形成合力，使生态农业发展的相关政策发挥出最大效力。

在生态农业的投入政策上，不但要有中央宏观政策的指导，各级地方政府也要努力在政策上配合中央，形成合力，也只有地方政府的配套政策措施得力才能使国家层面的政策有效落实和取得实效。地方政府要发挥政府在市场经济中的指导作用，要营造有利于生态农业可持续发展的社会和经济市场环境，在政府提供资金支持的同时，扩大资金来源，包括吸引社会资金甚至是外资对当地生态农业的投资。

在生态农业建设中，对农业资源的保护政策也至关重要。人力资源在生态农业建设中起着主导作用，人力资源的优劣对生态农业建设优劣的影响非常之大，所以必须要大力培养高素质的从事生态农业的技术骨干和科研人员；而土地资源、环境资源、水资源、生物资源等是生态农业建设的物质基础，是保障生态农业建设所必需的物质资源和完善生态农业相关发展政策的依据。

在生态农产品价格保护上，我国对农产品价格保护有淡化的趋势，这种淡化体现在对农产品价格的保护改变了以往直接的补贴、硬性的价格保护政策的制定，取而代之的是国家从政策层面对生态农业生产建设的外围入手，对生态农业生产环境的保护、对生态农业生产关系的法律保护、对农业科技研究和技术推广的资金支持、对生态农业服务机能的保护等加强了支持力度。这种间接的保护政策不但能有效地调动参与生态农业生产建设的各方面的参与积极性，而且更加符合生态农业市场经济高效运作和生态农业产品高质量的产出的要求，符合生态农业可持续发展的目标，在维护了生态农业生产秩序的同时，也保障了生态农业建设机制可操作性的实现。

（2）加强立法，完善生态农业发展的法律体系

生态农业系统是一个复杂的生态复合系统，包括自然、经济、社会各方的实际利益，生态农业健康发展离不开一个完善、健全的法律体系，以保障农村、农民、农业等实际问题的解决。目前，我国关于生态农业的法律法规较为匮乏，生态农业的立法进程缓慢，通过法律对生态农业的总体目标、发展规划和保障机制都没有充分的体现，对于农业的相关立法也只是体现在《农业法》《土地管理法》《环境保护法》《农产品质量安全法》《基本农田保护条例》等法律法规之中，没有针对生态农业的专门性的立法，而且这些法律制定的背景和目标也不尽相同，在这些法律的实际应用当中就缺乏了针对性，所以在实践中，可操作性不是很强。

完善生态农业发展的法律体系，第一，要建立健全发展生态农业的法律体系，制定和生态农业相关的专门法律，完善配套立法，做到生态农业发展有法可依；并且通过梳理整合现有的法律法规，对于现行的有利于生态农业发展的法律法规要坚持、发展、完善和补充。

第二，立法要增强现有法律的具体可操作性，法律不能仅仅停留在理论层面，要注重实际操作性，对于发展生态农业相关的法律一定要处理好生态环境和经济利益的关系，长期效益和短期经济利益的关系。首先，要建立一个完整的生态农业市场准入体制，制定相

关的生态农业发展技术和认证标准，加强食品安全监测，保障生态农业市场健康稳定可持续发展；其次是要强化生态农业产业化服务法律体系，支持并保障一个完整的生态农业服务体系的正常运行；最后，就是要加大对生态农业法律执行的法律保障力度，保障相关法律有效落实。

（3）加强对生态农业的投资保障

生态农业发展建设离不开金融政策的支持，也需要加强对生态农业的投资保障，需要金融支持，这就需要在政府的宏观调控和严格监管下充分利用市场机制对资源进行优化配置，最大限度地满足生态农业产业化发展对资金的需求，在金融产业和生态农业产业化发展之间协调互动，保障资金投入对生态农业建设的支持和保障作用。

首先，加大对生态农业龙头企业的资金支持力度。由于龙头企业在生态农业的发展中具有领导能力和带动力量，直接关系到生态农业产业化经营的规模和效益，所以龙头企业的资金、技术、规模、效益等对其自身乃至对当地生态农业的发展具有重要的影响作用。为了保证生态农业的发展，要求龙头企业在产业化经营过程中不断提升其资金、技术实力，从而需要给予龙头企业一定的资金支持。

其次，加大对农村金融的支持。加大对农村金融机构的支持，发挥好农村金融机构信贷的杠杆作用能有效地引导农业产业向着合理的结构方面发展，这在一定程度上保障了生态农业产业布局在本区域内体现出自己的特色优势和区位优势。不论是政策性金融机构还是商业性金融机构，抑或是合作性金融机构，它们在生态农业市场化运作过程中的作用越来越重要，它们不仅在促进农村产业结构调整、优化农业产业布局方面起着重要作用，而且还能减缓国际市场变化对区域生态农业市场的冲击，保障生态农业市场稳定发展。

最后，加大生态农业相关基础设施的投资力度。生态农业产品基地是农业产业化的基础，生态农产品生产基地的基础设施建设包括道路桥梁、灌溉设施等，除此之外还要加强对生态农业生产规模扩大化和优质农产品良种选育等工作服务和支持力度。这些基础设施的建设对资金的规模要求较大，参与生产一线的农民很难提供，所以这些环节需要政府从宏观上给予政策倾斜和投资保障。

三、高效生态农业发展模式

（一）根据各地自然和社会经济发展条件划分

1. 城镇近郊为核心向都市城市圈辐射的生态农业发展模式

这种模式主要以在大中城市的近郊培养多功能的生态农业为主，围绕城镇居民对生产生活需求的物质、精神以及文化生活等消费品进而打造符合农产品生产、农业集约型、农业低碳型、农业休闲型、农业文化产业化为一体的多功能服务型生态农业发展模式。在内容上，这种模式着重打造现代化的生态农业产业园区，达到土地集约利用和生产效益最大化的目的；另外还重视产业多功能的复合作用，在城市的近郊发展起无公害示范基地，利用种养殖业达成与采摘、农耕、休闲体验等的有机结合，满足都市人高品质生活的需求，既能解决农村剩余人口的就业问题，也能保障实现农业经济效益在都市的最大化。

2. 农产品主产区规模化生态农业发展模式

这种模式是在传统的主要农产品主产区利用其良好的农业生产设施，将生态农业发展成为规模化、专业化、品牌化、特色化、社会化的生态农业经营模式。其特点是以产业规模化、效益化的良性发展循环实现经济效益、社会效益、自然效益的良性互动发展。主要内容是以加快培育区域特色农产品生产基地，走政府引导，招商引资，培育和吸引龙头企业以扶持和建设生态农业生产建设的道路，走农民集体组织经营，协同组织、规范生产、加工、经营，统一操作流程和规范合作组织的集体发展模式。

但是这种发展模式，需要政府资金政策的有力支撑，发展农业配套的经济组织必须有制度的保障和合作机制的约束以及政府政策支持。包括后期的农产品仓储中心和农产品信息传输平台的建立都需要政策的支撑。在保障农产品生产经销、运输过程中，不仅使得信息的传输方便快捷，也能吸引投资和营销，提升农产品的品牌影响力，通过生态农业经济组织的作用承担仓储、物流等后续服务，就能盘活整个生态农业发展。

3. 生产条件较差的农业区综合效益优化生态农业发展模式

我国面积广阔，地貌、气候差异较大，广大的西部地区生产条件相对恶劣，生态经济条件比较脆弱。由于这种干旱山区实现生态农业经济效益的难度较大，所以选择一种符合该地区的生态农业发展模式显得尤为重要。生产条件较差的这类地区往往有着广阔的土地资源、自然生态环境资源和优质的特色农副产品资源，这为发展具有当地特色生态农业提供了基础，尤其是为无公害、绿色产品规模化生产提供了物质基础。如高山的林木、经济果林生态农业；山地丘陵地区的林果—散养禽蛋—野生食用菌农业产业链；而高寒干旱地区的生态农业定位应该放在节水、抗旱的农业生产上，结合畜牧业合理利用耐干旱乔木、草皮等打造其抗旱、抗风沙的生态防护林带，实现其生态效益的重要作用。

（二）根据近年来农村实践应用划分

1. 设施栽培模式

这是一种着眼于土地产出率和经济效益的提高，通过地膜覆盖，大棚、温室、无土栽培等多种方法，营造“全天候”的农业生产条件，创造具有更高产出率的光照、热量、气温和土壤等农业生产条件，实现农作物周年生产、多季收获、高产优质、安全高效的生产模式。这种模式对人多地少的地区具有普遍的推广价值。

2. 生态养殖模式

主要是指在水产、畜禽养殖业中把工厂化集约生产嫁接到生态化养殖上来，生产出具有天然养殖特性的绿色农产品，从而既提高农业产出率，又提高农产品的价值。

3. 立体种养模式

这是依据动植物生态共生圈、食物链和循环经济原理，把种植业和养殖业在空间和时间上进行优化组合，充分挖掘农业资源的生产潜力。

4. 休闲农业模式

这是适应经济社会发展的休闲时代到来的需要，发展农业文化功能和生态功能，使第一产业的农业具备第三产业的性质，从而提高农业效益的一种有效探索。

5. 种养加一体化模式

主要是把具有产业关联度的种植业、养殖业和加工业通过农业产业化经营方式，紧密地结合成有序的产业链，使农产品得到循环利用，多次增值，发展创造多种功能，不断提高农产品效用和附加值。

6. 有机农业模式

这是崇尚绿色、自然消费，专门生产有机农产品的高效生态农业模式。有机农业以不使用化肥和化学农药，专用有机或生物肥、药为主要特点，生产有机农产品的土壤和水也必须没有化肥、农药的残留（其土壤必须 3 年内不施化肥和化学农药），通过认证的有机农产品以绿色安全、高品质为特点，其价格也大大高于一般农产品。

（三）我国南方典型生态农业模式

1. 稻田立体种养模式

包括稻田养鱼、稻萍鱼共生模式，在广大南方稻区较普遍。这是一种相互促进的生物物种共生生态经济系统，主要是运用了生态学上共生互惠的原理。在农业生态系统中通过人工诱导可以激发多生物种群间的多种共生互利关系，以利于取长补短，强化系统内循环作用，节约外部能量投入、减少化学物质的施用数量，不仅可以降低成本，而且具有很高的生态效益。以稻萍鱼模式为例：稻田养萍，以萍喂鱼、鱼儿食虫、鱼粪肥田，减少化肥与农药的投入，同时由于鱼类游动，还起到疏通稻田、改善根际溶氧状况的作用，而稻田则为鱼提供饵料和栖息场所，为取得稻鱼双丰收打下良好基础。

2. 物能循环再生模式

该模式实质是物质能量多层分级利用的生态经济系统，主要包括农业作物秸秆的多级利用，畜禽粪便的多级利用，沼气、沼渣、沼液的分别利用等。其中南方最典型的“猪—沼—果”模式就是其中一种，它是以养殖业为龙头，以沼气建设为中心，联动粮食、甘蔗、烟叶、果业、渔业等产业，在吸收传统农业精华和现代农业先进技术的基础上，广泛开展农业生物综合利用的生态农业模式，是运用食物链原理及物质循环再生原理的典型例子。

3. 丘陵山区立体农业模式

南方丘陵山区地域辽阔，地貌复杂，随着发展农业的迅速推进，以往以种植业为主的平面发展越来越多地转向全面综合、异面利用的立体农业发展。通常采用的结构模式为：林—果—茶—草—牧—渔—沼气。这是一种以发展低山丘陵地区、充分利用山地资源的复合生态农业类型。该模式以畜牧业为主体结构，一般先以植树造林、绿化荒山、保持水土、涵养水源等入手，努力改变山区生态环境，然后发展畜牧和养殖业。根据山区自然条件、自然资源和物种生长特性，在高坡处栽种果树、茶树；在缓平岗坡地引种优良牧草，大力发展畜牧业，饲养奶牛、山羊、禽等草食性畜禽，其粪便养鱼；在山谷低洼处开挖多个精养鱼塘，实行立体养殖，塘泥作为农作物和牧草的肥料。这种以畜牧业为主的生态良性循环模式无“三废”排放，既充分利用了山地自然资源优势，获得较好的经济效益，又保护了自然生态环境。

4. 基塘结合模式

基塘农业是我国南方池塘水体在农业生产中多年行之有效的经营利用方式。主要分布在珠江三角洲地区和华东太湖流域，基塘系统的主要类型有桑基鱼塘、果基鱼塘、蔗基鱼塘、杂基鱼塘等。基塘系统通常由2或3个子系统组成，即基面子系统和鱼塘子系统。前者为陆地系统，后者为水生生态系统，2个子系统中均有生产者和消费者。第3个子系统为联系系统，起着联系基面子系统和鱼塘子系统的作用。

5.庭院立体经营模式

这是我国近年来迅速发展起来的一种生态农业模式，在广大南方地区也极为普遍。特别是农村改革开放，以家庭为承包单位的经济形式发展以后，各种各样的专业户、个体户大量涌现，他们自觉或不自觉地运用生态学原理来规划、建设"小天地"，形成了我国生态农业建设中的一种新模式。这种模式的特点是以庭院经济为主，把居住环境和生产环境有机地结合起来，达到充分利用土地资源和太阳辐射能，并用现代化的技术手段经营管理生产，以获得经济、生态和社会效益协调统一。这对充分利用每一寸土地资源和农村闲散劳动力，保护农村生态环境具有十分重要的意义。庭院型生态农业模式具有投资省、见效快、经营灵活等优点，很适合南方山区农村实际，容易被农民接受，发展快。

6.小流域综合治理模式

针对我国南方丘陵山区水土流失比较严重的地区，以流域为单元，把生态恢复、生产基础设施和农业生产三者融为一体进行综合治理，使被破坏的生态环境得到恢复，随后逐步建立林—草—粮—果、畜禽、加工为主要内容的一种生态经济型发展模式。如广东省兴宁市石马河小流域面积102千米^2，水土流失面积占丘陵山地面积的33%，森林覆盖率为30.7%，是广东省典型的水土流失地区。1985年随着广东省人大《关于韩江上游严重水土流失区整治及发展利用的议案》启动实施，采用生物、工程和耕作措施相结合的办法开展小流域综合治理，经过短短5年，小流域生态环境发生了显著变化，林草覆盖率上升到77%，水土流失面积大大减少，农业收入增加了2.4倍，人均纯收入则增加了2.74倍。

7.观光型生态农庄模式

这种模式主要是针对沿海、城郊经济发达区城市居民消费的新需求而发展起来的以种养业为中心，兼有生态建筑物（农居）、休闲、娱乐、度假、生态、旅游经营为一体的生态、科技型观光农业，是一种新型的生态农业发展模式。它把农业与第三产业结合起来，不仅获得了良好的生态、经济效益，而且提高了全社会对农业尤其是生态农业的认识。广东梅州以茶园为主的农业生态游近年来发展迅速，雁南飞茶田旅游度假村为其中典型一例，它最大的特点是立足于梅州历史悠久的客家文化和得天独厚的自然生态环境，以茶和茶文化为纽带，集茶叶生产和农业生态游为一体，使游客在旅游中"认识大自然，了解大自然，爱护大自然，享受大自然"。它以茶叶生产为主，养鱼、果树种植、种草为辅，鱼吃草，鱼塘里的淤泥便是茶树和果树的肥料，鱼塘又可成为闲钓之处。在这里，空气清新，谷地开阔，山水相间，诸峰映带，蓝天如洗；鱼跃水面，茶海果林，绿波连绵，呈现出一派典型的南国田园风光。

（四）生态农业的十大经典模式

2002年，为进一步促进生态农业的发展，农业部向全国征集到了370种生态农业模式或技术体系，通过专家反复研讨，遴选出经过一定实践运行检验，具有代表性的十大类型生态模式。

1. 北方“四位一体”生态模式

它是一种庭院经济与生态农业相结合的新的生产模式。它以生态学、经济学、系统工程学为原理，将日光温室、猪圈、厕所和沼气池四个因素结合在一起，简称为“四位一体”生态模式。这一模式将蔬菜生产、养猪与农村能源建设有机地结合起来，有效地利用太阳能和生物质能，减少有害气体和牲畜粪便的排放，减少化肥和农药的使用量，提高了蔬菜和生猪的产量与质量，具有良好的经济效益和生态环境效益。运用此模式冬季北方地区室内外温差可达30℃以上，温室内的喜温果蔬正常生长、畜禽饲养、沼气发酵安全可靠。这种模式能充分利用秸秆资源，化害为利，变废为宝，并兼有提供能源与肥料，改善生态环境等综合效益

2. 南方“猪—沼—果”生态模式

该模式以沼气为纽带，带动畜牧业、林果业等相关农业产业共同发展的生态农业模式。它以农户为基本单元，利用房前屋后的山地、水面、庭院等场地，主要建设禽舍、沼气池、果园等，沼气池建设与畜禽舍和厕所结合，形成养殖—沼气—种植“三位一体”的庭院经济格局，形成生态良性循环，增加农民收入。此模式可以改良土壤，减少化肥、农药对农产品、土壤和水源的污染，具有显著的经济效益和生态效果。

3. 草地生态恢复与持续利用模式

草地生态恢复与持续利用模式是遵循植被分布的自然规律，运用现代草地管理、保护和利用技术，在牧区实施减牧还草，在农牧交错带实施退耕还草，在南方草山草坡区实施种草养畜，在潜在沙漠化地区实施以草为主的综合治理，以恢复草地植被，提高草地生产力，遏制沙漠东进，改善生存、生活、生态和生产环境，增加农牧民收入，使草地畜牧业得到可持续发展。这种模式能充分利用秸秆资源，化害为利，变废为宝，是解决环境污染的最佳方式，并兼有提供能源与肥料，改善生态环境等综合效益，为促进高产高效的优质农业和无公害绿色食品生产开创了一条有效的途径。

4. 农林牧复合生态模式

农林牧复合生态模式是指借助接口技术或资源利用在时空上的互补性所形成的两个或两个以上产业或组分的复合生产模式。平原农区是我国粮、棉、油等大宗农产品和畜产品乃至蔬菜、林果产品的主要产区，进一步挖掘农林、农牧、林牧不同产业之间的相互促进、协调发展的能力，对于我国的食物安全和农业自身的生态环境保护具有重要意义。

包括：“粮饲—猪—沼—肥”生态模式及配套技术、“林果—粮经”立体生态模式及配套技术、“林果—畜禽”复合生态模式及配套技术。

5. 生态种植模式及配套技术

生态种植模式及配套技术是指在单位面积土地上，根据不同作物的生长发育规律，采用传统农业的间、套等种植方式与现代农业科学技术相结合，从而合理充分地利用光、热、水、肥、气等自然资源、生物资源和人类生产技能，以获得较高的产量和经济效益。

6. 生态畜牧业生产模式

生态畜牧业生产模式的特点是在畜牧业全程生产过程中既要体现生态学和生态经济学的理论，同时也要充分利用清洁生产工艺，从而达到生产优质、无污染和健康的农畜产

品；其模式的成功关键在于实现饲料基地、饲料及饲料生产、养殖及生物环境控制、废弃物综合利用及畜牧业粪便循环利用等环节能够实现清洁生产，实现无废弃物或少废弃物生产过程。

包括：综合生态养殖场生产模式、规模化养殖场生产模式、生态养殖场产业发展模式。

7. 生态渔业模式

生态渔业是以生态学、环境学、经济学的原理为指导，以生产绿色水产品为特色，运用系统工程的方法，在传统养殖、加工和运销等生产实践经验的基础上，结合现代渔业科技而建立起来的一种多层次、多结构、多功能，以追求经济、生态环境综合效益最大化为目标的渔业经济模式。它不仅包括初级绿色水产品的生产，还包括水产品的绿色加工和运销。

包括：鱼池塘混养模式及配套技术、鱼与渔池塘混养模式及配套技术。

8. 丘陵山区小流域综合治理利用型生态农业模式

我国丘陵山区约占国土 70%，这类区域的共同特点是地貌变化大、生态系统类型复杂、自然物产种类丰富，其生态资源优势使得这类区域特别适于发展农林、农牧或林牧综合性特色生态农业。

①“围山转”生态农业模式与配套技术

依据山体高度不同因地制宜布置等高环形种植带，农民形象地总结为“山上松槐戴，山坡果林缠腰，山下瓜果梨桃。”

②生态经济沟模式与配套技术

该模式是指在小流域综合治理中通过荒地拍卖、承包形式建立起来的一类治理与利用结合的综合性生态农业模式。

③“牧 —沼—粮—草—果”五配套模式与配套技术

该模式主要适应西北高原丘陵农牧结合地带，以丰富的太阳能为基本能源，以沼气工程为纽带，以农带牧、以牧促沼、以沼促粮、草、果种植业，形成生态系统和产业链合理循环的体系。

④生态果园模式及配套技术

生态果园比传统果园的生态系统构成单元多，系统性强，产出率高，病虫害少，劳动力利用率高。

9. 设施生态农业模式

该模式是指在设施工程的基础上通过以有机肥料全部或部分替代化学肥料，以生物防治和物理防治措施为主要手段进行病虫害防治，以动、植物的共生互补良性循环等技术构成的新型高效生态农业模式。

10. 观光生态农业模式

该模式是指以生态农业为基础，强化农业的观光、休闲、教育和自然等多功能特征，形成具有第三产业特征的一种农业生产经营形式。主要包括高科技生态农业园、精品型生态农业公园、生态观光村和生态农庄等几种模式。

第三节

生态农产品的发展

一、生态农产品的内涵与意义

（一）生态农产品的内涵

生态农产品是指在保护、改善农业生态环境的前提下，遵循生态学、生态经济学规律，运用系统工程方法和现代科学技术，集约化经营的农业发展模式，生产出来的符合农产品质量安全要求的、无害的、营养的、健康的农产品。它包括粮油作物、瓜果蔬菜、鸡鸭鱼肉等各类农产品。一般分为以下几类。

1. 无公害农产品

是指产地生态环境清洁，按照特定的技术操作规程生产，将有害物含量控制在规定标准内，并由授权部门审定批准，允许使用无公害标志的产品。无公害农产品注重产品的安全质量，其标准要求并不是很高，适合我国当前的农业生产发展水平和国内消费者的需求。

2. 绿色食品

从 1996 年开始，在我国申报审批过程中将绿色食品区分为 AA 级和 A 级两档。A 级绿色食品系指在生态环境质量符合规定标准的产地，生产过程中允许限量使用限定的化学合成物质，按特定的操作规程生产，加工产品质量及包装经检测、检验符合特定标准，并经专门机构认定，允许使用 A 级绿色食品标志的产品。AA 级绿色食品系指在环境质量符合规定标准的产地，生产过程中不许使用任何有害化学合成物质，按特定的操作规程生产、加工，产品质量及包装经检测、检验符合特定标准，并经专门机构认定，允许使用 AA 级绿色食品标志的产品。AA 级绿色食品标准已经很接近甚至达到国际有机农业运动联盟的有机食品的基本要求。

3. 有机食品

有机食品是国际上普遍认同的叫法。我国国家环保部有机食品发展中心（OFOC）认证标准中有机食品的定义是：来自有机农业生产体系，根据有机认证标准生产、加工并经独立的有机食品认证机构认证的农产品及其加工品等。包括粮食、蔬菜、水果、奶制品、禽畜产品、蜂蜜、水产品、调料等。

有机食品与无公害农产品和绿色食品的主要区别有 3 个方面：①有机食品在生产加工

过程中绝对禁止使用农药、化肥、激素等人工合成物质，并且不允许使用基因工程技术，其他食品则允许有限制使用这些物质，并且不禁止使用基因工程技术。②有机食品在土地生产转型方面有严格规定。考虑到某些物质在环境中会残留相当一段时间，土地从生产绿色食品和无公害食品则没有转换期的要求。③有机食品在数量上进行严格控制，要求定地块，定产量，生产其他食品没有如此严格的要求。

（二）发展生态农产品的意义

1. 推进农业产业结构战略性调整

发展生态农产品生产是农业结构性调整的重要内容。是推进农业产业结构战略性调整和农村经济工作的中心任务。

2. 加速入世挑战机遇

发展生态农产品生产是农业面对入世挑战的重要措施。加入 WTO 对农业的影响和冲击，是多方面的，但最根本的是农产品质量和标准问题。

3. 改善农业生态环境

发展生态农产品生产，加快发展无污染、安全的无公害、绿色农产品，必须在良好的生态环境下进行，因此，推广生态农产品生产技术，发展生态农产品生产具有现实战略意义和深远的历史意义。对于出口创汇，发展外向型农业，保障人们身体健康，增加农民收入都将产生深远影响。

4. 促进农业可持续发展及满足消费需求

我国是个农业大国，正逐步从传统农业向现代农业迈进，目前仍以粗放经营为主，农业的发展仍只重视数量而非质量，效率低下，造成农业资源浪费及生产环境破坏严重，严重威胁可持续现代农业的发展。解决这一问题的重要手段之一是大力发展生态农产品。因为生态农产品以节约材料、保护资源为原则，生态农产品产地环境、生产过程、符合国家有关标准和规范的要求，满足了可持续发展的要求，在全球已成为可持续农业生产的重要途径之一。

经济越来越发达，随着生活条件和水平的不断改善和提高，人们越来越关注生态环境和自身健康，对生态农产品的消费需求也不断增加，生态农产品面临十分广阔的发展前景。在发达国家，85％的居民购买食品时首选有机食品。目前全球有机食品市场增长速度近 30％。近年来随着我国经济水平的不断提高，我国有机食品的消费额增速高达30％～50％，至 2011 年底，国内有机食品的消费量已达 800 亿元人民币。

5. 增强农产品出口竞争力

目前越来越多的国家加入 WTO，WTO 农产品贸易规则的实施及应用越来越广泛，有关关税等调控手段不断减少，绿色贸易壁垒措施却越来越多。如欧盟在（EC）No 396/2005 号法规体系下连续更新食品、饲料的农残限量标准，2014 年仅对茶叶就进行了 5 次修订，使得茶叶农残限值达到 454 项。绿色壁垒使农产品出口受到极大影响，而生态农产品属于安全无污染的，因此增强农产品的出口竞争力，减少绿色贸易壁垒的影响，需要大力发展生态农产品。

二、生态农产品的生产管理标准

（一）农作物种植标准

1. 选址要求

选择原生态无污染的自然环境作为种植基地。

2. 种植方式及管理

用水：作物的灌溉培育必须使用无污染的天然水。

施肥：保证施肥的98%以上为有机肥。有机肥可以是人畜粪便通过充分腐熟自给，也可以购买获得相应资质的有机肥。

品种：选用原生态自然品种，以传统品种为主，同时结合安全的新品种。严禁引入转基因品种或来历不明的品种。

杂草：主要通过人工方式清除，或使用其他物理办法，严禁使用除草剂。

病虫害：主要通过物理方式驱虫，特殊情况下必须使用的，首选生物杀虫剂，严禁使用剧毒高残留农药，在作物收获前一个月内禁止使用任何形式的农药。

3. 采收管理及方式

传统采收方式为主，机械采收方式为辅；采收择优分装，所剩废渣、残次品等登记监督其流向。

4. 贮存方式

根据不同农产品选择专业合适的贮存方式。

（二）畜禽养殖标准

1. 选址要求

选择原生态无污染的自然环境作为养殖基地。

2. 养殖方式及管理

品种：选择本地特有或适应力强的特色畜禽品种，注重质量，不过度追求产量。

饮水：使用经过曝晒的无污染天然水，或经处理的干净天然水源。

饲料：除禽畜自己捕食外，补充主粮及农家土杂粮等，严禁使用含转基因饲料，严禁使用激素类添加剂。

卫生：定期清理畜禽粪便，对其进行腐熟或无害化处理。

疾控：允许实行国家规定的预防接种；出现疾病首选中兽医进行治疗，禁止使用抗生素。最后一次用药后一个月内畜禽产品不能上市。

3. 出栏及副产品收集

遵循禽畜的自然生长规律，待其完成自然生长周期后方可出栏和收集。

三、发展生态农产品存在的问题及对策

（一）发展生态农产品存在的问题

1. 宣传力度不够，消费者缺乏对生态农产品的信任

多数消费者对生态农产品了解较少，宣传力度不足，消费者缺乏对生态农产品的信任。根据500份调查问卷的结果显示，42%的消费者在超市和农贸市场之间多会选择到后者购买农产品，而他们选择农贸市场的原因也很简单——价格低廉。而54%的消费者表示不太接受新兴品种的生态农产品，如以色列长茄、五彩西红柿等。在蔬菜价格、新鲜程度和农产品绿色健康程度方面，40%的人较为看重蔬菜的新鲜程度，而32%的消费者更看重蔬菜的价格，重视农产品的绿色健康程度的消费者只占28%。这就表示消费者对生态农产品的了解还不够深入，也从侧面显示出生态农产品还有相当程度的潜在市场没被挖掘。

另外，由于当今食品安全事故频发，使消费者失去了对绿色生态农产品的信任。根据调查问卷显示，超过76%的消费者对生态农产品存在质疑。

2. 生态农产品生产成本较高，导致产品价格居高不下

在生态农产品生产基地，生产设施建设投入过大，管理成本过高。例如，在生态农产品的生产过程中，施肥、病虫害防治等所需成本均比普通农产品高。家禽养殖多采用散养的方式，这就需要进一步加强对散养区开阔地的管理，也相应增加了管理费用，进而增加了生产成本。因此，在价格差别较大的情况下，消费者更愿意购买价格较低的普通农产品。

3. 发展生态农产品风险较高

生态农产品虽然借助于新兴技术可以在一定程度上降低生产风险，但生产环节并没有完全能够脱离自然环境。例如，禽流感等疾病的流行，给从事养殖业的公司带来了不小的挑战，家禽的大批死亡，给养殖户造成了巨大的损失。疾病的防控，成为了养殖业的一大难题。甚至部分养殖户为了提高家禽的出栏率而大量使用抗生素和违禁药品。

而自然条件下的农作物则很容易遭遇病虫害，在不使用农药的情况下，农产品不仅质量差，影响消费者的选择，并且产量将大大降低，给生产者造成很大的损失。

4. 生态农产品科技含量低，高新项目发展少

相对一般产品而言，绿色农产品往往具有较高的科技含量，但从目前认证的农产品来看。初级产品多，深加工产品少。相当多的产品相似、相仿，具备自身显著特点的并不多，而在品质上有突出优势的则更少。从整体上看，生态农产品科技含量较低，优良品种少，缺乏市场竞争优势。

5. 对生态农产品的营销发展不足

（1）缺乏市场调研与市场细分。目前农产品营销基本处于初级发展阶段，对生态农产品市场缺乏市场调研及有效的细分，市场与产品定位更无从谈起，因此难以形成市场竞争优势。

（2）市场通道建设不力。在绿色消费观念日渐深入人心的情况下，当前生态农产品仍

然面临“卖难”和“买难”两大问题。生态农产品产供销“快速通道”尚未普遍建立。

（3）市场拓展力度不够，大规模促销活动少。目前，生态农产品多处于分散经营状态，整体对外宣传力度不够大，致使生态农产品影响力和知名度还不是很大。由于不具备规模优势及营销观念意识，一般企业难以或不愿投入大量资金开展促销活动。

（4）绿色食品企业及产品形象不明晰。生态农产品品牌形象与内在质量没有形成独特的差异，致使企业及产品形象不明晰。加之少数经营者为了短期效益而盲目追求产量，轻视生产过程的质量控制，甚至滥用农药与化肥，更有甚者擅自使用绿色食品名称。以假乱真，导致生态农产品声誉不高，影响了市场销售的增长及品牌的成长。

6. 生态农产品市场体系建设滞后

市场的发育缺乏统一的协调和组织，产品供给没有规模，市场的覆盖面和影响力有限。同样，生态农产品经营企业也相对分散，企业与企业间缺乏必要的经济联系，企业难以形成合力。生态农产品市场体系建设不完善，从而导致驰名品牌少，品牌杂乱，名牌与冒牌并存。

7. 管理体系不够完善及专业技术人员缺乏

科学的管理方法是经营发展的关键，在生态农业的发展中，显然这一方面还存在很多劣势，大多数是农民在摸索中实践，缺乏先进技术的指导与管理方法，致使生态农产品发展并不理想。在现如今的生态农产品生产基地当中，真正的专业技术人员为数并不多。而在整个生态农产品生产领域中的生产技术人员也是相当的缺乏，这在客观上也阻碍了生态农产品的发展。

（二）发展生态农产品的对策

1. 提高认识，加大宣传力度

从可持续发展与建设和谐社会、保护生态环境的战略高度，以及发展生态农产品对推动农村产业结构调整、促进农业产业化经营和农产品出口创汇，增加农民收入的经济学角度方面提高认识，借助宣传媒体，加深广大群众对生态农产品的了解、认识，自觉消费已经认证的生态农产品，普及生态农产品知识。在技术培训上，一方面要更新技术服务手段；另一方面要加大农民生产技术培训力度，提高农民文化素质。

2. 加强生态农业环境管理

大力开展植树造林活动，发挥其保持水土及调节小气候等生态作用。环保部门要继续加强水、土、气等环境要素的质量监测，蔬菜农残监测站认真开展农产品农药残留监测，确保绿色农产品生产基地及其周围环境的质量良好。利用行政、法律、经济手段，坚决制止任何破坏农业生态环境的行为，防止污染排放物对农业生态环境造成污染。同时，出台一系列优惠政策，鼓励企业实行清洁生产，鼓励农民多施生物肥料等，减少化肥、农药残留造成的农田污染。

3. 制定生态农业发展规划，实现可持续发展战略

因地制宜地搞好生态农产品发展的近期、中期和远期规划，并将其纳入整个生态农业发展规划中去。要切实搞好产地环境治理和生态农产品产地认定工作，加大基本农田建设，搞好农田水利等设施建设。着重培植生态农产品支柱产业，根据环境要求和监测结果，建

立连片集中规模种植的生态农产品生产基地，实行生产基地的区域化种植、规模化生产和专业化经营。

坚持用“三产融合”发展思维抓农业，大力发展生态农产品产业。以塑造品牌形象、提高加工水平、壮大龙头群体、优化产品结构、拉长产业链条、建设规模基地为重点，着力构筑优质粮食、安全牧业、绿色果蔬“三位一体”，农业、工业、服务业“三产融合”，农业设施建设、资源发展利用、生态环境保护“三者协调”，合作化经营、企业化管理、社会化融资“三维共进”的产业发展新格局。

4. 加强科技创新体系建设，为生态农业提供科技服务

充分发挥农业科技推广机构的作用，紧紧依靠科技进步，为生态农产品的生产提供良种、技术、信息、咨询等服务。大力推广生态农产品生产操作规程及新成果、新技术，不断提高广大农民的综合素质，加快高新技术推广应用步伐，提高生态农产品的质量和科技含量。

政府应采取激励机制，推动农业科技人员以具有特色的绿色种植业、生态畜牧水产业和绿色优势加工业为重点，开展农业生产加工减量化、无害化技术及其配套技术研究与发展，培育一批抗病虫、高效、抗逆作物新品种，大力推广节肥、节药、节能及节省劳力等绿色新技术和产品；根据地区产业特色，建立绿色农产品科技示范园区和基地，做好试验示范推广普及，开展技术培训指导。

5. 加强监管，保证生态农产品质量安全

一是制定质量安全标准。依据国家有关规定，研究制定生态农产品基地建设、投入品、生产技术操作和加工、包装、运输标准，为保障生态农产品质量安全提供标准基础。二是建立监管体系。加强市、县、乡三级执法监督队伍建设，补充人员，充实力量。完善市检测中心功能，建立县级检测站和基地速测站。利用互联网技术，实施农产品质量网络提升工程，建立产前、产中、产后全程产品质量监督管理体系。对基地原料、企业产品进行质量跟踪监控，强化加工销售环节质量控制措施，防止发生二次污染。建立产品质量网络监管追溯系统，组织引导生态农产品经营主体进入省级农产品质量追溯平台，实现生态农产品带标上市、生产有记录、信息可查询、流向可跟踪、质量可追溯，提升生态农产品质量管理水平和市场认可度。三是强化投人品监管。对农业投入品实行源头控制，严格市场准入制度，强化标签、标识监管。健全质量监测和执法长效机制。面向农民普及科学施肥用药知识，改进施肥方式，精准施肥，平衡施肥，增施有机肥。实施绿色防控和统防统治，推广农业防治、物理防治和生物防治，逐步减少化肥、杀虫剂、除草剂使用数量，实现化肥、农药使用“零增长”。

6. 突出重点，培育龙头企业群体

根据当地特色，突出重点，以当地优势生态农产品为主。支持龙头企业建立研发机构，或与高等院校和科研机构联合协作建设实验室或技术发展平台，发展名优新特系列产品，拉长生态农产品产业链条，提高附加值，增强市场竞争力。引导企业、项目向优势产区、园区集中。鼓励上下游企业组成战略联盟，提高产业集中度，带动区域生态农产品产业发展。

7. 培育品牌，拓展生态农产品市场

一是实施品牌培育工程。围绕当地优势特色产业，实施品牌发展战略。本着品牌产品—

品牌企业—品牌产业—品牌经济发展线，统筹推进基地生产、产品加工、品牌培育和市场发展工作。二是大力发展生态农产品电子商务。各级政府应引导生态农产品产业经营主体，把握趋势，顺势而为，大力支持龙头企业等新型主体，建设生态农产品电商平台，或与大型电商合作，发展基于互联网、物联网等新技术的线上线下感知互动、体验式消费等生态农产品电子商务新模式，激发和释放生态农产品产业发展活力。

8. 完善管理体系，提高专业人员素质

建立健全科学管理体系，完善组织协调机制。专业人员的知识和素质对于生态农产品的发展具有重要意义，建立专业人员培训制度，提高专业人员素质，并不断完善管理体系，使生态农产品的生产产业化、专业化。

四、生态农产品的发展趋势

1. 生态农产品发展与生态农业建设

生态农产品发展以生态农业建设为基础，以生态农业为技术保障，生态农业以生态农产品为市场载体，从而形成以产品发展带动生态农业，以生态农业建设促进产品发展的良性发展机制。在生态农业建设中强化环保、无公害技术，例如，生态农业基地在土壤、大气、水等方面，必须符合生态农产品产地环境标准。

2. 生态农产品发展品牌化

生态农产品发展品牌化首先要树立品牌意识，品牌意识是市场经济发展的重要观念，树立品牌意识能够培养企业在激烈的市场竞争中的主动性，生态农产品品牌的建立和推广，必须要树立品牌意识，深入发展生态农产品的内在潜力，提升生产力和竞争力，并对品牌进行保护。

建立完善品牌传播模式，生态农产品只有借助合理的品牌传播模式才能更好地建立起与消费者之间的信任。除了传统的电视、广播、报纸等传播手段外，还要运用新媒体等手段进行宣传推广。另外，还要整合生态农产品的品牌传播资源，将各种生态农产品品牌推广资源整合在一起，避免各自为战。由于生态农产品品牌传播渠道是一个系统工程，因此，需要各环节各部门协同配合，努力实现生态农产品传播机制的畅通，最终构建起良好的信任机制。为此，生态农产品的生产者、批发商、物流商及终端零售商之间应当形成共同的利益基础，并基于共同的利益设计出操作性强的生态农产品传播方案。

3. 生态农产品产业化

建设生态农业产业化示范区，可以促进生态农产品龙头企业的发展。此外，重视对外开放，逐渐开展跨区、跨行业的合作。

另外，各级地方政府应该采取相应的措施帮助从事生态农产品生产和经营的企业，对这些企业进行财政和金融方面的支持，提高他们种植和经营的积极性，降低经营风险，提高收益，吸引更多的企业投入到生态农产品的产业化中来。

制定生态农业产业化发展战略规划，学习国内外先进生产和经营经验，坚持以市场为导向，建设发展潜力大的生态农产品生产基地，推动优势生态农业和特色生态农业向优势产区集中，形成优势性的生态农产品产业带。

4. 生态农产品发展电子商务化

生态农产品电子商务有利于扩展农产品的销售渠道。传统的农产品的销售，受到地域及环境因素的限制，当地的人只能购买当地盛产的生态农产品，生态农产品电子商务的开展打破了区域的限制，可以购买到其他区域的生态农产品，而且不受到环境因素的影响，消费者通过网络就可以购买到新鲜的农产品。

生态农产品电子商务的开展，提高了市场竞争力，扩大了农产品的销售范围。随着我国电子商务的发展，运作模式也在不断改变，甚至可以建立国际交易平台，实现生态农产品的出口创汇。

5. 生态农产品深加工

培育加工型龙头企业，推进贸工农一体化。另外，加大对成长型农产品加工企业的扶持力度，促使其加快由小变大、由弱到强的转变；引导和协调龙头企业正确处理与基地、农户的关系，真正形成利益共享、风险共担的发展机制，使更多的农户参与产业化经营，获得更大的收益。

生态农产品的加工对象包括粮食、蔬菜、水果、饮料、奶类、畜禽产品、调料、油类、蜂蜜、水产品等。随着社会发展进步，生态农产品发展领域将从食品类扩展到非食品类农产品，如彩色棉，生产无公害棉制品，使服装着色不用化学合成原料等。

与生态农产品加工相关行业也将纳入生态农产品发展领域：一是食品添加剂等辅料生产，包括品质改良剂（如强化剂、增长剂）、调味剂、调色剂、香味剂、乳化剂、酶制剂、防腐剂、防霉剂、保鲜剂、抗氧化剂等化学合成生产将被生物生产替代。二是包装行业，塑料包装对食品的污染已引起人们的重视，将禁止使用，天然材料将被广泛应用。

第四节

生态农业应用案例

一、雄县京南生态农业示范区

雄县京南生态农业示范区位于雄县大营镇北沙乡白码村北、津保公路两侧，西接中国箱包之都、中国商贸名城——白沟，南与白洋淀旅游胜地相望；东北与固安相邻。一期规划面积 3.6 万亩，投资 2.1 亿元。园区核心区所在地的白家码头地下蕴藏着丰富的地热和矿泉资源，正处在地热带核心地段，白家码头温泉水埋藏浅至 600 米以下，经探明储量约 821 亿立方米，水温高达 80 ～ 90℃。为本园区科学可持续发展提供了清洁新能源。

1. 高站位、高起点、高标准

园区位于京、津、保三大城市中心，区位交通优势明显，适应京津冀地区生态农业发展。园区以“生态农业、创新农业、智慧农业”为发展模式，本着“高站位、高起点、高标准”的目标理念。专注打造集种植、养殖、加工、储运、科研、新成果培育展示、休闲旅游、文化教育科普多方位为一体的生态农业示范区。

2015 年雄县人民政府、国家花卉工程技术研究中心与河北三白农业科技有限公司共同签署了——关于共建“雄县京南生态农业示范区”的战略合作框架协议。三方紧密结合京津冀一体化协同发展战略，为园区的建设发展提供了更多的配套政策、环境保障和专业的人才支持、技术平台支撑及发展战略。

园区建设过程中河北绿协、河北省林业科学院、河北农业大学、保定市林业局技术站等单位的技术人员多次到园区实地考察，共同研讨，为示范区的建设和发展打下了基础。同时为提高园区档次，市、县两级政府委托北京林业大学对示范区进行了整体规划设计，确定知名教授专家来园区指导并开展实质性研究工作。

截至目前，园区已经建成了 1 100 亩樱桃园，300 亩百果园，1 000 亩黄桃园，种植各类绿化苗木 1 000 亩，林下种植二月兰观赏花海 500 亩，油菜花 500 亩。同时建设地热智能花卉温室 3 600 平方米，红薯基地 2 000 亩。依托北京林业大学科研实力，借助地热智能花卉温室的设施优势不断培育新花卉品种，目前已成功培育种植 6 万多株特色花卉。

2. 科技为依托、人才为基石

园区建设之初就本着“科技建园、人才储备”的理念，与北京林业大学建立了长期坚实的科研技术、人才培养合作机制，北京林业大学的专家教授定期来园区进行技术人员技能培训和专业课程讲解，与园区技术人员共同发展培育了各类果木新品种、花卉新品种十多种；同时作为“保定市青年就业创业见习基地”，园区还与保定职业技术学院农林与生物工程系、旅游系等建立了专项基础人才培训、输送合作计划。在校大学生、毕业生经常来园区参加实习、技术交流，通过对科技的执着，对人才的珍视，园区组建起了懂技术、懂管理、懂生产的年轻化、高素质精干团队。

园区的运行与管理离不开科学可行的组织体系和管理制度。秉承现代化的管理理念，运用与时俱进的管理运营方法，制定符合园区发展特色的制度体系，加入“5S 精细化管理”方针，用科学合理的管理模式协助园区的日常运行，已达到高效、准确的良好效果。

3. 核心区辐射、立体式发展

园区的建设不仅是一个园区的发展，更是起到了广泛的带动和辐射作用。千亩樱桃园、百果园、二月兰花海、智能花卉温室已建成，推行“一区多园、一园多社、一园多制”的运行模式，以核心区辐射带动周边的全景发展格局正在健康形成。以点带面、逐步辐射 3.6 万亩，经济效益、社会效益逐步显现。

“造福一方、富裕百姓”，园区的各生产作业环节、加工销售环节更有利于解决当地农村剩余劳动力就业问题，增加农民收入，提高农民技能。使更多的农民转化成掌握一技之长的技术型新型职业农民。同时还可以带动运输、包装、贮运、饮食、观光等各项相关产业的发展，推进农村城镇化建设和新农村建设。

园区力争围绕“生态效益”“社会效益”“经济效益”三者的有机结合，园区建设注重提高科技在农业发展中的应用范围，注重改善当地农业生产基础设施条件，提高土壤的综合生产能力；科学规划合理发展，提高园区土地生产率的同时提升土地综合效益。遵守可持续发展的生态理念改善当地的生态环境，形成农业生产与生态环境优化的良性循环科学发展。

4. 京南花谷、四季花开

园区还着重打造了“千亩花海”观赏区，并注册“京南花谷”旅游品牌。樱桃、红花蜜桃、油菜花、二月兰等共同呈现出了一片绿树红花紫海的壮美景观。智能温室的高端花卉也将竞相绽放。四季赏花，百花争艳，与古老的赵王河、牛头山构成了花海、绿水、蓝天的绝色美景，引人流连忘返！

“京南花谷”花海旅游在 2017 年 4 月 1 日对外开放，游客可来白家码头踏青休闲，观红花蜜桃、赏樱桃美景，尽享千亩各色花海。领悟大自然的清新美好，体验休闲时光，感受花的芬芳。

“雄县京南生态农业示范区”的建立，不仅符合省政府“环首都经济圈”的规划，更是与“京津冀一体化协同发展，营造京南万亩生态林”战略方针相吻合。是政、产、学、研、用多方合作、协同创新，改变生态环境、优化种植模式、培育职业农民的绿色生态农业工程。

同时也将作为一张以花为主题的旅游名片，成为新的旅游亮点，提高周边群众的休闲生活质量，为大家的休闲旅游，放松身心提供了一个四季花开的美境。

二、重庆市生态农业示范区

重庆市生态农业示范区地处重庆市南川区西北部，包括大观镇、兴隆镇、黎香湖镇、木凉镇和河图乡 5 个乡镇，面积 36.8 万亩，其中耕地面积 13.97 万亩，林地面积 16.7 万亩。总人口 7.9 万人。发展生态农业，打造重庆市优质粮油基地、高效生态林业产业示范区、新农村建设先行区、统筹城乡体制机制创新试验区。

1. 区位优势明显

生态农业示范区距南川区 10 千米、重庆市主城区 40 千米，到江北国际机场 1 小时车程。渝湘高速贯穿示范区境内，已融入重庆市“一小时经济圈”。随着南川至涪陵、万盛铁路；南川至万盛、涪陵、道真高速的开工建设，将进一步改善南川区及示范区交通环境。

示范区为典型的山地丘陵地区，以单斜低山和坪状低山谷坝地地貌为主，海拔高度 470 ～ 900 米，平均海拔 740 米，在重庆市山地农业地貌中具有较强的代表性。

2. 生态优良，气候适宜

示范区林地面积 16.7 万亩，森林覆盖率 45.2%，森林总蓄积量 698 688 立方米，公路两旁绿化达 54.6%，森林质量好、植被丰富，空气中负氧离子含量丰富，对人体有一定的保健功效。示范区重点发展生态农业、乡村旅游业，无大型排污、高效能厂矿企业。通过近几年农民素质提升工程培训，示范区群众素质大大提高，环境保护意识强烈。

示范区属亚热带湿润季风气候，气候温和，年均温 16.6℃；雨量充沛，年降雨量

1 185 毫米；无霜期长，无霜期 308 天；热量丰富，年日照时数 1 273 小时，温湿适度，土地肥沃，宜种性强，植被较好，生态系统稳定，受恶劣天气影响有限，有利于发展生态农业，也适合人类的居住休闲度假。

3. 生产条件便利

已通过农业综合发展项目和国土整治项目整治农田 5.18 万亩，占总农田的 52.8%，其中高标准农田 1.2 万亩。

川流不息的龙川江滋润着示范区 5 个乡镇，园区内水利工程 834 处，山平塘 222 口，灌排渠堰 257 条，电力提灌站 40 处，农业水利设施较为完善。

在国家宏观政策支持和全区各部门通力配合下，生态农业示范区农机化水平较高，农业生产力得到了显著的提高，更多劳动力得到了解放，农民增产增收明显。

4. 示范区建设

建立产业合理布局、基础设施配套、农业装备良好、规模经营度高、产业化水平高的绿色精品稻米基地、优质粮油基地。

建立体现规模养殖、生态养殖、健康养殖、节约用地的优质生猪、南川土鸡、优质肉鸭养殖基地。

建立林业产业链条完整、林业生态良好的高效林业产业示范区。

建立基础设施完善、人居环境优美、公共服务健全、社会保障全面、农民充分就业的统筹城乡新农村建设先行区。

三、安庆大观生态农业示范区

安庆市大观区现代农业示范区位于安庆市西郊，涵括海口镇、山口乡两个乡镇。总规划面积 5.69 万亩。分核心区和辐射区，其中核心区位于海口镇广成圩安九公路北侧，面积 1.8 万亩。自 2008 年伊始，按照大观区委、区政府的决策部署，围绕发展“高产、优质、高效、生态、安全农业的总体要求”和“农业试验、示范、城郊休闲观光”的功能定位，历经多年持续发展，现已初步建成以构筑现代农田基础设施，构建现代农业生产经营体系，发展优质蔬菜、特色瓜果种植、特种水产养殖、现代畜禽饲养等高效生态农业为主体，以农副产品精深加工贸易为支撑，以田园采摘、餐饮垂钓、旅游观光等休闲农业为延伸，集成应用新品种、新农艺、新装备、新业态等现代文明技术成果的区域性现代农业生产经营、示范体系，示范区于 2013 年 6 月被省政府授予“省级现代农业示范区”，同年 10 月被国家科技部批准为国家科技示范园区。近年来，在区委、区政府的高度重视下，园区建设成效显著。

1. 基础设施进一步完善

按照“统筹规划、区域布局、综合治理、分步实施”的要求，截至 2018 年，示范区累计投入资金约 2.6 亿元，其中财政支持达亿元，带动民营资金投入达 1.6 亿元，修筑水泥路 32 千米、衬砌沟渠 63.04 千米、输电线路 7 千米；修建桥梁 52 座、过路涵 799 座、灌溉站 22 余座；整理节水灌溉设施 687 亩，示范区内基本形成了“田成方、林成网、路相通、渠相连、旱能灌、涝能排”的基础设施格局。示范区通过龙头企业生产投资，建造连栋温室 4 座，面积 23 亩，搭建冬暖式大棚 20 亩，钢架大棚 2 500 亩，频振式杀虫灯 60 盏，精养鱼塘增氧泵 200 台套，蔬菜保鲜冷藏库 120 立方米等一大批现代农业生产经营装备。

2. 产业布局进一步优化

以“调优、调大、调强”为目标，示范区重点打造了一批优势农产品基地，基本实现了规模化生产、产业化布局。目前，示范区入驻农业新三板上市企业 1 家，省级龙头企业 2 家，农业产业化示范联合体 1 家，龙头企业、合作社、家庭农场等各类经营组织 120 余家。涵括了果蔬种植、苗木花卉、甲鱼养殖、农家乐、科研等多种领域，形成了以红星生态、金大地、金隆园等公司为龙头的无公害蔬菜基地；永强禽业为代表的番鸭养殖基地；中盛粮油进出口公司为代表的芝麻等农产品加工生产基地；美好甜园公司为代表的观光采摘园基地及西江水产公司的特种水产西江养殖基地。示范区内常年蔬菜种植面积 7 500 亩，其中设施蔬菜种植面积 2 500 余亩，年产值超亿元；水产养殖面积 2 710 公顷，渔业总产值 1.886 亿元，西江水产养殖公司年产甲鱼苗 34 万只，年产值 320 万元。目前，一个布局合理，特色突出的农业产业化体系已经形成，并成为示范区农民增收的重要支撑。

3. 龙头企业产业融合度进一步提升

通过大力扶持发展涉农企业，不断延长农业产业链，组织金融机构和农业企业进行对接、积极争取项目资金扶持、出台促进产业发展相关政策等措施，先后扶持壮大了永强禽业、中盛粮油、庆丰蜂蜜等一批农产品加工企业。安庆永强农业科技有限责任公司被认定为省级农业产业化龙头企业甲级队、省示范现代农业产业化联合体，是我区第一家示范联合组织。吉园生态农庄种养殖结合配套农家乐打造生态观光基地，浙安农业发展有限公司建设了 200 亩葡萄采摘园，引进了黄金瓜、麒麟瓜、哈密瓜、火龙果、油桃等新品种，受到游客的一致赞赏。安徽美好甜园现代农业股份公司流转土地近 5 000 亩，以规划为龙头，以市场为导向，走种、养、加、销、乐为一体发展之路，打造安庆市最大的农业休闲生态园。

4. 农业标准化生产稳步推进

为支持示范区开展生态农业产业化建设，采取申报和遴选相结合的办法，由 5 家企业和单位共计投资 180 万元，建成相关项目 5 个，分别是 100 亩大棚管网设施，推进水肥一体化灌溉技术等多样化增效技术应用项目；生物防治的器材购买和生物农药的引进、实验示范项目；农产品质量安全检测室建设项目；示范区环境整治项目。显著提升了示范区科技创新能力，进一步完善了示范区公共服务体系，推动示范区农业生产经营朝着更加绿色、生态和环保的方向健康发展。本年度在“三品一标”建设方面，金大地公司 8 个蔬菜农产品、红星生态 5 个蔬菜农产品、金海蔬菜专业合作社 6 个蔬菜农产品、顺道公司 4 个大宗农产品均获得国家绿色食品 A 级产品认证；新型农业主体建设方面，鸿盛蔬菜专业合作社获评省级示范专业合作社，观海家庭农场获评省级示范家庭农场，同时新增家庭农场 6 家。龙头企业农产品进超市方面，针挑香系列产品、良友麻油进超市销售额均达 500 万元以上，中盛粮油产品进超市销售额 2 000 万元以上。2018 年重新考核认定示范区新一轮市级农业产业化龙头企业达 16 家，继续保留原有省级农业产业化龙头企业 3 家。

第五章

乡村休闲旅游文化的发展

CHAPER

05

第一节 传统农耕文化的发展

一、农耕文化的概述

（一）农耕文化的概念

农耕文化是指在农业生产实践活动中所创造出来的与农业有关的物质文化和精神文化的总和。农耕文化是中国劳动人民几千年生产生活的智慧结晶，反映并体现了中国传统农业发展中的思想理念、生产技术、耕作制度以及中华文明的内涵，它的形成和发展浸透着历代先贤的血汗，凝聚着中华民族的智慧。源远流长的农耕文化是中华文化之根，今天仍然渗透在人们的生活中，特别是渗透在乡村生活的方方面面。

农耕文化博大精深、内涵丰富，主要包括 4 个方面。

1. 应时

应时指要顺应时间与节气等自然节律开展农业的生产周期，所形成的农耕文化现象。比如春种秋收、春华秋实等。

2. 取宜

强调因时、因地、因物制宜，这是开展一切农业生产活动必须遵守的根本原则，体现了农业生产要顺应自然。

3. 守则

所谓“则”，即准则、规范、秩序，它是人与自然长期互动形成的实践原则，农业生产中必须遵循这些原则和规范，否则将必然受到自然的惩处。比如，“人误地一天，地误人一年”，说的就是生产中耽误一天，就会影响一年的收成。

4. 和谐

天、地、人“三才”协同，在天时、地利、人和，以及各种条件充分具备的情况下，才能实现风调雨顺，实现政通人和，实现人与自然的和谐。

（二）农耕文化的内容

1. 农业科技

农业科技主要是指在农业生产中形成的具有一定科技含量的技术工艺及其成果。如种植、养殖、加工的相关技术，特色食品、服饰等的制作手艺，耕作技术和工具，以及其他科技要素，如桑基鱼塘的生态农业模式等。

2. 农业思想

农业思想是指历史上形成的对农耕文化总结的成果，包括对农业的态度、认知、著作等精神类成果。农业思想对农民从事农业活动具有指导作用，能够促进农业技术的进步和农耕文化的发展，如北魏时期中国杰出农学家贾思勰，系统总结了6世纪以前黄河中下游地区农牧业生产经验、食品的加工与贮藏、野生植物的利用等技术，形成的《齐民要术》一书是中国历史上出现的第一部系统农书，对中国农耕文明的发展起到了很大的促进作用。

3. 农业制度与法令

中国以农为本、自给自足的小农经济是中国古代社会发展的根基。劝农重耕一直是农业立法的指导思想。长期的历史发展中形成了一系列的农业发展制度利法令，主要包括四个方面：一是赋予农业以崇高的地位，二是明确政府官员鼓励农耕等职责，三是保护农民权益，四是采取各种措施发展农业生产，成为农耕文化的重要组成部分。

4. 乡村礼仪与价值观念

乡村礼仪是农民在农村生活中，以约定俗成的方式来表现待人处事的方法和律己敬人的过程。中国幅员辽阔，民族众多，各地乡村礼仪、风俗习惯以及宗教信仰等有显著差别，各民族、各村落人们的价值观念也各有特色。几千年来，相对封闭的农村环境使农民一直遵守和延续着传统的乡村礼仪。缤纷多样的乡村礼仪和价值观念成为中国农耕文化的无形财富。

5. 农事节日习俗

中国传统节日中有大量与农业生产息息相关的农事节日，其本质是对农业生产过程的高度概括和总结，体现了农业生产因地、因时制宜的根本原则，同时又融入了饮食、服饰、艺术等大量的农村文化习俗，如清明节、端午节、中秋节、腊八节等，均与农耕生产和农村生活紧密相连，是农耕文化的集中体现。

6. 农耕饮食文化

中国的饮食文化与农耕文化的发展息息相关。长期以来，中国农村受地理环境、气候条件、农业产物、文化传统以及民族习俗等因素的影响，饮食文化各具特色。丰富的自然食材为饮食提供原料，不同民族的风俗礼仪为饮食注入文化特质，经过长期发展，在一些区域形成了有一定亲缘承袭关系，菜品风味相近，知名度较高，并为当地群众喜爱的地方菜系。其中，粤菜、川菜、鲁菜、淮扬菜、浙菜、闽菜、湘菜、徽菜被称为“八大菜系”。中国农耕饮食文化风格多样，除了主流菜系，在各地、各民族还有各自独特的饮食特色。

二、中国传统农耕文化主要文化类型与特征

（一）湘西侗族农耕文化类型

1. 风俗习惯类

包括生产习俗、饮食习俗、服饰习俗、丧葬习俗等。

2. 民间艺术类

如绘画艺术、雕刻镶嵌艺术、织面艺术、建筑艺术等方面。

（二）中国传统农耕文化的特征

1. 悠闲性和自满意识

小富即安，不思进取，惧怕竞争和冒风险。在长期的农耕中，农民虽然养成了勤劳、执着、忍耐、朴实、精耕细作的传统美德，但同时又形成了随遇而安、得过且过、安于现状、保守落后的历史惰性心态。长期以来，这种悠闲的生活方式突出的表现就是生活工作节奏缓慢、效率低下等倾向，缺乏生产工作上的压力感、危机感、紧迫感，经济上的外向性和扩张性发展也十分有限。

2. 保守性

因循守旧，墨守成规，经验主义，迷信盲从，拒绝接受新事物等现象常见。“以不变应万变”“天不变道亦不变”、因循守旧、故步自封，这是农耕土壤滋生出来的又一文化特征。农耕社会自然经济的特点和人们认识世界手段的局限性，决定他们对世界的认识大都是直觉式、经验型。然而，自然社会的客观规律远非人们的感官和经验所能及，凭经验判断和直觉推理势必会造成南辕北辙。虽然中国农耕文明曾经引领世界文明七八百年，有过许多举世瞩目的发明，但是，这些统统只是技术层面上的发明，是基于对经验的总结，属于直觉性知识，与现代科学技术所倡导的求真知精神不可同日而语。特别是近代200多年清王朝的闭关锁国和极权统治，使中国失去与西方现代科学技术接轨的机会，中国这个文明古国，被排斥在近代科学文明之外。

3. 平均主义

“民不患寡而患不均。”孔子曾说过“大道之行，天下为公”，并倡导在中国自然经济的土壤上建成一个“大同世界”。研究者们把这一思路称之为中国农耕文化派生出来的理想主义。这种主义的直解就是“均”“等”观，这一观念不仅为中国老百姓接受，而“不患寡而患不均”也成了封建统治者的经典说教。农耕社会中浓厚的家族制意识，往往使人们不能平等地承认各自的机会，同时更不愿承受其结果的不均，这就是农耕社会中平均主义的文化传统。

4. 封闭性

不愿流动，自给自足，排斥合作，不关注外界变化现象严重。土地是农耕经济最重要的生产资料，古代的农民世世代代聚族而居，对土地的依恋感情尤为强烈，他们满足和习惯于自给自足的经济状况，加之生产工具的极其简陋，没有也不需要远距离的市场，人们的活动半径极为狭小，足不出户，一辈子可以只生活在熟人圈子里，与外界的信息交换极为有限，人们对自己生活圈外的事漠不关心。

5. 浓厚的血缘与地缘意识

人治与帮派文化。农耕社会里，劳动以简单的自然关系分工，男耕女织，生产经验在上下代之间直接传递。人际交往主要在家庭内部，以及亲戚邻里之间，以血缘、地缘为纽带的家庭及家族是社会的基本单位。农业经济一直深受自然条件的限制，干旱、洪涝和虫灾等自然灾害都会对农民生活产生很大的影响，农耕文化中特别强调血缘和地缘关系，所谓“打仗亲兄弟，上阵父子兵”“朝内有人好做官”“肥水不流外人田”，成为人们自然的价值观。

6. “官本位”、等级和特权意识

行政职务胜过专业技能。在小农经济时代，等级意识和特权观念浓厚，农耕文化对人才的认识和理解上最典型的就是用“官本位”来衡量。在人们心目中，人的高低贵残、品德能力、有无出息，很大程度上是以其职位职务的高低来论定。

三、农耕文化资源产业化的路径、发展模式及类型

农耕文化资源的产业化发展是立足农耕文化特色资源，围绕休闲农业等产业发展，提供文化产品、文化景观、文化体验、文化科普等服务，促进农耕文化保护与传承，实现农耕文化资源价值的经济活动。农耕文化资源发展要依据资源的特点，实施差异化的发展路径及发展模式。

（一）农耕文化资源产业化的路径

1. 农民参与主体化

中国当前处于全面建成小康社会的关键阶段，大众创新创业已成为实现经济中高速增长的新动力，也是释放人才红利与实现个人梦想的重要契合点。农民是农耕文化资源传承的主体，也是推动“大众创业、万众创新”中人数最多、潜力最大、需求最旺的重要群体。农耕文化资源的产业化发展要围绕农民创新创业，加大扶持力度，加强平台建设、创业辅导、公共服务、宣传推介等主要手段，以新型职业农民为主体，发展农产品加业、休闲农业、民俗民族工艺产业和农村文化服务为重点，提供各种优质专业的服务，营造良好的农民创新创业生态环境，激发农民创新活力创业潜力，打造农业农村经济发展新引擎。

2. 融资渠道多元化

要实现农耕文化的产业化发展，需要强大的资金后盾支撑。完善农耕文化产业化投融资机制需要设立农耕文化发展的财政专项资金，发挥财政资金的引导和杠杆作用；构建专业化农耕文化产业化投融资平台，以市场化的方式进行多元筹资；完善财税政策，加大信贷投入；积极探索实施农耕文化项目融资，有效地利用社会资金，努力形成政府推动、市场运作、专业化管理的农耕文化产业化投融资机制。

3. 特色发展乡土化

农耕文化产业化发展要抓住农耕文化的特色进行乡土化发展。农耕文化的乡土性是产业化发展的源泉，使农耕文化能够抵御外来文化的侵袭，也能使之在时代发展的洪流中保持自身的独特性和魅力。对农耕文化进行乡土化发展，要加大对农村传统聚落、农村民俗风情、农业特色景观和非物质文化遗产的发展力度，挖掘乡土气息浓郁的农耕文化产品与服务，延伸农耕文化体验链条，提供纯真原始农耕生活感知，在保持农耕文化资源的乡土化与原真性的前提下，推进农耕文化产业化发展。

4. 产品设计精品化

农耕文化产业化要坚持适度包装原则，实现精品化发展。在发展的整个过程中，要紧

密围绕市场需求，要尽量保持农耕文化资源的原真性，打造精品产品，提升建设品味和服务水平，通过简单、适度的包装，使之更加亲民，更加便捷，符合现代社会的消费需求，集中展示产品、服务、文化的品味，营造出高品质的审美体验，实现精品化。

5. 产业经营品牌化

品牌是现代农业发展的重要载体，是市场竞争中最为成功的利器。品牌农业已成为现代农业新的增长点。农耕文化的产业化发展要实施品牌化战略，将农耕文化资源作为品牌符号，发展出特色农耕文化产品系列，进行品牌运营和打造，增强消费者对农耕文化产品的认可度和忠诚度，带动多次消费，形成“以品牌强农业，以品牌富农民，以品牌带农村”的发展格局。

6. 环境建设生态化

良好的生态环境是农耕文化可持续发展的重要支撑，是培育农耕文化产业、壮大品牌的资源基础。农耕文化产业化要坚持生态优先，精心打造农耕文化生态产品，着力打造生态化的农耕文化园区，重点打造生态化的农耕文化景观，实现绿色生态与农耕文化和谐互促，全面实现农耕文化的生态、可持续发展。

7. 产业发展国际化

中国农耕文化蕴涵着极其丰富的内涵，对国外游客具有极大的吸引力，是国外了解中国文化的重要窗口，也是中国文化对外交流、走向世界的重要通道。农耕文化产业化发展要站在国际文化交流发展的高度，面向国际性农耕文化消费需求，开拓农耕文化产品与服务的新领域。同时，要学习和借鉴国外农业文化与农业产业化发展的经验，打造更具特色的农耕文化产品，满足人们求新、求异、求知的需求，提升中国农耕文化的影响力。

（二）农耕文化资源产业化的发展模式及类型

农耕文化旅游资源发展模式可以概括为静态观光和动态体验2种。二者并非截然分开，而是相互融合、相互渗透，静态观光中包含有动态体验，动态体验中又有静态观光，动静结合实现农耕文化资源的产业化价值。

1. 静态观光模式

静态观光模式以农耕文化产品、景观、活动的集中展示为主要形式，以游客观光为主要活动，提供科普教育、文化展示等服务的发展模式。其主要载体有农耕文化博物馆、农业科普示范园、民俗风情园、设施农业园等场所。这种模式的产品与服务主要停留在观光层次，以向游客单向输出为主，为游客提供视觉享受，使游客获得科普知识和信息，以实现农耕文化的经济和社会效益。依据载体不同，静态观光模式可分为以下主要类型。

（1）农耕文化博览类

集中展现各种与农耕文化相关、从古至今的农具及农村生活用品等物品，展示农耕文化发展历程，如犁、耙、铁锨等，粮食加工用的石磨、石碾、石磙、土笼、风车等。农具要力求古朴、真实，为游客再现田园诗般的农村生活场景，使游客体会古老悠久的农业文明和地域特色浓郁的风土人情，增进对农业历史和农耕文化的了解。

（2）农业科普示范型

依托各类农业园区建设，集中展示传统和现代交相辉映的生产技术和生产方式，以及展示生产过程中形成的特色景观，为游客提供新奇的农业认知。发展载体主要有景观农业园区、设施农业园、花卉产业园等，同时向游客提供科普教育、技术展示等书籍。通常，这类农业园还向游客提供采摘服务，使游客获得科普教育和休闲体验。有利于实现资源发展效果与利益的最大化。

2. 动态体验模式的几种常见类型

（1）农耕活动体验型

主要是指依托农业生产场所和设备，发挥春华秋实等农业生产的吸引力，为游客提供赏花、摘果、耕种、收获等特色农耕活动和体验，吸引游客参与农业生产活动。这一类型既包括游客直接参与农业生产体验活动，也包括采用家庭租种小块农地的形式，由市民认养认种土地，由认领者在出租者的协助下开展农作物体验种植、产品配送等服务，满足市民对安全农产品的日常需要，还能让市民体验到农业生产的乐趣，促进农耕文化资源利用。

（2）农村生活体验型

农村生活体验型是比农耕活动体验型更为深入的资源发展形式，能够进一步拉近市民和农村的距离，为游客提供风景优美、古风古色、特色鲜明的农村生活体验。市民可以欣赏农村美丽的自然风光，参与农民的农业生产活动，还可以进一步体验农民生活，吃农家饭，住农家院，做农家事，品味农村民风习俗。这种形式最大的特点是参与、体验性强。市民将自己置身农村生活中，完全脱离城市的喧嚣，体验返璞归真、回归自然的乡村乐趣，使市民获得回味乡愁的精神诉求。

（3）农耕文化节庆型

传统节庆承载着中国几千年的文明，附着很多农耕文化的重要元素。农耕节庆活动已经成为对农村经济、社会和文化发展具有重要推进作用的一种文化现象。农耕节庆活动既包括传统的农事节庆，如腊八节、中秋节等，也包括与现代农业生产经营活动紧密结合的现代农耕文化节庆，如甘肃庆阳农耕文化节、北京平谷桃花节、安徽砀山梨花节、北京农业嘉年华等。农业节庆活动植根广阔的三农沃土，深耕厚重的传统文化，具有强大的生命力和广阔的扩展空间，农事节庆已经成为集中展示传统农耕文化和开展现代农业交流活动的重要平台，起到了农业科技博览、农业交易展示、文化传播推广等重要功能。

四、农耕文化资源发展存在的问题

1. 农耕文化产业化效益实现通道尚未形成

长期以来，在农业生产经营活动中，并未把农耕文化作为可以促进“三农”发展的重要资源，农耕文化的产业化开展相对不足。加上原有经济发展水平下，消费者对农耕文化的需求相对不足，其产业化发展的有效市场尚未形成，社会各界对农耕文化资源的发展动力不足，部分农耕文化资源已随时间的推移消失在市场经济的浪潮中。近年来，随着城镇化发展，中国居民消费水平不断提高，农耕文化相关消费与日俱增，因此，必须探讨农耕文化资源的发展，使之形成合理的价值实现通道，在保护和传承的前提下，实现产业化发展，满足市场对农耕文化消费的需求。

2. 农耕文化产业化与文化事业结合不够紧密

继承和保护农耕文化是农耕文化产业化的前提条件。农耕文化产业化必须和农村文化事业的发展紧密结合，使农耕文化产业内化为各类主体的自觉行为和农村文化事业的核心内容。当前，在进行旅游发展时都会着重挖掘当地的传统农耕文化资源，但人们多关注其经济效益，以至于过度地迎合市场消费者，而忽略农耕文化的乡土化和原生态特征，导致原有的农耕文化脱离了传统韵味，使文化成为经济的附庸。这种行为短期内可能会给当地农民增加收益，但这将有碍中国传统农耕文化的持久发展。

3. 农耕文化产业化未能体现农民的主体地位

农民是农耕文化传承的主体，农耕文化产业化的进程有赖于农民的广泛参与。但总体来看，农耕文化产业化发展中，农民的主体地位未能得到有效的保障。农民受到自身条件的限制和不合理发展制度安排的影响，往往缺乏话语权，不能充分表达对农耕文化资源发展的合理化主张，也无法保障资源发展中自身的长远利益。

4. 农耕文化产业化产品单一特色缺乏

农耕文化产业化过程，农耕文化旅游活动主要停留在观光、餐饮、住宿、采摘等浅层次项目上，缺乏创新设计和深度加工，综合性发展项目较少，产品体系欠缺，层次不够丰富，产品同质化严重，对农耕文化资源的品牌化打造不足，知名度和影响力较小，市场竞争力较弱；没有从深层次挖掘农耕文化，项目静态观赏居多，有关体验性和参与性的旅游活动较少，难以满足游客较深层次的旅游体验需求和较高层次的休闲文化旅游需求。

5. 对非物质文化遗产保护不足

非物质文化遗产指各种以非物质形态存在的与群众生活密切相关、世代相承的传统文化表现形式，具有原真性、活态性、传承性、民族性等特点。长期以来，中国对非物质文化保护力度不够，致使一些传统技艺流失，部分非物质文化遗产面临后继无人的状况。非物质文化遗产是中国农耕文化中的瑰宝，必须加强其产业化发展，利用其经济价值和社会价值，促进非物质文化遗产的保护和传承。

五、经典案例分析

1. 红河哈尼稻作梯田主要概况

红河哈尼梯田是以森林、村寨、梯田、水系为物质载体，以稻作技艺、民族文化传统、思想情感为无形表现，叠加生态智慧，顺应自然、因地制宜的体现，在我国及亚洲地区极具代表性，是反映自然资源智慧利用和人与自然和谐相处的杰出典范。2013 年 6 月 22 日，历经 13 年的磨砺，红河哈尼梯田在第 37 届世界遗产大会上被成功列入世界遗产名录，使中国成为仅次于意大利的第二大世界遗产国。同时，红河哈尼稻作梯田系统成为第 45 处中国世界遗产，也是我国第一个以民族名称命名的世界遗产。据文献记载，于 1 300 年前，哈尼梯田文化景观就已形成，千百年来仍绵延不绝，直至今日还保持着旺盛的生命力，其内涵、组成要素、结构并未发生根本性的变化，从而成为申请世界农业遗产的有力依据。

红河哈尼梯田位于云南南部，遍布于红河州元阳、红河、金平、绿春 4 县，总面积约 6.7 万公顷。其中，元阳哈尼梯田为红河哈尼梯田世界文化遗产的核心区，仅元阳县境内就有 1.13 万公顷梯田，是规模最大、最集中的梯田片区，并且完整保留了古老的农耕文明。元阳梯田位于云南省红河南岸哀牢山山区的哈尼族彝族自治州元阳县，核心区面积为 16 603 公顷。缓冲面积 29 501 公顷，包括麻栗寨河流域的坝达、大瓦遮河流域的多依树和阿勐控河与戈它河流域的老虎嘴等片区。遗产地范围内共有 82 个村寨，这些村寨通常规模较小，拥有 50 ～ 100 户村民。遗产地核心区内人口共计 5.41 万人，其中哈尼族约占 70%，缓冲区人口 5.94 万人，相较于匮乏的自然资源环境，人口密度相对较高。哈尼梯田依靠山势地形变化，因地制宜，全部修筑于 15° ～ 75° 的山坡上，坡缓地大则开垦大田；坡陡地开垦小田，仅有簸箕大小，甚至沟边坎下石隙也开田，从山脚到山顶层层叠叠多达 3 000 多级。红河哈尼稻作梯田系统之所以能成为世人惊叹的文化景观，不得不将之归结于它的成因。哈尼梯田成因主要有三种，分别是自然因素、人文因素和耕作方法。

首先，云南省地形为西北高、南部低，由于地形的原因造成了其立体气候。元阳县位于云南省南部，地形呈“V”形发育，立体气候尤为显著，降雨量为全省最大，加之其地处亚热带和温带，气候温和，特有的地形和气候条件使红河南岸哀牢山南段哈尼族地区成为全省乃至全国最集中最发达的梯田稻作区。

其次，生活在元阳县的 7 个民族是按海拔高低分层居住，居住在上半山区的哈尼族，身处有利位置。上半山气候温和，雨量充沛，年均气温在 15℃左右，全年日照 1 670 小时，非常适宜水稻生长，故哈尼族先民自隋唐之际进入此地区就已开垦梯田种植水稻。在此的 1 200 多年间，哈尼族和其他民族联合挖筑了成百上千条水沟干渠，条条沟渠环山而筑，大大小小沟箐中流下的山水被悉数截入沟内，这样也就解决了梯田稻作的水利问题。此外，哈尼梯田的土壤透水性较低，有隔水层，同时土壤具有黏性，这两点都恰好保证了梯田的水源和元阳县森林的水土平衡。最后，在梯田耕作上哈尼族有一整套自己的科学方法管理和耕作制度。哈尼族在开田时一般都找向阳、相对平缓、鸟虫不常来又能终年保水的肥沃坡地。其中，哈尼族判断地平不平时，通常先放水观察。找好地后，便开始修筑水沟。哈尼梯田之所以常年保水，在于哈尼族有着严密的用水制度。从开沟挖渠、用工投入，到沟权所属、水量分配、沟渠管理和维修等，哈尼族人无不精心经营。比如，哈尼族为了更好管理水源而发明的“水木刻”。除却水源的有效管理外，在肥料的运用上哈尼族因此发明了“冲肥法”。也就是在村寨里挖公用积肥塘，到了春耕时节挖开塘口，从大沟中放水将农家肥冲入田中。其间，村民会全部出动，沿沟疏导，让肥料全部流入田内；又或者哈尼人会在高山处放牛马，使粪便堆积在高处，然后等雨季来临时将其冲到山腰的田里，不仅解决了肥料的需求又减少了人力。红河哈尼梯田文化景观的形成，是人与自然的完美配合的体现，而这也恰好保证了哈尼族在恶劣的自然环境下的成功耕作。哈尼人将自己的村寨设在森林下方的山凹中，村寨下方就是一片接一片的梯田。在长期的生产活动中，哈尼人兴作了一套相应的文化宗教礼仪，如二月的“艾玛突”节，这是春耕大忙前生理与心理的准备；六月的“苦扎扎”节，是为了秋收前人们的身心调适。这些宗教仪式活动在团结全体民族人员，维持水源、森林、土地的平衡，连接人与自然的关系中，发挥了重要的作用。

2. 红河哈尼稻作梯田系统赋存状况

红河哈尼稻作梯田系统与哈尼人的生产生活息息相关，哈尼人为了满足山地种植的需要，对其居住地进行挖沟、修葺、创造。这种“设计”是哈尼人使用他们所获得的知识技能在最低能耗下满足生产生活的需要，是一种集体“无意识”的形态。《江苏农业文化遗产调查研究》中，从农业景观的形成因素和构成方面提出农业景观的七大特点，分别是生产性、自发性、地域性、季节性、审美性、生态性和文化性。哈尼梯田历史悠久，长期以来，当地居民在生产生活中对自然和土地进行改造体现了其独特鲜明的地域特征。

（1）梯田生态景观

哈尼人遵循自然规律，因地制宜，善于利用哀牢山区“一山有四季，十里不同天”的特殊地理和气候环境，建构了与之相适应的梯田稻作农耕文化生态景观系统。梯田景观与自然环境的巧妙融合，完美解决了水分与肥料这两个梯田稻作所需的基本要素问题。哈尼梯田独特的水利工程和巧妙的施肥方法，是哈尼梯田形成的重要原因，如上文所述哈尼梯田形成的三个原因。哈尼人在长期的梯田稻作农耕实践中，形成了自己独特的水规。即根据一条沟渠所能灌溉的面积，由这一范围内的田主依各自梯田的数量共同协商，规定其用水量，然后按沟水流经的先后顺序，在沟与田的交接处设置一条刻有一定流量的木槽，水经木槽口自动流入各户的梯田中。这种约定俗成、世代不逾的水规，为维护梯田农耕系统发挥了良好的作用。同样，哈尼人因地制宜的施肥方法与自然环境高度协调、天人合一，所以恰好避免了同带山区由于刀耕火种带来的水土流失问题。

（2）梯田经济景观

哈尼梯田具有经济、社会、生态等各个层面的功能和价值。首先，哈尼梯田为人们带来食物，养活了祖祖辈辈的哈尼族等其他民族。元阳县地处亚热带和温带，降雨量丰富，适宜水稻的生长，是云南省的产稻大县之一。其次，哀牢山区横跨热带和亚热带，使得哈尼景观在田地大小、种植密度、田坝高度、施肥方面等都存在着差异。最后，梯田景观的综合利用是多方面的。比如活水养鱼（即在梯田内养鱼，让鱼与稻谷一起生长），又或者放养鸭、牛等，方便施肥和肥料的利用。哈尼梯田如今不单单担负着满足当地粮食产量的重任，同时还成为人们旅游观光、摄影师追逐的镜中美景。

（3）梯田文化景观

联合国教科文组织世界遗产委员会在 1992 年第 16 届会议上正式提出了“文化景观”类型世界遗产的概念，认为文化景观是“人与自然共同的作品，包含了自然和人类相互作用的极其丰富的内涵”。文化景观是人类在自然景观之上叠加人类活动而形成的景观，是“人与自然相互作用方式和结果的记录”，是与人类社会共同演进的，它突出地表明了人与自然环境之间存在着一种无法割舍的精神联系。文化景观世界遗产是重在反映人与自然环境互动关系的遗产对象，既是一个人类与自然交互作用的过程，也是一个自然为人类和谐利用的结果，是一种“活态”的遗产类型。红河哈尼梯田文化景观作为一种文化现象，代表着该环境中的农耕文化及社会文化。

哈尼梯田文化景观是哈尼人在长期的生活中，与自然不断互相适应的结果。哈尼族从青藏高原迁徙而来，在哀牢山开垦梯田，栽培水稻。哈尼梯田蕴藏着其长期生产生活中的文化。从衣食住行、婚丧嫁娶、节日庆典等宗教活动到其与自然的“处世哲学”、住房构造、饮食习俗等，都构成了哈尼梯田的文化景观。

哈尼族村落建于半山腰处，住房都为土木结构，房前屋后都得到开辟，种植蔬菜或果树，水源由山上引入各个寨中。村落规模的大小与梯田的关系是相互影响的。哀牢山区哈尼族村寨的规模，与梯田面积大小、人口数量分布位置配置适宜，自成一体，这种星罗棋布的村落布局，有效地避免了因人多地少、梯田分配不均的状况。为配合梯田耕种，哈尼族服饰业因此而变化。哈尼族的姑娘们为了更方便地劳作，纷纷穿着自己刺绣出来的短裤。由于长时间浸在水中，长裤或者长裙都不利于劳作的效率。而这也恰好成为其独特的生产方式所衍变出的服饰文化。哈尼族信奉万物有灵、崇拜自然，这也是哈尼梯田生态一直维持的根本因素。对于水源、森林等神灵的敬畏，使得哈尼族人世世代代对水源、森林等进行严格保护。祭祀中所产生的诗歌、音乐、舞蹈、服饰等一切都体现着梯田农业文化的特色。这也客观上加强了哈尼族人之间的凝聚力，促进了个人与社区关系的社会文化宗教体系，丰富了哈尼梯田的农业景观。

第二节

民俗节庆文化的发展

一、节庆的起源与发展

节庆是一种复杂的综合性民俗事件，受到多种因素的影响，它的形成与发展，是一个民族或者国家的历史文化长期积淀凝聚的过程。节庆的最初形成与自然现象的变化和农业生产生活活动密切相关，并产生了相应的禁忌、占卜、祭祀、庆祝活动。在日后的发展过程中，受到了社会、政治、经济、文化、战争、科技等许多因素的影响，使其成为人们日后特定的社会生活、人物、事件而采取的纪念方式，并且在传承的过程中，不断地被人们加以诠释，增添新的内容。下面简单介绍中国传统节庆缘由和中国节日的发展时期。

（一）中国传统节庆缘由

中国传统节庆的缘由主要是：农业生产耕作、人伦孝悌、驱瘟辟邪、宗教祭祀、社交娱乐。

1. *农业生产耕作*

农业是古代中国的立国之本，是古时人们营生的命脉，春节和冬节恰好是一年中头、尾两个有农耕作息衍生的重要节日。对于“靠天吃饭”的农民来说，立春是值得庆贺的。春节又称为“过年”，年原来是“稔”最初的意思，是“五谷丰稔”的含义。由于北方禾谷多是一年一熟，“年”逐渐由农业生产周期的名称引申为节日名称。春节既是年终庆祝丰收的日子，更是新的一年农业生产开始的大好时光。在农村，一般腊月（农历十二月）过半就充满准备过新年的气息。从农历腊月二十三的“送灶神”开始，一直到正月十五的元宵节，将近一个月的时间都是民间喜气洋洋的快乐时光。

2. 人伦孝悌

中国人对祖先怀有十分深厚的感情。因为祖先是自己的本源，是在血缘关系上高出于己的人，因而对祖先感恩戴德、奉若神明。这是历经千年的中国文化的基本精神，由此可见，中国人对于先人的生日和忌日相当重视。在秦汉时期，扫墓风已经注入礼仪的内容。“家祭”就是对于已经逝去的祖父母、父母的祭祀。家祭之外，还有“村祭”和“族祭”，场面宏大。祭祖的方式除了一般的节日祈祷、供奉，伴以演戏、奏乐、舞蹈之外，特殊形式还有悼念、扫墓和立碑等。中国人对祖先崇拜敬重的习俗，对于清明节的衍生和发展有着悠远而深刻的影响；若没有中国传统文化中重视亲情人伦的深厚基础，清明节不会形成一个全民参与的节气，其文化脉络仍然依稀可见。

3. 驱瘟辟邪

与现代社会相比，古代的医疗设备相对比较落后，人们对于突如其来并且无法解释的天灾疫病，只能祈求上苍庇佑，并衍生出保护自身的方法，端午节和重阳节就是在这种基础上发展而来的。古时候人们对于驱瘟辟邪的重视，与当时医药卫生条件有着密切的联系。每年春夏交替之时，空气潮湿，瘟瘴将发，如果不谨慎防御，往往会造成重大的伤亡。古代民间相信五月是多灾多难的“毒月”，甚至认为“五毒”都是五月初五午时开始孳生的，于是人们习惯当天午前在屋角及各阴暗潮湿地方喷洒石灰和雄黄酒，并且插菖蒲、悬艾草、配香囊、贴午时符来驱邪。重阳节则有登高避祸、喝菊花酒等习俗。

4. 宗教祭祀

在远古社会，人们认为自然界各种食物都具有生命和神奇的力量，因而对于山川草木、江河湖海表示敬畏，以求其保佑和降福，于是形成了原始的信仰。人们相信，宗教祭祀能保证猎物的捕获、季节的正常序列甚至庄稼的丰收。这种基于原始信仰的宗教祭祀活动，一旦形成习俗，便成为了节日的雏形。如中秋节起源于古老的敬天活动“秋祀”以及“拜月”。

5. 社交娱乐

社交娱乐类节庆大都是具有联欢游乐的性质，其主要内容是歌舞娱乐以及游艺竞技活动。最具有代表性的是我国少数民族地区流行的一些节日歌会、歌舞等民俗活动。如大理白族每年农历四月二十三至二十五的“绕山林”，届时，人们身穿节日盛装成群结队，边唱边舞走向苍山洱海之间的山林中去相会。苗族的三月三、彝族的插花会，以及在甘肃回、汉、东乡等地区流行的六月六莲花山花儿会等，都是以社交为目的的歌舞节庆民俗活动。

（二）中国节日的发展时期

节日作为一种民俗事件，是一年中有多重传承形成的固定和不完全固定的活动时间，以开展特定的主题的约定俗成的社会活动日。节日的服饰、饮食、家庭活动、利益、亲友的社交往来、信仰的注重仪式、娱乐的多样形式都是节日程序中必不可少的内容。中国节日的发展经历了先秦发生期、汉代定型期、魏晋南北朝融合期、唐宋高峰期和明清稳定期5个时期。

1. 先秦发生期

就节日风俗而言，许多节日元素早在远古时代就已经出现了萌芽。例如，流传至今的春节、上巳、端午、中秋、冬至等节日元素，早在先秦时代大部分就已经形成，但当时的节日比较少，内容不够丰富，时间也不那么固定。节日习俗大都建立在原始崇拜的基础上，其信仰色彩浓厚。同时，还有一些需要防范、禁忌的日子，如春节避山魈恶鬼、上巳禊祓、端午划龙舟等。

2. 汉代定型期

在汉代，中国的主要节日如除夕、元旦、元宵、上巳、寒食、端午、七夕、重阳等都已基本定型。一方面，一些历史人物如屈原、介子推等成为某些节日的纪念人物，取代了原始崇拜和信仰，增强了节俗的人情味和真实感；另一方面，在节俗自身的发展中，一些风俗上升为礼俗，一些礼俗变为风俗，风俗和礼俗融为一体，被人们约定俗成地接受并沿袭下来。形成这一局面的原因是：首先，汉代大一统局面的出现，促进了各地区风俗的融合，先秦时期的荆楚文化圈、巴蜀文化圈、吴越文化圈、齐鲁文化圈、秦文化圈等，到汉代逐渐融为一体，强有力的国家政权对节日风俗的统一起了重要促进作用。其次，汉代节日定型与当时科学的发展有密切关系，尤其是“太初历”确立了以寅月为岁首，打破了先秦时代的原始崇拜信仰，为节日风俗注入了新的活力和生机。此外，汉代儒家独尊地位确立以后，儒家伦理道德观念对节日风俗也产生了深远的影响。今天，许多节日礼俗大多可以在汉代找到它的源头。

3. 魏晋南北朝融合期

这个时期的民族大迁徙、大融合，推动了民族文化的大交流，促进了节日文化的融合与发展。这种融合与发展主要来自3个方面的推动力：一是北方游牧民族入主中原，带来了节俗文化中那些杂技游艺成分，如骑射、蹴鞠等。二是宗教信仰与节日相结合，使节日更加深入人心，推动了节日的传播和发展。道教讲究阴阳，以偶数为阴，以奇数为阳，节日中多取奇数，为吉利的象征，如一月一日、三月三日、五月五日、七月七日、九月九日。五月五日又叫天中节，体现阴阳均衡之意。十二月八日“腊八节”，佛教谓是佛祖成道日，制粥舍众，此传说传到民间以后，形成了吃腊八粥习俗。三是魏晋玄学和清谈之风对节俗的影响，主要表现在宴饮游乐方面，如高谈饮乐、诗酒风流等，为这一时期的节日风俗增加了新的内容。

4. 唐宋高峰期

唐宋社会经济、文化的繁荣，促进了节日文化的发展，其主要特点是：民俗节日从禁忌迷信的神秘气氛中解脱出来，向礼仪性、娱乐性的方向发展，演变成为真正的良辰佳节。春节放爆竹原是一种驱鬼手段，此时变成了欢乐的象征；元宵节祭神灯火变成了游艺观灯活动；中秋节祭月变成了赏月；重阳节由登高避灾演变为秋游赏菊。在节日风俗的演变中，还增添了许多文化娱乐活动，如放风筝、拔河等。节日内容日益丰富多彩，把节日民俗活动推向了高峰。

5. 明清稳定期

唐宋以后节日的发展比较平缓，辽、金、元时期，融入了一些少数民族习俗。明清时期，节日风俗出现了三种变化：一是更加讲究礼仪性和应酬性，如逢年过节，人们出于礼尚往来而互相拜访送礼。二是明代资本主义萌芽出现以后，一些以小农经济为基础的节日风俗逐渐被人们所冷淡，例如，祭土地神的习俗已不像先前那样受到重视。三是游乐性继续发展，如元宵节观灯，宋代的五天假日，明代增加到十天假日，在这期间，昼市夜灯，热闹异常。满清入关以后，又增加了舞狮、舞龙、旱船、高跷、秧歌、腰鼓等“百戏”活动。但从总体说来，这一时期的节日风俗没有太大的变化。

二、节庆活动的内涵与类型

（一）节庆活动的内涵

人类进入 21 世纪后，随着“闲暇”时间的增多，物质消费已不再是最终目的，温饱也不是生活的主要问题，人们开始着眼于工作时间以外的休闲活动，此时经济本身出现了“休闲化”倾向。节庆活动在休闲时代具有特殊的内涵，节庆活动既是一种历史现象，也是一种当今的普遍现象；既是一种文化现象，也是一种经济现象，它的生存和发展，是一种历史的趋势。所以节庆活动具有文化、经济和历史的内涵。

1. 文化内涵

节庆活动是民俗文化的重要组成部分，每一节庆活动的形成都展示这一个地区或一个民族的灿烂的文化、悠久的历史和独特的风貌。也就是说，节庆活动是文化现象的载体。离开了文化内涵，节庆活动不复存在。从中国的春节、西方的圣诞节乃至世界范围内的狂欢节，到突尼斯的沙漠节、中国哈尔滨的冰雪节，无不渗透着深刻的文化意义。要繁荣社会主义文化，必然要有一定的形式，而节庆活动是民族文化、民俗文化和商业文化的综合体现。在节庆活动中，通过展演、展播、展览、巡游等形式，丰富节庆活动内容，使人民群众得到艺术享受，使中外来宾感受中华民族文化的魅力，这既弘扬了中华民族优秀文化、又促进了中外文化交流，从而为我国文化事业的繁荣和发展提供了良好的机遇和良好的条件。

2. 经济内涵

任何节庆活动的举行，都需要人力、物力、财力的投入，所以节庆活动中的经济现象也就随之形成了。为了抓住机遇加快发展，加强各地同外界的交往，吸引国内外客商来本地考察、洽谈贸易、旅游休闲。除了依靠日常工作的交往以外，都会依托规模巨大的节庆活动，集中邀请一批国内外客商来参加活动，并洽谈贸易，为当地经济发展做出贡献。同时，节庆活动期间，举办各种产品展销会、交易会、拍卖会等，获得了很好的经济效益，促进了经济发展。可以说，节庆活动是经济发展的载体，也是经济发展的舞台，节庆活动的这种经济现象，实际上是一种“节庆经济”。各地为了加快发展的步伐，需要举办更多的节庆活动，以满足经济发展的需要。

3. 历史内涵

节庆活动是一种历史现象，它的发展源远流长。一个节庆活动的产生必然有它的历史背景和特定目的，无论是国内还是国外都是如此。从我国的情况看，传统的、民族的节庆活动的产生，有的是为了对某个风俗习惯的传承；有的是为了对某个事件或人物的纪念；有的是为了对某个农时节庆的欢庆；有的是为了对某处迷人风光的宣扬；有的是为了对某个神话传说的延续；有的是为了对某种宗教信仰的演绎…… 因此，传统的、民族的节庆活动是时代的产物，所以它得以延续，而且经久不衰。现代节庆活动也是适应我国新时期两个文明建设发展的需要，为了推动现代化建设的进一步发展和改革开放的进一步扩大而产生和发展起来的，它也是时代的产物，是社会主义现代化建设的产物，是改革开放的产物。历史和现实的发展需要节庆活动，这种节庆现象将与时俱进。随着时代的发展，随着改革开放的不断深入，各种节庆活动的数量必然更多，规模必然更大，效果也必然更好。

（二）节庆活动的类型

1. 农事类节日

农事类节日是指以农、林、牧、渔、猎等生产活动为内容的节日，是农业生产活动的里程碑。我国的传统节日多数都是在农业的社会中形成，因此，以农事活动为主题的节庆活动较多。例如，我国民间四十标志的“二分”和“四立”以及“数伏”和“数九”，都是预报农事季节气候的。又如，汉族在立春日举行鞭春牛。唐代诗人元稹《生春》诗：“鞭牛县门外，争土盖春蚕。”先“鞭”而后“争”，是古代送冬寒迎新春风俗语的两部曲。鞭春牛又称鞭土牛，起源较早。《周礼·月令》：“出土牛以送寒气。”后来一直保留下来，但改在春天，盛于唐、宋两代，尤其是宋仁宗颁布《土牛经》后，使鞭土牛风俗传播更广，以至成为民俗文化的重要内容。

2. 庆贺类节日

庆贺类节日主要是以喜庆丰收，祝贺人畜两旺、平安幸福等为主题。最突出的是各民族的年节，年节活动内容非常丰富，主要是围绕纳喜迎福，具有浓郁的庆贺色彩。如土家族的舍巴节。舍巴节俗称摆手节，一般按活动大小和参加人数的多少分为大摆手和小摆手两种。时间上又分为正月堂、二月堂、三月堂、六月堂。大摆手活动规模大，参加人数上万，祭祀八部大王。小摆手活动规模小，以村为单位，数十人或上百人参加，祭祀彭公爵王、向老官人、田好汉。大摆手在摆手堂中举行。摆手堂供有八部大王神像，堂外坪场中央设有旗杆，插龙凤旗。大摆手活动阿姆“三年两摆”的传统习俗在正月初九至十一举行。各村寨依姓氏组成哥哥排，每排分摆手队、祭祀队、旗队、乐队、披甲队、炮火队，一路上敲锣打鼓，热闹非凡。乐队一般分为镏子队和摆手锣鼓队，披甲队由青壮年组成，每人身披五彩斑斓的西兰卡普，炮火队少不了鸟铳和三眼铳。摆手队伍中严禁游手好闲者参加。快到摆手堂时，举行“闯架”仪式。进堂后由梯玛主持扫邪安神仪式，众人在梯玛带领下，单腿跪地，齐唱请神歌。歌毕，各排将贡品摆于神案。祭祀仪式完毕后，开始跳摆手舞。人们在掌堂师的带领下，绕场而舞，时而单摆，时而双摆，时而回旋摆。其内容表现出民族迁徙、狩猎征战、农桑耕织等方面，最后以大团摆的形式组成象征吉祥如意的太极图案。到了夜晚，唱山歌的、舞龙舞狮的、玩彩莲船的、玩蚌壳灯的依次在摆手堂里演出，把舍巴节推向高潮。

3. 社交游乐类节日

社交游乐类节日主要是通过歌舞游艺活动进行社交往来，往往以群众集会的形式举行。如苗族的“三月三”、壮族的歌节、大理白族的“绕山林”。“绕山林”是白族一年一度最盛大的歌舞集会，于每年阴历四月二十三日至四月二十五日举行。届时，每村组成一支少则数十人、多则几百人的歌舞队。队前是两位长者或男青年，手执柳树枝和牦牛尾为先导，后随唱“白族调”的人群，边走边唱，最后由男女青年分别手持“霸王鞭”“八角鼓”“双飞燕”组成的舞蹈队伍压阵。一行人浩浩荡荡吹吹打打，且歌且舞，沿洱海绕苍山逶逦而行。当与别村歌舞队伍路遇时，只听得高亢嘹亮的“白族调子”声，此起彼落；唢呐吹奏声震荡山谷；“霸王鞭”“八角鼓”“双飞燕”的敲打声更是响成一片，场面宏大，热烈非凡。这些都是很具有代表性的社交游乐节日。

4. 纪念类节日

纪念类节日主要是追念民族英雄以及地方历史上受崇拜的人物和重大的历史事件等。如侗族的林王节，是纪念明代侗族起义的英雄林宽的节；锡伯族的“杜因拜专扎坤”节，是纪念该族由东北迁徙至新疆而设立。还有一些是因为历史传说的附会而产生纪念意义的节日，也可以列为纪念节日之列。例如，寒食节是纪念介子推。相传春秋时期，晋公子重耳为逃避迫害而流亡国外。流亡途中，在一处渺无人烟的地方，又累又饿，再也无力站起来。随臣找了半天也找不到一点吃的，正在大家万分焦急的时候，随臣介子推走到僻静处，从自己的大腿上割下了一块肉，煮了一碗肉汤让公子喝了，重耳渐渐恢复了精神，当重耳发现肉是介子推从自己腿上割下的时候，感动得流下了眼泪。19年后，重耳做了国君，也就是历史上的晋文公。即位后文公重重赏了当初伴随他流亡的功臣，唯独忘了介子推。很多人为介子推鸣不平，劝他面君讨赏，然而介子推最鄙视那些争功讨赏的人。他打点好行装，同老母亲悄悄地到绵山隐居去了。晋文公听说后，羞愧莫及，亲自带人去请介子推，然而介子推已离家去了绵山。绵山山高路险，树木茂密，找寻两个人谈何容易，有人献计，从三面火烧绵山，逼出介子推。大火烧遍绵山，却没见介子推的身影，火熄后，人们才发现背着老母亲的介子推已坐在一棵老柳树下死了。晋文公见状恸哭。装殓时，从树洞里发现一片衣襟，上写道：“割肉奉君尽丹心，但愿主公常清明。”为了纪念介子推，晋文公下令将这一天定为寒食节。第二年晋文公率众臣登山祭奠，发现老柳树死而复活，便赐老柳树为“清明柳”，并晓谕天下，把寒食节的后一天定为清明节。

5. 宗教祭祀类节日

宗教祭祀类节日的范围很广，是以供奉天神、祭祀神灵、祭奠祖先亡灵、驱灾避邪等信仰和习俗为主要内容的节日。如苗族的四八“姑娘节”，也是苗族青年男女的“情人节”。唱山歌、吹木叶、听苗笛都是多情的苗族儿女表达火热爱情的方式。相传宋代杨家将后人杨广文在战斗中被敌军俘虏，关在牢房里吃不上饭。妹妹杨金花心生一计，到山上采摘饭叶榨汁，拌在糯米饭里，农历四月初八这天给哥哥送过去。狱卒看到黑米饭不敢抢食。杨文广吃了黑米饭之后力大无穷，砸破牢笼，冲出了困境，杨金花却在救援中牺牲，从此之后苗族人就把四月初八定为纪念杨金花的“姑娘节”。过节这一天，苗族人把出了嫁的姑娘接回娘家后，在全家人吃黑米饭之前，先要进行庄重的祭拜祖先的仪式。

又如苗族的六月六。苗族六月六起源于远古。据《巫教唱傩愿根源》称，混沌洪荒时候，“六月六日下大雪，六月六日下大霜”造成洪水漫天，人间只剩下傩公傩母二人，兄妹互相婚配，生下六男六女，繁衍后代。在古代的这一天，家家户户进行祭祖活动。民间传说的另一种说法是，六月六是龙晒皮、虎晒毛的大好日子，家家户户都要把所有的棉织衣物、被子等衣物拿出来晒，据说这一天晒的衣物，一年四季都不会发霉，冬天也更加暖和，相习成俗。

除了以上的分类方法，节庆活动的分类还有很多种。例如，按节日性质大致可以分为单一性质的节日和综合性质的节日两类；按规模和影响分为全民性的、民族性的和地区性的三种类型；还可以按节日的地域分布、参加者情况、活动方式、时代性等来进行分类。

三、节庆旅游及文化旅游发展

（一）文化旅游商品发展

1. 文化是旅游的灵魂

众所周知，旅游是社会经济发展到一定阶段后产生的文化精神消费活动，是一种社会文化现象，是人类文化成果在旅游活动中反映出来的观念形态及其外在表现。对旅游活动的发展起主导作用的是文化因素，旅游活动过程中的诸环节都渗透了丰富的文化内涵。因而，文化被称为旅游的灵魂，没有文化的旅游不是真正的旅游，是没有生命力的旅游。文化建设关系到旅游经济发展、旅游环境建设、旅游业发展的活力和后劲，旅游文化也成为当今世界旅游业持续稳定发展所面临的重大课题。

2. 发展文化旅游商品符合现代旅游者的需求

旅游活动的实质是人们高层次的精神享受，旅游者的旅游需求和消费是多样的，但总的来说，旅游者投身旅游活动主要是追求文化精神的满足。随着人们生活水平和文化素质的不断提高，这种追求也日益迫切，并渗透于旅游活动的各个环节。

目前我国旅游购物发展陷入一方面对琳琅满目的旅游商品视而不见；另一方面又苦于找不到能为旅游经历留下美好回忆与见证、具有鲜明特色和丰富文化内涵的高品位的旅游商品的“怪圈”之中。所以，发展文化旅游商品，提高旅游商品的文化品味，符合现代旅游者的旅游购物（指旅游者在众多旅游活动行为中的购物行为，而购物旅游是指旅游者以购物为目的的旅游活动，是一种较高层次的专项旅游活动）需求。这显然也是今后旅游购物发展的重点和方向。

3. 发展文化旅游商品可以获得较好的经济效益

文化旅游商品的发展与一般旅游商品的发展相比有其突出优势。其一，投资小，见效快。有地方特色的文化旅游商品一般源于民间，历史悠久，群众基础好，规模不大，容易上马和组织生产。其二，附加值高。文化旅游商品主要满足游客的求新、求奇、求美心理，一般着重于其文化内涵、艺术价值和纪念意义，且体量不大，便于携带，物质投入较小，成本较低，文化和技术含量高，发展附加值高。

可见，大力发展文化旅游商品，发展文化旅游商品购物旅游，是今后我国旅游购物乃至旅游业发展的一个重要方向。

（二）节庆旅游是促进文化旅游商品发展的有效方式

1. 旅游节庆具有强大的生命力和社会经济效益

旅游节庆是以各种节庆活动为依托，经过一定的旅游发展形成的一种特殊的现代旅游产品，同时又可看作是发展节庆旅游的资源和基础，因而兼具资源性和产品性双重特性。与一般旅游资源和产品相比，旅游节庆更具有强大的生命力和社会经济效益 这主要表现在以下几个方面：

首先，旅游节庆活动是与传统节庆紧密联系在一起的。旅游节庆活动实质上是对历史文化的追溯，也是对民族传统文化的反映和弘扬，例如，重阳节的大型登山活动，端午节的赛龙舟活动，春节的逛花街活动，都有其历史渊源，都发展成为今天的旅游节庆活动。我国地域辽阔、历史悠久、民族众多，这就决定旅游节庆活动的丰富多样性和持久性。

其次，旅游节庆活动是与生产劳动紧密联系在一起的。节庆旅游节活动的生命力源于人们的生产劳动。物质生产劳动是人类生存和发展的基础，也是社会进步的最终动力。人们在生产劳动中捕获猎物或是丰收，为表达感情，就会相聚在一起，载歌载舞以示庆贺。历史发展到了今天，荔枝、花卉丰收，人们都愿意举办荔枝节、花卉节以示庆贺。这些节庆活动，逐渐发展成为现在的旅游节庆活动，让更多的人有机会参与，分享劳动果实，品味劳动乐趣。所以，这种与生产劳动紧密联系在一起的旅游节庆活动具有极强的生命力，并且其活动内容会随历史的发展、科技的进步、劳动对象多样化和劳动手段的现代化日益丰富多彩。

最后，旅游节庆活动是与人们的丰富多彩的生活紧密联系在一起的。旅游节庆活动源于生活，又丰富生活、美化生活，深化文化内涵。比如，由最原始的吃饭发展到当今的美食节，研究饮食文化；由最简朴的穿衣发展到当今的服装节，研究服装文化；由读书写字发展到书香节；由唱歌跳舞发展到艺术节和欢乐节；由放风筝发展到风筝节，等等，凡是一切与人们生活有关的活动，几乎都可“发展成为旅游节庆活动，都能丰富和提高人们的生活质量和文化素养，同时又反过来促进生活物品的产、供、销，形成良性循环”。可见，由于旅游节庆活动源于生产生活和浓郁的民族风情，其生命力是不会枯竭的，而且越是随着时间的推移，社会的发展，越显示出其勃勃生机与活力。

2. 发展节庆旅游有利于文化旅游商品的发展

旅游购物与购物旅游也是两个不同的概念。前者是指旅游者在众多旅游活动中，其中的购物行为；而后者是指旅游者以购物为主要目的的旅游活动，是属于一种提高层次的专项旅游，其大规模的发展需要发育成熟的旅游市场作依托。

后者是前者的基础，而前者则是后者的高级形式。显然，发展购物旅游能有效地促进旅游购物。节庆旅游是利用旅游节庆资源发展的一种专项旅游活动：利用旅游节庆发展节庆旅游，有利于促进文化旅游商品的发展和购物旅游的发展。其原因有二：其一，旅游节庆是文化旅游商品推销的最好平台。游客的购物动机转化为购物行动需要创造定的有利条件加以激发，旅游节庆和节庆旅游活动的文化性、多样性和参与性恰好对游客购物动机的激发创造极为有利的条件，也为文化旅游商品的展示和营销创造极好的平台旅游节庆文化内涵丰富，形式多样，通过参与旅游活动，使游客置身浓郁的文化氛围和愉悦的旅游感受之中；加上导游的科学导购，规范化的购物市场氛围，游客的情绪极易受到感染和激活，也容易接受文化熏陶，降低乃至消除旅游购物的心理成本，激发对文化旅游商品的购物需求，产生旅游购物行为，这往往能起到一般的宣传广告达不到的效果。比如，参加茶艺节，游客加深对中国历史悠久的茶文化和保健养生知识的了解，激发购买欲望；参加花博会，增加花文化知识，产生了买花、养花的兴趣。同时，丰富多样的旅游节庆，也为多样的文化旅游商品提供营销平台。例如，广州市芳村区每年一次的国际茶文化节和花博会，不仅极大地推动芳村区商贸旅游经济发展，而且也极大地提高其知名度，效果很好。其二，旅游节庆为文化旅游商品营销创造规模效益。文化旅游商品不同于一般购物品，它更注重文化艺术性和纪念性，实用性则居次要地位。受传统制作工艺和浓郁地方特性等多种因素的制约，一般生产规模不大，并且分散，加上销售信息和通道不畅，难以形成规模经济效益。旅游节庆的发展，正好为各类文化旅游商品的集中经营提供规模化的专业市场，有利于提高文化旅游商品发展的规模效益。

（三）如何发展民俗节庆活动

1. 运用市场经济手段办好旅游节庆

举办旅游节庆，对促进文化旅游商品的发展和旅游业的发展起到不可低估的作用。目前大多数地方举办旅游节庆，往往靠政府出钱，企业唱戏，突出社会效益，而忽视经济效益。随着社会主义市场经济体制的不断推进和完善，企业的经济实力和组织能力的不断增强，直接利用参与节庆活动来宣传自己和推销自己，争取更大的经济效益和社会效益，已成为可能。因此，运用市场经济手段，举办旅游节庆活动，政府起协调、指导作用，由企业自己搭台唱戏，演好主角，讲求实效，不流于形式，应是今后的发展方向。

2. 多形式、多层次、多专题发展节庆旅游

我国传统和现代节庆旅游资源十分丰富，应当充分发掘利用。从形式上看，可以有常年固定的旅游节庆，如每年一届的大连国际服装节、广东欢乐节、广州迎春花市、顺德购物节等；也可以举办临时旅游节庆，如 2001 年广州花博会、陈村花博会等从层次看，既要努力创造条件，举办一些大规模、高品位、高档次的旅游庆活动，取得更显著的效应，如大连国际服装节、昆明花博会等。又要根据实际情况，举办一些小型分散的旅游节庆活动，做到大小并举、办出特色和效果。从专题上看，既要充分发掘和提高传统旅游节庆，更要努力发展、创造新的旅游节庆，形成各种专题旅游节庆系列和网络。

3. 以节庆旅游为纽带构建文化旅游商品发展系统工程

节庆文化旅游商品发展是一个系统工程。应大力发展旅游节庆，以节庆旅游为纽带，将文化旅游商品的研、产、供、销、宣等各个环节有机地整合为一体，提高文化旅游商品发展的综合效益。在设计制作方面，应根据不同类型的旅游节庆和不同游客（不同文化背景、文化水平、职业、经济水平和年层次等）的消费特点，从商品题材、种类、质地、造型、图案、花色、包装等方面着眼，设计制作出高、中、低档次齐全并在旅游市场畅销的文化旅游商品。政府应从政策、法律上对有关文化旅游商品发展研究会、设计院、名牌生产厂家和基地，给予一定的扶持或约束。在宣传促销方面，可以政府、企业、个人联合作

战，充分利用旅游节庆和多种媒介，特别是通过结合旅游活动进行宣传促销，以“乐趣导向消费”，不易引起游客反感，易为之接受。在市场销售管理方面，应切实加强工商管理和行业监督，规范商家和导游的经营行为，并提高其科学导购的水平和艺术。此外，开展个性化服务、提高服务质量也分重要。比如，考虑到方便游客活动，发展代寄送旅游商品业务等 也很重要。通过营建既严谨规范又方便活泼的高效的现代市场，最大限度地降低游客的旅游购物心理成本，促进旅游购物消费，促进文化旅游商品有效的发展。

4. 改善文化旅游商品的购物环境

旅游购物环境对文化旅游商品的营销十分重要，舒适和完备的旅游购物环境能够激发游客购物的欲望。旅游购物步行街、现代化大型购物综合商场等旅游商业区旅游购物环境优越，是游客最为集中的区域，节庆旅游发展应与之相结合，这不仅能提升自身的购物环境质量，而且可以充分利用城市现有的各种设施，做到投资少，见效快。

四、节庆旅游活动发展问题及对策

（一）节庆旅游发展存在的主要问题

目前我国节庆旅游的发展存在一些问题，主要有：①主题重复，形式、内容创新不足。②政府、市场职能分工不明确，市场化不足。③缺乏具有国际影响力的典型。④品牌意识不强。⑤缺乏专业性、高素质的节庆旅游机构、人才。

（二）针对节庆旅游发展问题的对策

1. 观念创新

20 世纪 80 年代初，举办节庆基本上是“文化搭台，经贸唱戏”，现在逐渐转变为地区营销的活动，作为宣传地方形象、打造城市名片的手段。发展到后来，一些专业性的展会活动逐渐分离出去。整个旅游业面临转型，民生问题开始逐渐得到重视，这就要求政府对节庆的认识应该更加综合和立体，意识到应该从旅游者的需要来发展节庆旅游。

另外，我们国家经济持续增长、环境不断恶化、资源不断限制这种两难境地下的选择。对于“节”来说，应该将这样一个大的战略，应用到办节的形式、理念之中。

2. 文化创新

现在整个国家都在强调“软实力”。为了吸引更多投资者来投资、旅游者来消费，除了硬件条件以外，更重要的是一个城市的文化氛围、精髓、形象等。软实力的打拼也是竞争的关键因素。节庆虽然与历史关联密切，要体现其历史渊源文化内涵和民俗形式，但同时也要不断创新。随着人民生活水平的提高，对文化的要求也越来越高。节庆活动应努力挖掘其自身特定的内涵和节日体系，满足国内外游客的需求。对产品进行创新和改良，要有新的办节思路和理念，要“老节新办”，并把旅游节的特色活动作为产品包装留下来，推向海内外。

3. 主题创新

运作方面，参与人群、节庆组织主题应该多元化。我国节庆旅游市场发展过程中，三类主题节庆具有很大发展潜力：产品产业节庆，有具体产业的承载物和依托，发展前景非常广阔，而且它还带动一个地方产业的融合、转型；时尚创意节庆，受大批青年市场追捧；健身休闲节庆，符合消费者对修养身心的生理、心理需求，对刺激探险的需求。

4. 合理界定政府、市场职能范围，完善市场化体系

一方面，节庆可分为公益性节庆和经营性节庆：从经济上来说，公益性节庆是一种公共产品，由政府承担；经营性节庆应该由企业承担。另一方面，市场化是节庆从开始策划到运作的整体思维的革命。从创办、内容、运作、效果评估完全市场化。但是，节庆旅游具有综合性，涉及众多部门、行业、企业，在中国目前情况下，如果一个节庆品牌没有积累到一定程度，很难有市场吸引力，这种市场化就很可能成为一种硬的摊派。这就需要政府出面引导，建立明确的管理条例体制，整体协调节庆旅游活动的运作，维护活动期间的社会正常秩序。为使节庆旅游活动在旅游发展中发挥更大的作用，政府应加强引导，通过推动举办具有地方特色的节庆活动，树立目的地的旅游形象，提高其在旅游者中的知名度，促进旅游经济的全面发展。但是政府主导，并不代表政府主体，政府要紧跟市场形势的变化，把节庆由政府行为转化为商业运作，追求实现“政府办节、公司经营、社会参与”，将其引导上市场化、产业化的道路，充分发挥旅游企业在节庆发展中的作用。旅游企业要配合节庆开展宣传促销活动，策划产品，提供专业化服务，有实力的旅游企业还可积极组织、承办旅游节。

5. 加强对节庆品牌的规范化管理

形式上，节庆具有一定的规范性。要科学、合理安排节庆活动的空间和时间。一次节庆活动的举办时间应控制在 10 ～ 15 天为好，太短无法达到预期目标，无法收回投资，而太长容易让人厌倦，给人们带来生活的不便。从时间分配来看，一年四季节庆合理分布，营造浓浓的节日氛围，使得节庆魅力常在。另外，政府要进一步规范节庆旅游活动，在广泛听取节庆活动主办方对举办节庆活动的建议和意见的基础上，提出指导性意义的框条例，并提供专项资金，对纳入规范化管理的节庆活动进行必要评比和奖励。

6. 建立专业节庆策划公司，加快专业人才培养

目前专业的节庆策划、筹办、管理人才相当缺乏，应鼓励建立专业的节庆策划和运作公司，设立相应的政府管理部门，对节庆旅游及其结果进行策划和规划，聘请具有国际通行的节庆执业资格的专业人士开展策划活动，大力培养在旅游节庆宣传、策划和促销方面的中高级管理人才。

7. 坚持本土特色

我国很多旅游节庆具有明确的市场指向性，是为了吸引某一部分人来举办地进行投资，结果却并不具备旅游吸引力。一些节庆只是当地人自娱自乐而做的活动，没有一个明确的市场指向，反而具有了很大的旅游吸引力。其实，只要节庆本身有独特的文化、地域、民族特点，就应该坚持本土性，这才是其精华所在，也是最能吸引国内外游客的亮点。我国的节庆旅游经过了几十年的发展，已经取得了一些可喜的成绩和宝贵的经验，但仍然存在许多问题，这就需要把握理论研究与实践证明的关系，将二者结合起来；我们应当多借鉴国内外节庆旅游的一些成功经验和失败教训，通过实例收集、数据分析等，加强对节庆旅游发展现状的总体把握。随着我国节庆旅游实践的继续深入，学者们对节庆旅游研究日

益加深和更多优化对策的提出，我国节庆旅游的发展也会登上一个新的台阶。

五、经典案例分析

（一）慕尼黑啤酒节

慕尼黑啤酒节又称十月节，起源于1810年10月12日，至今有200多年的历史，是慕尼黑人民一个盛大的民间节日。因在这个节日期间主要的饮料都是啤酒，所以人民习惯性地称其为啤酒节。每逢开幕那天，要举行盛大的开幕式和由各大啤酒厂组织的五彩缤纷游行。

开幕式在一个临时搭起的大帐篷里由慕尼黑市市长主持。中午12时，在12响礼炮声和音乐声中，市长用一柄木槌把黄铜龙头敲进一个大啤酒桶内，然后拧开龙头，把啤酒放出来，盛在特制的大啤酒杯中。市长饮下第一杯，著名的十月节便正式开始了。慕尼黑啤酒节在一个叫作“Theresienwiese”的地方举行，巴伐利亚方言称为“Wiesen”，意为牧场。每年9月末到10月初举行，持续两周，每年大约有600万人参与其中，是慕尼黑一年中最盛大的活动。

（二）北京农业嘉年华

2013年首届北京农业嘉年华是将嘉年华的娱乐方式融入农业节庆活动中，是拓展都市现代农业实现形式、发展方式、运行模式的一种新探索、新实践。首届北京农业嘉年华是农业与嘉年华首次在北京组合亮相，致力于打造一个突出农业主题，体现农业生产、生态、休闲、教育、示范等多功能于一体的都市型现代农业盛会。

1. 观赏路线

主办方提供了最佳的观赏路线。市民游园的起点从博览园东区的草莓科技场馆开始，赏草莓景观，感受城市农业，体验草莓采摘，然后从北边集雨湖东侧步行至草莓公社，参观各温室大棚中的草莓先进栽培技术。

绕过集雨湖西侧，通过西门或彩虹桥前往草莓博览园西区的创意农业体验场馆，依次参观蔬菜森林、番茄迷宫、欢乐农庄、梦幻花乡、芽菜世界5个展馆，从芽菜世界东门走出向右穿过创意集市，走出创意农业体验馆，最后步行向南进入精品农业展销馆。

沿着最佳的路线，市民游览“三馆两园”不仅不走冤枉路，而且所有精彩内容无一错过，还能参与场馆外的娱乐项目、观看民俗表演、品尝风味小吃，在沿途的3个临时邮局购买嘉年华专属邮册、明信片、纪念封等邮品。

2. 活动特色

重点举办一些群众互动性强的特色活动，开展“我眼中的北京农业嘉年华”主题摄影大赛、优质农产品展销暨北京区县特色农产品展销活动、精品草莓擂台赛、万名青少年欢乐行、草莓科技展示、创意农业体验、主题狂欢娱乐、采摘体验等活动。另外，每天还将举办趣味无穷、农味十足的群众互动性强的特色活动。

3. 音乐特色

开幕式过后，将于3月24—26日举办的草莓炫舞音乐节成为活动的重头戏。历时三天的演出，汇聚了崔健、叶蓓、斯琴格日乐、丁少华等歌手，以及大块头乐队、爽子与瓷乐队、大伢乐队、粉色天空乐队、翼乐队、裂缝乐队、西铁石乐队、郁乐队、TEAMWORK舞团……明星云集，优秀乐队、舞团齐聚音乐节。

4. 娱乐项目

“农业+嘉年华”少不了传统嘉年华的娱乐项目，游戏区域分布在各场馆周边。在草莓科技展示馆后，将有小火车、碰碰车等惊险刺激的游戏。中心广场上有挑战者穿梭机、农趣活动、乡村大舞台和花车巡游。博览园西区的卡酷乐园，3D魔幻迷城、埃及探险、5D动感影院等以亲子游乐为主题的游戏区域内，充满孩子们的欢声笑语。

5. 吃喝玩乐

拇指西瓜、巨型南瓜、空中番薯、番茄迷宫、巧克力喷泉、奇特景观使市民切身感受农业带来的奇幻。除了景观，“三馆两园”中还有精准农业展示、物联网农业配送、农作物生产加工等内容，结合互动体验和趣味儿游戏，让市民了解都市型现代农业。饱了眼福，市民还能“大展身手”，DIY西红柿面膜、手工香皂，制作巧克力糖果和蛋糕，灌一瓶喜爱的红酒，亲手打塞后再贴上自制的酒标，把独一无二的红酒带回家。在体验中感受农业的趣味和魅力。在位于草莓博览园西区的主题狂欢乐园美食坊里，老北京小吃、台湾美食、少数民族特色及《舌尖上的中国》纪录片中部分名优小吃等美食，让市民过足嘴瘾。

6. 休闲住店

为了配合本次农业嘉年华的顺利举行，并让广大市民和消费者在参加农业嘉年华活动后得到良好休息，除农业嘉年华主办方之外，静之湖四星级度假酒店也特意为迎接莅临北京首届农业嘉年华的游客和消费者做好了准备，消费者只需极短车程即可直接入住静之湖度假酒店。消费者在酒店内不仅可以享受到酒店独有的小池温泉，轻松泡去一身的疲惫，更能在充分休息后，体验静之湖四季滑雪道，在春暖花开的日子为自己和亲友奉上一场难忘的滑雪盛宴。先体验农业嘉年华的热辣激情和草莓节的新鲜美味，再享受静之湖的恬淡静谧和新鲜雪场，不失为一大新春乐事。

第六章

乡村休闲旅游产业集群的发展

CHAPER

06

第一节

乡村休闲旅游产业集群概述

一、乡村休闲旅游产业集群的内涵与构成

（一）乡村休闲旅游产业集群的内涵

1. 产业集群的含义及构成

产业集群（Industrial Cluster），最早由美国管理学家迈克尔·波特（Michael E. Porter）在《国家竞争优势》一文中提出。产业集群是指在特定区域中，围绕同一产业或产品的具有竞争与合作关系，且在地理上集中的相关企业和配套服务机构集聚而形成的群落。

产业集群主要由企业、政府机构及相关中介机构如行业协会、研究机构和职业培训等形成的支撑体系所组成的一种经济、社会、文化等多层面的区域复合体。产业集群理论的核心是提高产业的集中度，从产业结构的角度来看，是对产品的深加工和对产业链的延伸，是产业结构的调整和优化升级。从产业组织的角度来看，是企业纵向一体化的发展，有利于降低企业的生产和交易成本，增强企业生产和销售的稳定性，在原材料供应、产品销售渠道和价格等方面形成一定的竞争优势，有利于提高产业和企业的市场竞争力，形成“区位品牌”。

2. 乡村休闲旅游产业集群的含义与特征

乡村休闲旅游产业集群是由在一定区域内众多分散的乡村休闲旅游景（区）点，旅游餐饮企业、酒店饭店企业，旅游商品的发展、生产、销售企业，特色农产品的生产、加工、销售企业等与乡村旅游相关联的产业要素聚集起来而形成具有较大空间规模和合理产业结构的旅游集合体。乡村休闲旅游集群化发展有助于将分散的资金、土地和劳动力要素集中优化配置，提高资金、土地等资源的利用率，统一规划、统一经营、统一营销，避免因产品同质化、恶性竞争导致的无序发展，有利于推进乡村旅游合理布局和旅游产业相关要素的有效集聚，促进资源的优化配置，从而提高该区域乡村旅游产业的竞争力。

乡村休闲旅游产业集群的特征主要包括创新性、乡村区域根植性、关联性、空间聚集性。创新性特征是指乡村休闲旅游产业链中的企业通过集群不仅实现了组织、管理等方面的创新，而且理念、思想层面进行了创新，这种创新是以将更优质的乡村休闲旅游产品提供给消费者为出发点，不同于工业产品研发与技术创新。乡村区域根植性特征是指乡村休闲旅游产业集群的建立必须是以乡村区域特色与文化背景为基础的。关联性特征是指乡村

休闲旅游产业链条上的组织、企业间的相互交流与来往。空间聚集性特征是指乡村休闲旅游产业链上的企业在地理位置上聚集在乡村休闲旅游目的地周边。

（二）乡村休闲旅游产业集群的构成

1. 乡村休闲旅游产业集群的形成条件

乡村休闲旅游产业集群形成的六大条件为：乡村休闲旅游发展机会、乡村休闲旅游产业链上的企业、乡村休闲旅游关联产业、乡村休闲旅游目的地政府、乡村休闲旅游需求、乡村景观与文化等乡村休闲旅游要素。乡村休闲旅游产业集群的形成并不是满足以上条件就能实现的，要充分利用各种有利条件，不断拓展旅游产业链，实现由点到线、由线到面的扩展。

2. 乡村休闲旅游产业集群的构成

乡村休闲旅游产业集群不是由单一元素构成的，而是一个与乡村休闲旅游相关的企业相互来往与聚集的综合系统。乡村休闲旅游产业集群主要由三种元素构成。第一种元素是独一无二的乡村景观和文化，该元素是集群中最重要的组成元素；第二种元素是旅游产业提供的服务，该服务主要是用于满足消费者的各种生活需求；第三种元素是为旅游产业提供支持的辅助机构的集合。这些辅助机构为前两种元素提供了支持，也对乡村产业的基础设施进行了完善与规划。乡村休闲旅游产业集群是以独特的乡村文化和景观为依据，紧密结合各大要素的产业链，该产业链拥有强大的旅游服务系统，并大力发展各辅助产业。产业链是多个产业的集合，这就意味着一个产业的生产状况与经济收益发生变动，将会影响其他产业的运行，因此乡村休闲旅游产业集群是多元素组成的集合体。

二、乡村休闲旅游产业集群发展的基本点

1. 政府主导

形成乡村休闲旅游产业集群是在某一县、市的区域内发展起几十个乃至几百个村寨成为乡村休闲旅游点，在本地经济发展中起到相当大的产业带动作用。能够形成这样大的产业集群，使为数众多的村寨都集中地成为乡村休闲旅游的经营单位，首先是需要有相应的市场需求，即必须有很多的城里人对乡村休闲旅游感兴趣，有意愿到乡村去休闲娱乐活动的要求。对于这种市场需求，是可以做出基本预测的，可以确认这方面的需求是旺盛的，至少就全国的市场讲，对于某一地方的乡村休闲旅游是可以实现的。而问题在于，形成这样的产业集群来发展乡村休闲旅游，必须借助政府的力量，不可能完全依赖于乡村农民来做产业集群。地方政府不仅要在形成乡村休闲旅游产业集群中发挥主导作用，而且在产业集群形成后的日常运营中也要起到统领的作用。这种产业集群的兴起，不可能来自乡村农民的自发行为，只能是政府有意识地进行产业发展的主导行动结果。与自发的工业产业集群不同，政府的主导作用是产业集群建设的前提，是乡村休闲旅游产业集群形成和正常运营的关键。政府的介入，并不违反市场经济的基本原则，而是政府的经济管理职能的直接体现。政府的主导作用包括政府旅游主管部门的作用以及乡、县、市级政府的作用。

2. 品牌同质

产业集群不是进行差异化生产，而是追求同质产品生产的集中。在工业领域，可有几千家生产同样产品的企业集聚在一起。这样的集群便于形成产业优势，也便于当地为这些同质性企业提供社会服务和生产服务。作为乡村休闲旅游，形成产业集群，也需要同质性的品牌，而不是差异性的品牌。在一个产业集群之中，无论是哪一个村寨提供的旅游服务，都具有相似或近似的内容，不存在太大的差异性。这是产业集群的特点，也是发展乡村休闲旅游产业集群的起点。游客到某地进行乡村休闲旅游，不管是到哪一个村寨，都可以享受到一样的服务，这是进行产业集群经营的前提条件。在乡村，如果搞一点点差异服务，还是可以做到的，但一味在差异性上下功夫，就会影响产业集群的形成。作为大发展的手段，产业集群集中的就是同样的生产单位，不需要再搞差异化，只要具备相同的生产能力，就可以加入到产业集群中来。这对于乡村发展休闲旅游是便利的，各个村寨只要按相同的模式进行经营就可以了，农民们会自然接受这种同质性的要求。在品牌同质的基础上，在有市场需求的前提下，乡村休闲旅游的产业集群可以迅速地形成并发挥出产业带动作用。

3. 度假旅游

乡村休闲旅游产业集群的形成需要的是同质性服务，而这种旅游服务应是度假型的服务，而不是观光型的服务。如果乡村休闲旅游服务只是观光型的，那就形不成产业集群，因为对于观光旅游来讲，乡村必须提供差异性的服务。而在一个地方，要求乡村提供很多的可供观光的不同内容是不现实的。发展乡村休闲旅游，可以在起步阶段重点发展观光旅游，即在一个城市周边发展若干个乡村休闲旅游点，游客住在城里每天用汽车拉到乡下去旅游，一天可以看好几个乡村休闲旅游点。这种观光型的乡村休闲旅游形式可以长期存在，但成为乡村休闲旅游产业集群则必须是度假型的，即必须要让游客们住在村寨里度假，这样才能更好地体现乡村休闲旅游的特点和魅力，才能真正起到经济的拉动作用。对于乡村来说，搞观光旅游是挣不到多少钱的，最多是挣个门票钱和饭钱。可是，旅游业的最大收益是在住宿上，即游客花在住宿上的钱是最多的。只有让游客住下来，这种旅游才能够得到最好的收益。乡村休闲旅游能够形成产业集群，必须使乡村能够挣到较多的钱，即有较好的收益，要做到这一点，只能是创造条件发展度假型的乡村休闲旅游。

4. 规模适当

乡村休闲旅游产业集群的发展规模必须适当。首先是不能太小，太小了形不成产业的号召力和市场的吸引力。其次是不能太大，不能超过市场需求去盲目发展，市场是最终决定产业集群规模的依据。适当的要求就是指产业集群的规模要与市场需求量相一致。如何挖掘市场的潜在需求也是形成乡村休闲旅游产业集群的一个重要条件。乡村休闲旅游从无到有，从观光旅游到度假旅游，从非产业集群发展到形成产业集群发展，靠的就是客源的扩大。客源的扩大就是市场需求的增加，对于这一基本点，是需要认真加以研究的。乡村休闲旅游的产业集群不能盲目做大，产业集群的规模必须与市场的现实需要相一致，保持适当规模。但是，从目前来讲，只有大幅度地提高客源发展能力，急剧扩大市场需求，才能有效地形成乡村旅游产业集群。

三、乡村休闲旅游产业集群化发展对乡村休闲旅游的促进作用

1. 乡村休闲旅游产业集群化发展有利于强化乡村整体景观

对于乡村休闲旅游，人们渴望能观赏到乡村的整体景观，而乡村景观的体现需要有大规模，以及整体的景观效果，并非一个企业所能为之。乡村休闲旅游需要形成新的地方文化，特色鲜明的农村景观，就如同城市的标志性建筑一样，具有丰富的内涵和巨大的吸引力，这将是一项重要的无形旅游资源，是乡村休闲旅游得以开展的巨大财富。乡村景观强调的是一种整体氛围，因此，在乡村休闲旅游的发展过程中，应有意识地在区域内营造一种整体氛围，以形成自己鲜明的主题与特色，而产业集群则有利于这种氛围的构建。

2. 乡村休闲旅游产业集群化发展有利于乡村休闲旅游获得竞争优势

当今国际旅游市场上，旅游目的地的成功依靠的是核心竞争力和竞争优势。产业集群的核心内容是核心竞争力的形成和竞争优势的发挥，这是产业集群在市场经济中生存和发展的根本保障。竞争优势有两种基本形式：成本领先和差异，在乡村休闲旅游产业集群地，众多乡村休闲旅游企业及其相关企业聚集，使专门人才、专门机械、原材料产生很高的效率，而这种使用效率是处于分散状态下的企业所不能达到的，这种高效率形成了外部规模经济。同时，企业之间近距离的接触交流减少了彼此的交易成本。因此，产业集群化发展有利于乡村休闲旅游目的地获得成本领先的优势。另一方面，在乡村休闲旅游集群区域内，由于地理接近，各乡村休闲旅游企业及相关企业间密切合作，经常面对面地交流有利于各种新思想、新观点、新技术和新知识的产生和传播，促进当地乡村休闲旅游的创新。

第二节

乡村休闲旅游产业集群发展状况

一、乡村休闲旅游产业集群发展现状与发展机遇

1. 乡村休闲旅游产业集群化现状

我国政府自改革开放以来对乡村休闲旅游产业采取了大力扶持的政策，并发布了一系列优惠政策，涉及交通、环保、人才引进、投资等多个方面。全力促进旅游事业的发展。但我国政府尚未从经济发展战略方式的高度来认识乡村休闲旅游产业集群问题。我国发展乡村休闲旅游产业集群的体系虽然并不完备，但在要素条件、需求状况、机遇上有明显的优势，具有集群的可能性，但企业缺乏集群战略、政府没有集群政策以及由于上述两因素

形成旅游相关产业发展跟不上这三大因素困扰着体系的形成。其中政府的公共政策会影响到地区经济的发展，政府的补贴、教育和资金市场等政策将影响旅游业的支持和相关行业的企业以及企业发展战略。

2. 乡村休闲旅游产业集群化发展机遇

（1）政府对发展乡村休闲旅游业的高度重视

我国约 70% 的旅游资源分布在农村和中西部地区。目前全国乡村休闲旅游年接待超过 5 亿人次，收入超过 3 000 亿元，受益村（寨）超过 2 万个，受益农民超过 2 400 万人。从 2002 年到 2006 年，西部 12 省（区、市）旅游总收入增长 118%，年均 21.5%，高于同期 GDP 增长率 3.2 个百分点，相当于 12 省（区、市）GDP 的比重已达 8.6%。

（2）经济的持续发展促进乡村休闲旅游消费

旅游消费作为人们消费生活中的一个组成部分，其发展离不开经济增长的推动。经济增长从提高居民生活水平、增加居民闲暇时间和改善居民消费结构等方面为旅游消费的发展创造了有利条件，使乡村休闲旅游消费在近几十年内得到了迅速发展。

（3）入世进一步促进乡村休闲旅游产业发展

旅游服务贸易属国际服务贸易，具有开放特性，对我国而言，加入 WTO 后旅游业在开放中深化改革，使旅游产业向世界旅游产业发展方向接轨。同时带动面向乡村休闲旅游业的投资增长，旅游产业的关联带动作用明显，具备乡村休闲旅游产业集群的大环境与大方向。

二、我国乡村休闲旅游集群现象分类

我国乡村休闲旅游的发展主要依赖于乡村既有自然资源和人文资源，这种资源依赖型的特点也决定了我国乡村休闲旅游集聚的资源依赖性，我国当前表现出来的乡村休闲旅游产业集群现象的主要形式有以下 5 种。

1. 城市依托型

城市依托型又称城郊型，是典型的乡村度假村发展模式。这类型乡村休闲旅游发展模式主要凭借其优越的地理位置和区位优势，目的在于发展和培养集疗养、娱乐、运动健身等产品为一体的城市双休日市场。其客源市场较为固定，主要是中心城市的一级环城区或地方县市的二级环城区。

2. 交通依托型

交通依托型乡村休闲旅游的比较优势在于其便利的交通条件，可进入性强是其主要特点。这类乡村休闲旅游产业基地大多是普及环保科技、信息科技、生物科技等现代高科技知识的重要基地。其地理位置一般在高速公路、铁路、国道等交通主干线附近，主要客源来自过往的游客和邻近城镇居民。

3. 自然生态景区依托型

自然生态景区依托型以生态休闲为主要特点，其比较优势在于丰富的本地或邻近的自然资源禀赋。险山怪石、峡谷瀑布、海底世界以及奇花异草等丰富的自然景观可以让游客更近距离地感受大自然，不仅满足了游客猎奇的旅游心理，也让游客在游览之余获得一份悠然自得的绿色心情。

4. 历史民俗文化依托型

此类乡村休闲旅游的主要形式是民俗度假村和乡村文化博物馆。这些古村镇大多偏离交通主干线和大型城市，因此其可达性大大降低，但是其深厚的历史文化底蕴和奇特的人文景观依然深深地吸引着久居城市的人们。旅客们住在农家、吃在农家的特色旅游形式让他们更贴近感受民间文化、民俗节庆活动以及民间文化庙会等独特的文化气息。

5. 新型产业经济依托型

产业经济依托型乡村休闲旅游集乡村旅游业、休闲农业、渔业、林业于一体，旨在发展农业休闲、渔业休闲、林业休闲、果业休闲等产品，以满足游客吃、住、游、购的需求。这种典型的工业化、规模化、专业化、知识化的乡村休闲旅游形式是现代化乡村休闲旅游的一种趋势。它不仅能够满足游客观光需求，而且还能够向游客提供产品生产、销售及其相关产业链式的旅游项目。

三、我国乡村休闲旅游产业集群的特点

我国乡村休闲旅游的乡土性和资源依赖性特点突出，其产业集聚相应的显示出以下四个特点。

1. 集群发生在旅游目的地而非客源地

我国乡村休闲旅游以乡村自然资源和乡村人为资源为核心吸引物，其不可流动性使外围的旅游相关产业以这些核心吸引物所处的特定地域空间为中心进行构建，激发和吸引旅游者来到旅游目的的吸引物是乡村景观或事件。因此，我国乡村休闲旅游产业的集群主要发生在旅游目的地而非像发生在客源所在地的旅游超市或旅游一条街等专业化旅游市场。

2. 集群内企业的关系主要表现为多方联系网络而非专业化分工

我国乡村休闲旅游企业通过多方联系的联合形式向旅游者提供高质量的旅游经历，他们在旅游资源和产品整合过程中扮演的是网络系统上的一个节点的角色。这种企业集群中的企业之间的上下游产业关联较弱，而非像建立在垂直一体专业化分工基础上的产业其相互依赖较强。我国乡村休闲旅游的产品主要面对一般公众直接销售，尚未形成成熟的面对零售商的集生产和销售于一体的包价旅游产品。

3. 集群内企业的联系主要通过价值网系统而非电子商务平台

价值网是以消费者为核心的价值创造体系。我国乡村休闲旅游集群中的企业通过发挥网络系统中的一个节点的作用，把各自的价值链联结起来形成价值网络以便更好地满足游客的独特需要。当然，不可避免的是，在这些节点的任何一个环节出现问题都会影响到组合价值需求的整体满意度。因此，这种联系形式一方面有利于提升乡村休闲旅游区域竞争力以构建区域品牌；另一方面，也决定了集群内企业行为的复杂性和依赖关系的不稳定性。

4. 集群的管理体制主要是政府主导型而非市场主导型

乡村休闲旅游自然和人文资源具有明显的非流动性，因此政府主导型的政策制度对

集群的成长和发展尤为重要。这与专业市场带动型产业集群形成了鲜明的对比。专业化的旅游市场其垂直分工专业化体系较为突出，因此其集群区域内不仅是需求、技术等信息丰富，而且共享性的销售渠道畅通。这就需要政府为其创造良好的法律和政策环境，从而促使旅游产业集群自由发展。但因我国乡村休闲旅游尚未发展到这样的高度，因此政府的政策性支持对我国乡村休闲旅游产业的发展意义重大。

第三节

乡村休闲旅游集群生态化发展

一、推动乡村休闲旅游集群生态化发展的内部因素

1. 企业间的竞争关系

与集群中企业内部生态关系密切相关的一个概念是企业生态位，也是竞争形成的原因。生态位最初应用于生物学中，这个概念最早是 Joseph Grinnell 提出的，他将其定义为：物种在群落和生态系统中所占据的最后单元。而企业生态位指的是，在商业系统中企业与其他企业个体互动所形成的相互地位。

生态位的重叠会导致企业竞争格局的出现，竞争对企业的发展有利也有弊，在现代商业发展中，企业间竞争通常会伴随着企业的更快、更强的成长，集群中企业的竞争也是如此。在产业集群中，由于集群环境资源的有限性，利用相同资源的企业间经常发生资源竞争。产业集群的形成，本身就是企业自主选择的结果，是企业为了获得更大的利益而自发组织起来的。因此，集群内的竞争不可能是恶性竞争，而是一种良性的竞争。

2. 企业间的合作关系

在集群中，不同企业所扮演角色行使的职责都是不同的，集群中的成员只能通过分工协作才能使集群达到共赢的目的，这种分工协作也称为企业的协同进化，协同进化的主要表现形式是企业之间的合作。当其中一个企业对其外部环境做出反应，调整整体结构时，必然对产业链上另一个企业有所影响，导致其也做出相应的调整。在旅游行业中，处于产业链下游的企业在对本年旅游市场和消费者需求做出重新调研之后，对企业发展战略做出了相应的调整，这一调整会通过产业链传递给上游旅游企业，引起产业链上其他旅游企业对本年企业发展计划也做出调整。同样，上游旅游企业对旅游环境的变化做出的调整也会传递给下游旅游企业，为了保持旅游产业链的持续发展，其他企业也必然要做出相适应的变动。

二、推动乡村休闲旅游集群生态化发展的外部因素

1. 需求拉动

推动乡村旅游发展的活动主体大部分是当地农民，但是目前我国乡村农民整体素质不高，缺乏科学的管理理念和长远的旅游规划，单纯地认为乡村休闲旅游是一件投资小，回报快的事情。在这种思想的驱动下，各个地方都加快了发展乡村休闲旅游的步伐，资源充足的地方积极发展，资源不充足的也尽量创造条件，导致很多乡村产品在市场并不完全成熟时匆忙出炉，结果很多地方的乡村休闲旅游发展出来的项目不仅没有成功，反而造成了农田的荒废，破坏了原来正常的农田规格。这种无规划的发展、不合理的建设都严重地破坏了乡村的自然植被。有些地方乡村休闲旅游虽然开办得很成功，但是由于经营理念落后，对环境容量没有合理的控制，造成了空气、水体、噪声、垃圾等方面的污染严重，影响了当地居民的生活环境和自然环境，极大地阻碍了乡村休闲旅游的可持续发展。

2. 政策驱动

政策驱动包括政府出台的关于环境保护的政策、政府对绿色旅游的倡导和积极推进等。近年来，国家关于环保方面的政策日益严格，《清洁生产法》和《循环经济法》的出台使得旅游企业在环保方面的压力俱增，企业不得不减少能源消耗和污染排放，或是采用更先进的设备来处理废弃物。同时，政府还通过经济激励、制度创新等方法倡导对环境的保护和生态环境的建设，引导企业的经营理念转向生态经营。在乡村休闲旅游方面，相关的法规和制度也开始逐步完善，各个地方都出台了相应的农家乐开业条件服务评价体系，对当地乡村休闲旅游的发展起到了一定的规范和约束作用，在保护游客利益的同时，也促进了乡村休闲旅游的生态化发展。

3. 利益驱动

乡村休闲旅游产业集群的生态化就是在集群的既定优势基础上，利用生态学原理去组织旅游企业的生产过程，从而实现耦合共生，获得额外的经济效益。具体表现在以下几个方面：第一，使原来单纯作为废弃物存在的物资被企业不同程度的收回，提供给集群内其他企业作为生产资源，这样不仅节约了处理废弃物的成本，使其的价值得以体现，也降低了集群内企业的经济投入，实现了循环经济；第二，充分利用资源，减少了污染排放，有利于保护乡村生态环境；第三，能够促使产业链中的非核心企业向核心企业靠拢，通过核心企业的带动、合作、互补，使乡村旅游的产业链得以延长，增加新的企业，产生了新的经济收入。

4. 供应链驱动

能够满足旅游者消费需求的旅游产品是由各个不同的单体企业共同协作生产而完成的，不同的旅游企业在旅游活动的不同环节为旅游者提供不同的服务。在乡村休闲旅游产业集群中，不同类型的旅游企业因为旅游产品、服务的供应商和客户需求等不同因素而聚集起来。在这条供应链中，上游企业或下游企业由于对社会责任感的认同、对可持续发展的认识，或在政府和社会舆论的约束与激励下，在发展旅游产品的同时采取相应的措施，生产绿色产品，建设绿色企业。这些行为也促使产业链上的其他企业为保证供应链的稳定，

调整自身生产方式与经营理论，实现产品绿色化和经营生态化，最终形成了集群的生态化发展。

三、乡村休闲旅游产业集群生态化发展途径

1. **推广循环经济，实现企业层面的生态化**

在乡村休闲旅游中，集群的活动主体包括依托乡村资源而形成的景区，村办企业和农家乐个体户，不管是哪种企业形式，在为游客提供旅游产品的同时都要注重清洁生产。清洁生产强调的是环境保护，要求乡村休闲旅游经营者在日常生产管理过程中，以环境保护作为生产的基准。它的实质是通过节约能源、减少排放来防止环境污染。对于乡村休闲旅游来说，集群中规模稍大的景区可以通过引进节能、节水的技术和设备来减少不当污染。问题较大的是集群中大量存的农家乐个体经营户，受经济条件的影响，我国大多数乡村农家乐的经营条件较差，在环境整治方面的配套设施不齐全。针对这种情况，当地政府部门应该加强对环保设施的投入，配备污水处理系统，杜绝破坏乡村自然风光和水体富营养化的现象。环保部门和卫生部门也要加强这方面的监控，设置污水排放点，规范污水排放方式，定时处理排放的污水。

2. **构建绿色供应链，实现集群层面的生态化**

绿色供应链实现的基础途径是基于加强企业内部管理、加强供应商的环境管理和加强用户环境消费意识三个方面。加强企业内部管理是指减少乡村休闲旅游企业在生产过程中的资源浪费、节约能源和减少环境污染，强化乡村旅游企业管理人员的环保意识，实施绿色采购；加强供应商环境管理强调的是供应商与旅游企业之间对环境保护的认同；加强用户环境消费意识强调的是旅游者对绿色消费意识的重视程度，发展绿色消费可以从消费终端减少消费行为对环境的破坏，遏制生产者粗放式的经营，从而有利于实现我国社会经济可持续发展目标。

3. **采取合适生态位策略，实现集群内部的生态化**

生态位策略包括生态位的泛化与生态位的特化。生态位的泛化主要是针对集群中的大型企业而言，在乡村休闲旅游中，一般规模较大的乡村景区发展较好，但是由于乡村的特殊性，其旅游产品的种类有限，不同景区里面相同产品较多。在这种情况下，集群中的企业就应该重新审视自身的资源情况，对资源进行重新组合，发展出新的旅游产品，扩大企业的市场资源。生态位的特化主要是针对集群中规模较小的企业而言，在产品特色方面。要找出当地旅游资源的亮点，如不同的乡村文化内涵不同，因此可在特定节气举办一些具有地方特色的民间活动，活动内容要突出参与性和体验性，提升游客的兴趣。基础设施建设也要彰显出当地特色，融入乡村背景和文化内涵。

4. **提供政策支持，打造良好的集群外部生态环境**

在集群成长环境方面，应建立良好的服务体系。首先，针对集群粗放式的发展方式，政府应该给予一定指导和规划，健全集群管理机制，实施规范管理。可以通过设立乡村休闲旅游委员会，监督并支持集群内各个企业的发展和创新，处理集群发展中的有关问题，按照每个乡村的实际情况和发展状况来制定经营标准。集群企业在发展过程中要注重抓住

乡村的资源特色，丢弃现阶段经营中普遍存在的小农意识，加大企业的联合度和加强集群整体的宣传度，扩大集群整体的发展规模。其次，针对政策执行过程中出现的问题，可以从以下几个方面来解决：一是政策在制定过程中要严格规定发展乡村休闲旅游景点的门槛，限制无序发展、重复建设的景点；二是在政策的实施要严格执行，避免出现投机行为；三是引导各个乡村建立规范的市场机制，发展独具特色的乡村休闲旅游服务项目。

四、经典案例分析

基于资源共享的法国乡村休闲旅游产业集群模式：以勃朗第葡萄产业为例。

目前，法国葡萄种植面积与产量均位居世界第二，种植面积约 90 万公顷。其中，勃朗第葡萄酒产区葡萄种植面积近 3 万公顷，葡萄酒产量达 15 亿升，年均产葡萄酒 2 亿瓶；勃朗第葡萄酒产区因为其不同的土质而形成独自风格的葡萄酒，使勃朗第成为世界上最令人迷惑不解的葡萄酒产区。

勃朗第葡萄酒产区的生产方式不同于一般的农业产业发展方式，其葡萄种植区的种植和酿造技术研发及应用，由政府部门主导建立大型的葡萄种植科技园区提供优惠的财税及产业等政策，并投资建设葡萄种植及酿造技术配套设施。经过几十年的发展，法国勃朗第葡萄酒产区已形成以葡萄种植科技园区资源为共享，以种植及酿造技术研发、种植及酿造技术示范、葡萄与葡萄酒产品经营及管理、葡萄产业生产加工为主线，以葡萄种植、葡萄绿色生产为主的多种类型的涉及葡萄产业的科技产业集群。此外，葡萄种植及葡萄酒产品成果交易、信息咨询和种植及酿造技术培训、葡萄产品物流配送以及葡萄旅游观光等涉及葡萄相关服务业也逐步进入集群范围。

第七章

乡村休闲旅游多功能发展

CHAPER

07

农业体验是指体验者亲自动手，参与某种或多种农产品种植养殖工艺，或非物质文化遗产，或农业产出物深加工周期内的全部劳动，甚至到销售变现的全程综合实践活动，同时，辅以专家讲堂、各种与农业相关游戏活动、非物质文化遗产工艺体验、体验日志、才艺展示等，体验周期不低于一年。深度体验是典型的自然教育活动，参加人群为在校学生和城市居民。

乡村休闲旅游的基础是农业，目的是休闲，本质是体验。用体验来创新休闲农业，设计和发展适当的体验项目，更能体现休闲农业的本质特点，更好地满足消费者的休闲消费需求。在发展农业休闲体验模式时必须考虑技术的科学性、可行性。在耕作制度上，无论空间的利用还是时间的利用，都既要保证农庄生产的正常运行，又要满足一定的休闲需要；在种养品种选择上，既要能够适应当地的环境条件或设施化条件，又不能带来或造成新的病害、虫害和生态灾害，对人们身体有害的植物必须谨慎引种；相关技术与必要的设施要配套，对于体验尤其是农耕的设计，其全程配套技术和指定所需的设施、设备要求，必须有可应用性，并指明技术要点、技术关键。

在进行农业休闲体验模式发展时，应该具有可操作性，能够落到实施，并能使生产和游赏具有可契合性，要解决农业的生产性和游赏性并不统一的问题，实现生产与游赏价值的互补和统一。农业休闲体验模式要有极强的可参与性，要不仅可以让游客获得新的感受和得到休闲的乐趣，还可以增长见识，积累经验，达到怡情益智的效果。因此，可以在休闲农业体验的设计中要尽可能地把生产过程中某些环节的一般性操作转化为可参与性的操作，给游客提供尽量多的直接感受的机会。如参与耕作、播种、采收、捕捞等。当然，为保证农庄生产的正常运行，有的可单辟专区、专项提供农事参与的内容。

第一节

农业科普教育体验模式

缺少科普教育的休闲农业体验是残缺的、不完美的，因为从城市人需求的视角来看，久居城市的人们渴望了解农业的奥秘及农村的生活方式，这种农村和城市的差异性、互补性是发展旅游的基本条件。而在休闲农业中，“学”无处不在，如农业科普、农业生产劳动中渗透出的人们的智慧和勤劳、人与自然的和谐。农业科普教育是兼顾农业生产与科普教育功能的形式，即利用农园中所栽植的作物，饲养的动物以及配备的设施，如特色植物、热带植物、水耕作物栽培、传统农具展示等，进行农业科技示范、生态农业示范，为青少年和城市居民传授农业知识。

一、农业科普教育内涵与特点

（一）农业科普教育内涵

农业科普教育是提供演示农业生产、了解农业过程的场所，特别强调公益性服务性，只以一定的参观费作为收入的补偿。这种形式集教育性、娱乐性与休闲性于一体，使游客在参与游乐的同时，掌握基本的环境和农业知识，同时自觉地保持环境整洁。代表性的农业休闲旅游科普教育有：法国的教育农场、中国台湾的自然生态教室等。经营单位可以与农业科研部门和农业院校合作，把农业科技新成果展示在农园内，体现科技农园的特点，对很多人都具有强烈的吸引力。还可以建立相应的服务设施，为游客的休闲观光、学习提供必要的物质条件。

科普教育在农业休闲旅游中是农业与旅游相嫁接，生产与消费相结合，把单纯的农业生产变为集生产、休闲、观光、旅游等消费于一体的产业业态。通常，农业休闲旅游都会把生态审美、现代科技与农业情趣赋予于旅游过程，通过实现生产过程的商品性、动手实践的有益性、观赏品尝的趣味性、科普宣传的知识性等方面的有机结合，使旅游者在轻松愉快的观赏与劳动中，既能体味山野田园的情趣，又能领略其他风景名胜所不具备的、新颖的、现代的农业艺术，还能学习农业、生物、生态等方面的科学知识。在推动农业休闲旅游上新台阶、进高水平的发展时期，有必要充分发挥其文化教育功能，实现其全面价值。

（二）农业科普教育的特点

农业科普教育的特点主要表现在：生活生产的自然性、持续发展的社会科普性两个方面。

1. 生活生产的自然性

生产的自然性：农业与自然有着密切的联系。农业休闲旅游不是人类可以独自完成的产业，而是必须由人类、自然共同完成。人们在农业休闲旅游中与农业接触，实际上也就是与自然接触。农业休闲旅游很好地将农业生产与农业旅游、科普教育结合起来。人们既可以通过自己耕作、采摘、体验、加工等方式，深入到农业的生产过程中，又可以通过各种农事活动、农业产品、农事体验、农业科普教育馆等教育中心来体验生活，同时又可以促进农业的生产发展。

生活的自然性：参观游览以农业自然生态为本色的旅游设施。农业休闲旅游生态环境和文化科普教育环境的原始性，可使游客通过各种形式的生态旅游和生态教育，进一步了解各农业的自然要素如何发展。通过农业生产、加工、销售、疗养、旅游娱乐等综合形式，使得参与者可以从中得到满足、休憩、教育。

2. 持续发展的社会科普性

农业科普教育对象不仅仅是单纯的农业生产过程，同时还能促进人类的农业文明与工业文明，所以农业科普教育有利于文化教育的可持续发展。农业休闲旅游科普教育既可在形式上以观光、体验、教育、旅游为一体，在对象上以自然、人文、社会等有形和无形的资源相互交融，又可以在效果上实现参与者同时获得农业文化的一种熏陶，保留传统农业文明。例如，融入休闲与教育于一体的农业科普教育、宣传农业传统文明的农村民俗村，体现现代农业科技的主题公园等，都能很好地将农业文化传播开来。

农业休闲旅游贯穿于第一、第二、第三产业，它将三个产业紧密地联合起来。根据其产业融合的特点，农业生产的发展促进了农产品工业延伸。农业休闲旅游也带动了旅游业扩张，农业休闲旅游成了人们休闲、度假、旅游新项目，在其推进旅游业发展时，也必将得到其反作用力，帮助农业休闲旅游在满足广大消费者的需求中不断完善自己。

二、农业科普教育的功能与主要类型

（一）农业科普教育的功能

科普教育本身就是乡村休闲旅游的重要内容之一。通过设立农业科普馆和现代农业科技博览区等科普教育中心，向更多的人介绍农业历史、农业发展现状，普及农业知识和加强环保教育。还可在现代农业科技博览区设立现代农业科技研究中心，采用生物工程方法培植各种农作物，形成特色农业。这样，一方面可以为当地及周边地区的科普教育提供基地，为大中院校和中小学生的科普教育提供场所，另一方面也为各种展览和大型农业技术交流、学术会议和农技培训提供场所。

乡村休闲旅游是以农业和农村作为载体，以农业活动为基础，农业和旅游业相结合的一种新型交叉的产业。它将传统的农业从第一产业延伸到第三产业，把第一、第二、第三产业连接起来，是农业与旅游、生产与消费的有机结合。除生产食物等农业产品这一主要的功能外，还具备其他功能，如环境保护功能、社会功能、文化功能等，农业的多功能性随着社会经济的不断发展日渐彰显，并得到人们的普遍认同与重视。随着社会经济的快速发展，农业生产离城市生活越来越远，但作为人的一项基本需要，每个人都有必要亲近作为第一产业的农业；这种需要是基于对农产品的物质需要，却又超越了这一需要的，可以被描述为心理的、精神的、生命本身的需要。下面简要介绍乡村休闲旅游科普教育的经济功能、教育功能、文化传承功能、游憩功能、社会和谐功能和环保功能。

1. 经济功能

（1）农产品供给功能

农业休闲旅游通过建设和发展玻璃温室、塑料大棚等种植、养殖，有土和无土相结合的方式生产农产品。一年四季农副产品均衡供应的可控农业生产基地，为都市居民生产和提供着更多的优良、鲜活的农副产品，以满足不同层次的物质消费需要。农业休闲旅游利用现代工业技术，大幅度地提高农业生产力水平，为市民提供的农产品不仅满足于数量，更有质量上的保证。

（2）农业创收功能

农业不能停留在初级农产品的生产上，而是应该通过农业产业化的发展，建立农副产品的生产、深度加工和市场销售的生产经营体系，从而不断提高农业生产效益。农业休闲旅游可以推进资源优化配置，提升城乡产业结构，增加城乡劳动力就业，保证农业经营者增产又增收的功效。依托大城市优越条件，打破地域局限，实现与国际大市场接轨，发挥先进的农产品加工业和开放型农业的创汇功能。

2. 教育功能

（1）对于城市人群的教育

发挥农业休闲旅游的教育功能，让游客接触农业、体验农业生产和农业文化，例如体验给雏鸭喂食、参观台湾飞牛牧场的科普画板等，从而使他们在回归自然中获得一种全新的生活乐趣的同时，培养出热爱农业、热爱劳动的思想观念，受到祖国传统文化教育和民族教育。

（2）对农民群体的教育

农业休闲旅游实际上是城乡居民的互动，随着这种互动，必然使农民接受更多先进的科学文化知识，既培养了农民良好的生活习惯，又实现了乡风文明，对全面提升农民素质有重要的教育作用。

3. 文化传承功能

中国是一个历史悠久的农业大国，其发展过程中形成的传统农业文化，是中国文化的基础。它渗透于农业、工业等各个领域，蕴含着丰富的自然社会科学知识。而农业休闲旅游正是一个良好的农业文化传承的平台，它增强了人们对现代农业和文化内涵的感知，为人们由物质满足转向较高层次的精神文化追求提供了场所和机会，为工业化和城市化发展中国家保持民族传统文化造就了基础，从而为中国悠久的农业文化不断发展创造了良好的条件。

4. 游憩功能

农业休闲旅游为城市居民提供清洁优美的休闲、游览场所，提高了人们的休闲生活质量。采取让游客参与生产活动的方式，激发了人们在农业生产实践中学习农业生产技术，体验收获和品尝乐趣，增进了游客之间的情感交流，提高了城市居民休闲生活的层次。近年来，农业休闲旅游发展迅速，深受城市市民欢迎，它既能满足市民对观光旅游的要求，又可获得较高的经济效益。

5. 社会和谐功能

农业休闲旅游集农业生产过程与旅游、餐饮和服务于一体，包括吃、住、行、游、购、娱等多个要素，一处农业休闲旅游的发展，可以带动农副产品和手工艺品的加工、餐饮、住宿、交通运输、通信、商业、娱乐等多个行业的快速发展，实现不同产业的共赢。农业休闲旅游是劳动密集型产业，工作的技术含量不高。发展乡村旅游可以促进农村剩余劳动力的就地转移，有利于促进农村生产发展和农民生活富裕，缩小城乡差距，统筹城乡发展，实现城乡和谐。

6. 环保功能

（1）对城市的环保

农业休闲旅游充分发挥其绿、美的特色，合理利用资源，维护生态平衡，营造优美宜人的绿色景观，防治城市环境污染，改善空气、水源，保持清新、宁静的生活环境，建立人与自然、都市与农村和谐的生态环境。

（2）对农村的环保

农业休闲旅游是一个可持续发展行业，可有效解决城市扩张与农业生产的矛盾，提高社会公众保护资源和环境的意识，实现人与自然的和谐发展。

（二）农业科普教育模式的主要类型

1. 教育农园

教育农园是兼顾农业生产、农业科普教育、园林和旅游的农业经营形态，它是利用农园中所栽植的作物、饲养的动物以及配备的设施，如特色植物、热带植物、农耕设施栽培、传统农具展示等，进行农业科技示范、生态农业示范，传授游客农业知识。教育农园是农业园区的一种特殊类型，它兼备农业科技示范园区的科普教育功能和农业休闲旅游园区的观光休闲娱乐功能，集生态型、科普型、休闲型为一体，具有浓郁乡土文化特色，也是随着经济的快速发展逐渐从农业园区中分离出来，成为一种独立的形式存在。

2. 农业科普教育基地

农业科普教育基地，是指利用农业生产、生态环境、动物植物、农村生活文化等资源来设计体验活动的休闲农业基地，以休闲的形式和轻松心态来完成农业科学技术和知识的普及。科普活动的开展方式应该具有较强的互动性、参与性、趣味性、知识性，应该从视觉、听觉、味觉等多角度来打动和感染科普对象。对于青少年学生及城镇家庭居民，农业作为自然科学的重要组成部分，与人类的日常生活息息相关，可以通过寓教于乐的方式，让他们学到更多的科学知识。科普教育主题的休闲农业，主要以展示农业科学知识（如动物、植物生长过程），农耕历史文化，生态、环保等自然知识和设计动手生产、体验活动为主题元素。主要以儿童、青少年学生及对农业知识、科学自然知识感兴趣的城市游客为主要服务对象，兼顾了知识传播与休闲娱乐双重功能，是今后休闲农业的发展趋势。

3. 农业研学旅行基地

研学旅行是由学校根据区域特色、学生年龄特点和各学科教学内容需要，组织学生通过集体旅行、集中食宿的方式走出校园，在与平常不同的生活中拓展视野、丰富知识，加深与自然和文化的亲近感，增加对集体生活方式和社会公共道德的体验。研学旅行研学旅行继承和发展了我国传统游学、“读万卷书，行万里路”的教育理念和人文精神，成为素质教育的新内容和新方式。提升中小学生的自理能力、创新精神和实践能力。农业研学旅行基地是以农业为主题的研学旅游基地，主要面向对象为中小学生。

三、经典案例分析

1. 武汉“农耕年华”农业风情园

武汉“农耕年华”农业风情园坐落在武汉市黄陂区武湖农场汉施公路旁，占地面积200万平方米，以农耕文化为主题修建。园内农业旅游资源丰富，景色秀丽，平原、草原、丘陵、山坡、湿地、湖泊、溪流、池塘错落有致；农耕作物品种齐全，花草瓜果满园飘香，珍稀植物种类繁多，飞禽走兽千姿百态；各类建筑巧夺天工，镇、村、塔、桥星罗棋布；农耕文化源远流长，农政思想底蕴厚重。

该园系国家级生态农业观光休闲园。已建成金牛广场服务区、农业科普示范区、农事农活体验区、农具博览游乐区、百果观赏采摘区、藤园彩林浏览区、珍奇动物观赏区、运动健身活动区、登塔眺望烟瘴区、生态湿地浏览区、农家美食休闲区、木屋度假会务区等12个功能区。园内吃、住、行、游、娱、购设施齐全，有配套的服务项目，是广大市民旅游观光、普及农科知识、体验农家生活、会务休闲度假的极佳去处。

农业风情园，自然环境保持完好，农业旅游资源丰富，景色秀丽，风光旖旎。地形地貌错综复杂，平原、草原、丘陵、山坡、湿地、湖泊、溪流、池塘，共处一园。园内农耕作物品种齐全，五谷蔬菜应有尽有，家禽牲畜兴旺茁壮，温室大棚布列井然。呈现出农耕园、植物园、动物园、园林园的巨幅画卷。园内文化底蕴厚重，到处深刻着农耕文化、农政思想的历史印记。

（1）农耕园

“农耕年华”农业风情园是国家级生态农业观光休闲园。农业园中已有农业科普示范区、农事农活体验区、农业技术培养基地、农具博览游乐区等具有教育性意义的活动，文化蕴含深刻，处处留有农耕文化、农政思想的历史印记。

（2）动植物园

珍稀植物种类繁多，彩树竹林色彩斑斓，青藤缠绕果实累累，花草果瓜香飘满园。飞禽走兽竞展英姿，马鹿奔驰百鸟歌唱，孔雀开屏天鹅振翅，百鸡啼鸣玉兔穿梭。

（3）园林园

园内建筑巧夺天工，墨溪古镇古色古香，乡村木屋别致大方，诸多桥梁各式各样，五级宝塔巍峨雄壮。

2. 中国台湾台一生态教育休闲农场

中国台湾台一生态教育休闲农场位于中国台湾神探南投县埔里镇，以自然生态教育为主，为台一相关事业体多元化发展后所衍生出来的体系之一。农场面积由最初的4 500平方米扩增至50万平方米，场地跨区分布在埔里镇、仁爱乡及鱼池乡3个乡镇。台一生态教育休闲农场的宗旨以自然生态教育为主。有一座全亚洲最大的蝴蝶生态馆和甲虫生态馆、押花生活馆、亲子戏水区、浪漫花屋、可爱动物区、度假木屋、景观花园及各类生态标本区等。近年来农场内又增加了水上花园餐厅、花屋、光合广场、仙人掌生态区等休闲、生态区，最特别的就属农场内的“花神庙”。庙旁还设有“花神许愿池”可供来此的民众许愿。除此之外，园区内还养有一群“自由之鸽”，在农场内你可亲身体验喂食鸽子的乐趣。为提升休闲品质以及文化教育内涵，还招聘了多位艺术、文化顾问，在农场添设许多融合生态、艺术的典雅设施，让前来观摩、旅游、研习的游客、学生都能在安全、浪漫的花香蝶舞之中，放纵情思，沉醉于自然。这是一处兼具农业休闲旅游和教育的观光景点。

（1）雨林风情馆

雨林风情馆占地面积1 800平方米，早期是用来生产花卉种苗的温室，为了让历史文化继续传承下来，重新赋予它新的生命，现已利用自然材质打造成了具有原始风味的雨林风情馆。在雨林风情馆中游览，仿佛置身热带雨林中，各种蕨类争长绿意，处处透露着勃勃生机。

（2）花神庙

花神庙占地面积2 000平方米。花神庙具有神话性，起因是“九一二”地震后在现在花神庙的土地上，出现了一条裂缝，在填土后，生长出许多花草．所以在这里供奉花神的庙，让更多的游客可以看见不同的花草。花神庙旁设有“花神许愿池”可供来此的民众许愿，如许愿成功花仙子还会给你一个小小的惊喜。

（3）蝶舞馆

蝶舞馆占地面积500平方米。埔里早期是“蝴蝶王国”，有着极为丰富的蝴蝶资源，但因人为的捕捉及食草、栖息地被破坏而造成蝴蝶不再漫山遍野，农场利用多种农业有机质打造并种植多种蝴蝶所需要的食草及蜜源，逐渐恢复了这里的生态环境，从而建成了蝶舞馆。在蝶舞馆里，可以看着数百只蝴蝶翩翩飞舞及欣赏蝴蝶绚丽变身的过程，感受体验生命的神奇，这是一座极富生态教育意义的自然教室。此外，为了加深游客对蝴蝶习性的了解，农场还专门建起了蝴蝶生态馆。在这个利用多种农业废弃物打造成的蝴蝶生态馆里，可以亲近观察了解蝶类的生态特点，提醒游客给予它们更好的保护。

3. 新社古堡

新社古堡又称为新社庄园，坐落在中国台湾台中市新小区大坑风景区内，海拔500～860米，为一处充满绿意的庄园。自踏入庄园的那一刻起，处处是令人惊艳的景致，开得正旺盛的梅林道、独特的树屋，仿佛进入中古世纪的欧洲古堡、花园、酒庄、迷雾瀑布、虹桥、特色六角餐厅、南洋风味餐厅等，每一处的设计与建筑都与大自然巧妙地结合，展现山林中朴实的秀丽，漫步在其中就像是置身于仙境王国里，十分惬意悠闲。

近年欧风城堡在中国台湾旅游区大受欢迎，尤其受旅店和餐馆青睐，但多数城堡走现代风，新社庄园却是有古典味，让人有置身欧洲的感觉。以新社花海打响名号的台中新社，是中国台湾中部典型的农业乡镇，早年以盛产香菇知名，尽管登上宝岛旅游舞台，香菇和花卉至今仍是新社最重要的特产。其实，新社并没有让人眼亮的自然风光，能够吸引游客造访，全靠人工打造的花海和一家家的特色旅店，以欧风古堡引客的新社庄园，堪称是新社最亮眼景点。新社庄园，四季气候宜人，拥有珍贵的绿色森林。庄园的设施与建筑，都经过缜密的思考与规划，从度假村欧式的建筑设计、树木花草的种植，新社庄园都保留原始自然的元素，让人不用出国就可以感受欧洲仙境般的美景。新社庄园的发展，配合山势的起伏，呈现原始风貌，依照不同的地貌重整再造。在秀丽山林中展现磅礴气势。庄园用原石砖瓦打造城堡，保有原始的百年林木，让人流连忘返。

（1）古堡

人们总爱以"古堡"称呼新社庄园，只因为宽广的园区内，最抢眼的景点便是那栋宛如中世纪欧洲古堡的建筑物，叫它"新社古堡"一点儿也不为过。虽然新社古堡的建造，不如真正的欧洲城堡，但红砖堆砌而成的建筑色调，委实让城堡看来很古典，还有几分岁月的味道，因而一推出便吸引了大批游客参观。拥有古堡建筑，也拥有宽广庭园，新社庄园其实就是以城堡为主体的主题园区，也是新社最大引客卖点。庄园里除了古堡建筑，还有罗马造型的拱柱，与古堡相互辉映。有中世纪风味的古堡虽美，还需有水景搭配，古堡前方便是大片的湖堤流水，还辟有拱桥和步道，可引领游客走进水景之中。

（2）枫树林

枫树的观赏性很强，当枫树成片并形成枫林时，深秋的景色极美，在中国最著名的赏枫胜地有四处，并称中国四大赏枫胜地。枫是植物学分类中的一个属，早先独立成枫树科。大概有 110 ～ 200 种枫树。枫是夏绿乔木或灌木。叶呈手掌形，对生。枫树的木材用于建筑材料或器材材料、乐器材料、雕塑材料等，也可以以观赏的目的种植。

（3）虹桥

"虹桥"是当地最有名的一座桥，俗名栏干桥，传说以红石筑成，始建于哪个年代已无法考证，最早一次有记载的重建是在 1205 年，最近一次重建是在 1978 年，地名虹桥就是因此桥而得名。虹桥是一个田野里也能抛出名歌的地方，一首《对鸟》抛向全国，走向世界，抛进了中国的小学音乐课本，走进了联合国教科文组织亚洲文化中心的《亚洲、太平洋地区民歌集》。

第二节

农事体验模式

一、农事体验的内涵与特点

（一）农事体验的内涵

农事是指耕地、施肥、播种、田间管理（除草、防倒伏、喷洒农药、病虫害防治、防寒、防冻、防旱、浇水、防涝、排灌）、收割、收获、贮藏、六畜管理（饲养、疾病预防）等农业生产活动。农业活动涵盖果蔬、花木、中草药、食用菌、粮油、水产、禽畜、农药、肥料、种子、农业机械与设施等行业。宋朝的一首诗词《农事》曰“东作农家处处忙，金珠非是疗饥方。京华只识笙歌乐，岂识男耕与女桑。”充分体现了农事活动的重要性。

农事体验是休闲农业与乡村旅游独有的休闲娱乐活动，是结合劳动性与趣味性，有机地融入一些休闲娱乐的元素，使农事体验活动休闲娱乐化，大大增加游客的兴趣。农事体验就是想让每一位参与从事农耕、感受农趣。同时也将农事活动与农耕文化相结合，在传承农耕文明的同时，通过原乡、原俗的农耕体验，充分展现农业生产劳动的热烈场面，吸引更多群众参与体验，感受农业发展成果。

（二）农事体验的特点

乡村休闲旅游中的农事体验具有与田园景观设计相结合、与生产的趣味性相结合、与休闲娱乐相结合，注重劳动体验的特点。

1. 与田园景观设计相结合

大多农事体验活动是在田园展开的，田园不仅是劳动的场所，是种植农作物的场所，是从事农业生产的场所，还是获取体验的场所，是实现审美的场所，因此，在农事体验活动设计中，要将农事体验活动与田园景观赏性相结合，达到内容与形式的统一，满足游客审美享受的需求。

2. 与生产的趣味性相结合

农事体验活动，是劳动的过程，也是享受的过程，是一种通过体验活动学习农事知识、收获农事乐趣的过程。因此，在创意规划设计中，必须做到劳动性与趣味性相结合。

3. 与休闲娱乐相结合

作为休闲娱乐，农事体验活动与一般的休闲娱乐的差异是生活空间的不同和形式变换。农事体验活动的休闲娱乐内容更丰富，趣味性更浓，活力更强。因此，在农事体验活动设计中，要做到与休闲娱乐相结合。

4. 注重劳动体验

农事体验活动是一种真实的劳动，所使用的劳动工具，所进行的种植、采摘、加工等都是真实的。但是，这种体验又不完全等同于一般的劳动，归根结底还是一种体验。因此，在创意规划设计中，既要让游客感受到真正的农事活动，又要让游客收获到一般劳动所不具有的效果，就是所谓的体验。

二、农事体验的功能与主要类型

（一）农事体验的功能

1. 感受乡村生活乐趣，满足城市居民休闲需求

随着城镇化进程的加快，环境变化加速，生活节奏加快，当代城市居民在现实生活中承受太多的工作紧张和竞争压力。与城市截然不同，幽静的环境、绿绿的原野、成片的果林、秀美的自然风光是城市中难以见到的。充分利用城郊区域内丰富的乡村自然资源，开展多样化的农事体验活动，游客在品尝乡间美食、体验农耕文化的同时，放松心情，收获快乐，享受乡村生活乐趣，获得精神上的超脱，已成为城市居民一种新的生活时尚。

2. 体验农事艰辛，挖掘农业生产教育功能

通过旅游者参与真正的农活项目，春耕、夏耘、秋收、冬藏，体验农事的艰辛，享受劳动的快乐，不但产生良好的经济效益，而且具有较高的社会效益。当今城市中很多独生子女长期生活在优裕的生活条件下，缺乏吃苦耐劳的精神，通过参与农事劳作，体验“锄禾日当午，汗滴禾下土”的生活，实现“谁知盘中餐，粒粒皆辛苦”教育，对于青少年，这是一种有别于传统教育的有效学习方法之一。针对学生群体采用组织周末乐园、夏令营活动的方式，寓教于乐，让参与者更加珍惜农村的自然文化资源，激起人们热爱劳动、珍惜劳动成果、热爱生活、热爱自然的兴趣，进一步增强人们保护自然、保护文化遗产、保护环境的意识。

3. 体验绿色农业生产，促进城乡互动和文化融合

通过发展农事体验活动，可以让城市的人流、资金流、信息流向乡村汇聚，有利于加速农业产业化进程，带动结构调整、农民增收、农村发展，建立起人与自然、都市与农村的和谐关系，同时会刺激农户及商家逐步提高有机作物的种植技术和规模，逐步走上品牌化发展之路，进而壮大有机食品生产和加工这条绿色生态产业链。这不仅有利于帮助市民打造放心餐桌，也将进一步促进休闲农业的发展。

（二）农事体验模式的主要类型

1. 农耕文化体验模式

我国乡村携带着中华文明的基因，有文化、有历史、有家族、有独特的生活方式，离开乡村无法解读中华文明。乡村人文是无比丰厚的、活态化的遗产和财富，在世界上独一

无二。从工业文明角度看，这可能是一种愚昧的生活方式；但从生态文明、精神文明和现代旅游角度讲，却是最原始、最原真、最原生的资源，是安详稳定、恬淡自足的象征。乡村风景宜人，空气清新，适合人群居住。乡民从事着与自然和谐相处的农业耕作，民风淳朴，形神有序，节奏舒缓。乡村有着更多诗意与温情，有久违的乡音、乡土、乡情以及古朴的生活、恒久的价值和传统。乡村生活的这种闲适性，正是当下休闲旅游市场所追求的，具有无穷的吸引力，已经成为中国未来最稀缺的旅游资源。

通过从乡村土特产或农副产品的各种传统加工技艺、农耕信仰和神话传说、农事活动经典歌谣农谚、手工技艺及农民艺术作品、生产和商贸习俗、时令和节气、传统生态农业系统和景观、传统名特优农副产品展示和原产地保护、古村镇村寨民居保护、各种典故、人物、物种的历史、知识类展示等挖掘体现“农耕文化”元素，让游客感受农耕文化体验。

2. 传统农耕体验模式

城市居民或学生下乡体验农耕，如开心农场。通过体验各种作物的栽培种植、精耕细作等，包括耕种、浇水、定期施肥、除草、捕捉灭虫等农耕体验，以及插秧、堆肥、打场、传统收获及晾晒技巧、采摘果蔬、修剪果树、嫁接、栽桑养蚕、垂钓、捕捞、养殖等；以及农业生产工具的制作工艺及使用方法，体验传统饲养技术经验等。通过让游客亲身参与耕种、除草、收获等农耕体验，满足了回归自然、健身娱乐等身心需求。

三、经典案例分析

安溪尤俊农耕文化园

安溪尤俊农耕文化园旅游有限公司位于安溪县尚卿乡尤俊村，是福建省三星级乡村旅游经营单位，中国青年喜爱的海西旅游目的地，厦门人最喜爱的周边休闲农庄。距离县城 47 千米，泉州 103 千米，厦门 122 千米，占地面积 15 万平方米。安溪尤俊农耕文化园，以农耕文化为主题，融入观光性、娱乐性、休闲性、科普性与体验性为一体。游客在此学习体验农耕文化，既让大家深刻体会“锄禾日当午，汗滴禾下土”的含意，又领略“谁知盘中餐、粒粒皆辛苦”的真谛。在这里我们可以传承祖先的文化遗产，吸取圣人的劳动智慧，教育小孩子珍惜我们今天的幸福生活。

文化园的建设巧妙地保持原生态的环境，与自然和谐统一。按“记忆中的田野、曾经的家园、远古的回声”来规划建设，将引领您走进田园，回归自然，感悟人生。

园区内分为：农耕工具区、农耕生活区、农耕乐园区、乡土童趣区、户外拓展区、田园风光区等 6 大区域，大小 40 多个项目。目前设有：准三星标准的农耕山庄，拥有客房 45 间（套），有 250 人同时用餐的公社食堂，有可容纳 150 多人开会的会议室，有农村特色的金牛开耕，有世界记录的天下第一犁，有众多善男信女的石门潭观音殿，有纯天然水的五谷游泳池，有趣味性的树长钱——摇钱树，还有安溪土特产和工艺品大卖场等。尤俊农耕文化园项目主要包括：

硬件设施。农耕山庄、观光车、遮阳停车场、农耕情侣屋、农耕之家、公社食堂、大小会议室、农耕超市、保安部。

休闲类：钓鱼、烧烤区、户外卡拉 OK、练歌房、品茶室、三农按脚园。

参观类：虎泉、二龟戏水、忘归石、人工小瀑布、农耕文化走廊、农耕工具区、茶叶生产工具、假山鱼池、柚桃园。

体验类：游泳、滚桶过桥、吊桥、浅水戏鱼、竞渡桥、明星乐园、水上挑战者、大小手摇船、竹排、迷宫、拉汽车、搬沙包、众志成城、信任背摔、儿童钓鱼、射鱼、才艺表演台、相互依存、漫漫人生路、雷区取水、犁田、耙田、插秧比赛、体验大米生产流程、攀岩（高空组合）、走梅花桩、荡秋千、乡土童趣、拔河、挑水、挑柴、扛石头、百锣百鼓、射箭。

购物类：土鸡、土鸭、冬蜜、山茶油、地瓜粉、苦菜、竹笋、红菇、香菇、大米、地瓜、时令菜、工艺品。

第八章

乡村休闲旅游未来发展趋势

CHAPER

08

第一节

新时代下乡村休闲旅游发展概况

一、新时代下乡村休闲旅游发展的分类

现代乡村休闲旅游以其提供的旅游景观和产品内容，可细分为以下 6 类。

1. 现代新农村类

我国各省区都有一批社会主义新农村，它们以“新”为特点，在住宅、街巷、道路和生态环境、产业设施、服务设施以及各种配套设施方面，都发生了全新的改变，成为乡村城市化、城乡一体化的典范。如北京的韩村河、江苏江阴的华西村等。

2. 乡村农业高新科技类

指与传统农业相对应的在高新技术驱动下发展起来的现代农业型乡村休闲旅游。这类旅游的特点是在产业上的高度科技化，一是农业生产过程采用最新的科学技术；二是组织结构实现了工厂化管理；三是产品形成全新的独特性和市场卖点。游人进入这些农业高新技术旅游地，既可观赏其全新的高技术生产过程、面貌和景观，又可购买品尝其高新农业产品。还可与现代农业工人接触，了解和体验他们的生活方式。如新加坡建立的 10 个农业科技公园。

3. 乡村生态环境类

指运用现代环境技术，改善乡村生态环境，使之成为全国和省区旅游生态村。这类乡村主要以生态农业为特点，采用循环经济和节约型农业经济为理念，对农村使用的燃料和动力进行更新，如建立沼气发电、日光能发电等节能、清洁设施，以“生态村”这一形象和旅游品牌，吸引那些对农村环境特别关注的旅游者和生态农业旅游者。

4. 乡村园林旅游类

我国有一些乡村，运用园林技术，把自身改建为环境优美的园林新村，并利用乡村园林化这一品牌，招徕旅游者前来观光。如广东湛江市徐闻县包宅村。

5. 乡村康体疗养类

这类旅游主要迎合人们的养生需要，重点加强产品的医疗保健功能，发展诸如体验按摩、理疗等与健康相关的乡村休闲旅游项目。

6. 乡村自我发展类

自我发展是现代社会出现的市场新需求，在乡村休闲旅游中，为满足这种心态愿望，可专门设计一些为游客提供某种轻松舒适的环境，在没有任何压力的情况下，自主探索学习知识，熟悉新技能的乡村旅游活动。如日本乡村观鸟旅游、美国的农牧场旅游等。

二、新时代下乡村休闲旅游发展的新形态

我国乡村休闲旅游的发展是时代发展的需求，业已引起社会对乡村发展、乡村景观、乡村遗产、乡村旅游的广泛关注，并感受到乡村景观保护与乡村休闲旅游发展的紧迫性，对落实我国新农村建设具有重要意义。现代乡村休闲旅游已成为乡村发展的新动力、新模式和新途径，是城乡统筹发展过程中最完整、最典型、最内在的体现。我国乡村休闲旅游20多年的发展已完成产业的第一次积累，乡村休闲旅游亟待解决经营理念低俗化、品牌定位趋同化、产品层次粗浅化、乡土文化城市化、管理模式混乱化和产业组织自发化6大问题，抓住发展机遇，实现乡村休闲旅游产业升级和产品换代。新时期，替代传统乡村休闲旅游产品的新形态和新模式主要包括以下7个方面。

1. 主题农园与农庄发展

形成教育农园、市民农园、租赁农园等多种形态，承载农旅结合的农事参与、自然教育和DIY创意空间等功能。

2. 传承地方性遗产之乡村主题博物馆发展模式

承载传统产品与传统工艺、传统生活与生产方式、非物质文化遗产展演和文化景观重现功能。

3. 乡村民俗体验与主题文化村落发展模式

承载古村落、新文化村落、新经济村落等不同阶段，乡村整体人文生态系统的物化与意化的统一过程的认知和体验功能。

4. 乡村休闲旅游基地化之乡村俱乐部

乡村俱乐部不仅是乡村休闲旅游的高级会所和信息中心，而且是乡村休闲旅游的中介机构；不仅向乡村休闲旅游者提供全方位的乡村休闲旅游服务，而且提供一种乡村休闲旅游全过程的联程服务，旅游者可以在不同地方不同乡村俱乐部享受到一体化服务，并通过订购乡村休闲旅游线路，向自驾车群体旅游提供自助式全程服务。

5. 现代商务度假与企业庄园模式

承载企业董事会议、商务谈判、员工奖励度假和旅游景观房产等功能。

6. 农业产业化与产业庄园发展

集生产、研发、销售、交流、教育和旅游为一体的现代化农庄，比较成熟的有葡萄酒庄园、香料庄园、草莓庄园和西瓜庄园等，产业庄园既要体现产业化生产特点，又要满足服务性企业的需要。

7. 区域景观整体与乡村意境梦幻体验

区域景观整体是区域尺度下通道式动态旅游类型。乡村景观意境的感知和体验也成为现代最为时尚和有吸引力的乡村休闲旅游活动和产品形态。乡村景观意境可划分为8大类型：地方文化代表型——乡村文化意境；水体景观主导型——水乡意境；山野乡村主导型——自然意境；林间乡村代表型——林海意境；平原农耕代表型——农田耕作意境；牧区乡村代表型——自在天堂意境；民族村寨型——异域人文意境；城乡过渡代表型——都市乡村意境。

第二节 新时代下我国乡村休闲旅游发展趋势

一、新时代下我国乡村休闲旅游发展的原则

乡村休闲旅游发展势头很猛，数量和类型都在逐渐增多，是 21 世纪旅游发展的一大时尚。但乡村休闲旅游在发展过程中也还存在一些问题，如产品和项目的雷同化，吸引物的单调化，市场竞争的激烈化，社区管理的复杂化等。为了使乡村休闲旅游保持健康、持续的发展，各地都在寻求新的思路和理念，发展出具有独特性、多元性、精品性的乡村休闲旅游产品。新时代下乡村休闲旅游发展应具备以下 8 大原则。

1. 政府主导原则

政府主导型旅游发展，是国家或地方政府为给本国或本地区经济发展注入新的活力，在政府规划指导下，采取各种措施，给予旅游发展积极的引导和支持的一种新型模式。鉴于乡村休闲旅游产品涉及农村劳动力素质与现代化旅游服务要求的矛盾、分散的村寨或农户与旅游市场的矛盾、乡村信息闭塞与宣传促销的矛盾等许多基础性的制约性瓶颈问题难以克服，农民很难直接走向市场。因此，政府必须发挥主导作用，协调相关部门，充分整合各种资金渠道、管理技术、人才和互联网等资源，形成发展合力。

2. 社区参与原则

乡村休闲旅游发展应该为当地居民提供尽可能多的就业机会，同时也应该通过创新发展，大力拓展农副产品的利用广度和深度，提高农副产品的附加值，以不断提高居民的收入水平和整个旅游地的经济水平。因此社区参与，农民致富成为乡村旅游产品发展的本质要求。提高地区经济发展水平，改善旅游地居民的生活条件，提高其生活质量，以构建社区参与农民主体经营或合作经营、参与经营的双赢或多赢的一体化格局也就成为乡村休闲旅游发展的重要目标之一。在具体操作上，必须让社区和农民在参与乡村休闲旅游发展过程中，通过经济参与（利益分享）、政治参与（发展决策）以拥有更多的经济自主权、政治自主权和更多的民主权。

3. 市场主体原则

市场主体原则是市场经济发展的普遍规律，旅游产品尤其是乡村休闲旅游产品更应如此。没有市场的乡村休闲旅游产品是不含有生命力的，因此，其发展过程必须以市场为导向、以资源发展为中心、以产品发展为重点，按照“市场—资源—产品—市场”的模式，发展适销对路产品。在建设特色园区、精品项目，组织主题鲜明、多层次的旅游线路产品

的同时，要按照市场机制运作，避免政府唱独角戏。发展乡村休闲旅游市场不仅要分析现实的乡村休闲旅游市场，也应分析潜在的乡村休闲旅游市场；不仅应分析客观、宏观乡村休闲旅游市场，更应根据自己产品的特点发展乡村休闲旅游产品的微观市场。

4. 择优发展原则

发展一般要经历“普遍发展—重点发展—创新发展”三个阶段。乡村休闲旅游资源具有遍在性特点，容易造成产品替代、无序发展、重复建设、一哄而起、一哄而散乃至投入多、产出少、骑虎难下的局面。因此，对于区位条件优越、交通条件相对较为便利、自然生态环境和乡村文化至今仍具有“古、始、真、土、野”特色，且社区居民素质相对较高和具有相当发展热情的地区，应优先发展，而且要在资金、技术等方面给予重点扶持，以创造特色品牌产品，保障市场竞争力。

5. 突出特色原则

乡村休闲旅游发展时，要尽量保持旅游资源的原始性和真实性。具体表现在不仅保持大自然的原生韵味，而且要保护当地特有的传统文化，避免造成文化污染，避免把城市现代化建筑、设施移植到乡村景区。乡村休闲旅游接待设施也应该与当地自然及文化协调，保证当地人与自然的和谐关系，提供原汁原味的“真品”和“精品”给游客。因此，乡村休闲旅游发展中一定要深入挖掘那些原汁原味的乡土原生文化和生态环境，以做到“人无我有”或“人有我优”“人优我特”，这才是乡村休闲旅游产品发展的根基和依托，也是世界旅游业发展的大趋势。

6. 综合功能原则

乡村休闲旅游产品与其他旅游产品的最大区别是兼具生产、生活和生态功能，即所谓“三生功能”。生产功能就是旅游产品中有水果、花卉、蔬菜、奶类、蛋品的生产经营，这样既可为游客提供农耕文明的体验，又可为游客提供无公害污染的安全优质鲜活的农副产品，还可降低旅游业脆弱性的影响；生活功能亦即休闲功能，就是为游客提供乡村观光、休闲、度假的服务和享受，使其亲近自然，放松身心，欣赏自然景色和田园风光，离开尘嚣，调整心境，还可以接触民俗风情和农耕文化，使传统贴近现代，增添知识和乐趣；生态功能是营造优美的原始天然乡村自然生态环境，满足游客亲近自然、复归田园、康体养生、生态认知、文化体验等旅游需要，感受人与自然，享受“天人合一”的美妙意境。此外，还有对游客的环境保护意识的培养，使游客在乡村休闲旅游活动中提高环保意识。因此，乡村休闲旅游产品发展中要体现其功能的多样性。

7. 可持续发展原则

旅游资源都具有脆弱性，尤其是传统文化旅游资源还具有不可再生性，一旦破坏便很难恢复。因此，乡村休闲旅游产品发展必须坚持“保护第一，发展第二”的原则，形成“保护—发展—保护”的可持续发展道路。因此，一定要通过法律、技术、教育等各种手段，对乡村休闲旅游资源的自然与人文进行双重保护。发展乡村休闲旅游是以获取良好经济效益，促进农民脱贫致富和农村经济可持续发展为目标，充分认识乡村休闲旅游的经济价值和生态环保价值的互动性，振兴农村经济，促进农业生产，增加农民收入，实现乡村休闲旅游的可持续发展。

8. 标准化原则

对于乡村休闲旅游，目前国家仅颁布了农业旅游示范景区（点）的质量标准，其他都有赖于在发展实际中创新和发展。各地乡村休闲旅游产品发展的标准化，可以结合当地实际情况进行制定。其标准的制定应由旅游、地理、环境、管理、经济等各方面专家组成，并应实施严格的审批制度。一经颁发便应严格实施推行。实践证明，乡村休闲旅游产品已成为当代中国旅游发展中的一个新的增长点和亮点，且潜力巨大，前景广阔。但目前我国的农村是弱势地区，农业仍属弱势产业，农民是弱势群体，对乡村休闲旅游产品发展，必须特别慎重，尽量少走弯路。因此，必须坚持科学发展观，遵循一定的原理和法则。

二、新时代下我国乡村休闲旅游发展的趋势

当前，我国的乡村休闲旅游已经由初级阶段进入发展阶段，一些公司的加入、专门协会的成立，促使专业分工深化，行业特征也日益明显。在贯彻落实党的十九大报告的过程中，将推出很多有利于乡村休闲旅游发展的政策，并在需要的拉动和政策的推动下，乡村休闲旅游将向着高质量、高附加值、高效益方向发展。具体来说，呈现以下发展趋势。

1. 智慧化

随着智慧旅游时代的到来，乡村休闲旅游智慧化是大势所趋，乡村休闲旅游业须与新一代电子科技产业相融合才能实现全方位的转型升级。打造乡村智慧旅游是对乡村休闲旅游做出立体化、全方位感知，对旅游信息进行智慧化收集、分析处理及实时发布、促使每个利益相关者做出智慧化及合理化的决策的必要手段。乡村智慧旅游使智慧化的元素与传统的乡村休闲旅游相融合，推动乡村休闲旅游业向着可持续的方向发展。

2. 特色化

党的十九大报告中提出了“推动中华优秀传统文化创造性转化、创新性发展”的要求，为乡村休闲旅游的特色性发展指引了方向，把当地优秀传统文化与自然景观、建筑、旅游产品融合起来，发展出富有特色的景点、饮食、工艺品、文艺节目和娱乐节目等，将促进我国乡村休闲旅游的迅速发展。

3. 功能化

随着我国人口老龄化的加重、收入的增加、生态保护意识的增强，亲近自然、感受生态环境、保健等需求有所增加，乡村休闲旅游除了具有传统的休闲娱乐、观赏等功能外，也应有养老、教育服务功能，体验现代农业、生态环境、优秀传统文化的需求也会增加，这些功能也为实现全域旅游的规划建设提供了可能。

4. 高质化

在政策推动、市场竞争、游客需求、社会参与等外在驱动因素的影响下，随着乡村休闲旅游的发展，服务标准、专业素养、产品质量会得到统一或提升，提高经济效益、社会效益的同时，也会提高农民参与乡村休闲旅游的信心。乡村休闲旅游将为游客带来卫生、安全、便捷、贴心等高质化的体验享受。

5. 电商化

电子商务的迅速发展为乡村休闲旅游业提供了新的机遇和挑战，发展乡村休闲旅游与

电子商务的融合，将极大地促进乡村休闲旅游业持续、稳定、健康地发展。旅游电子商务通过网络的双向交流作用提供个性化的旅游定制服务，来满足人们消费方式的改变，以自定行程，自助价格为主要特征的网络旅游将会成为人们休闲旅游的主导方式。在互联网的背景下，将电子信息技术运用到乡村休闲旅游的乡村电子商务，已成为乡村休闲旅游发展的新助力。

6. 体验化

游客的旅游体验贯穿于乡村休闲旅游产业链每一个环节，从交通、住宿、餐饮，到购物、娱乐、游玩，每一个环节的体验既是独立的，也是环环相扣，相融相合的。体验化旅游以它独特的特征逐步成为乡村休闲旅游的发展热潮，并受到广大旅游消费者的喜爱，十足的“农”味主题与亲身体验的方式可以给予旅游消费者一种身临其境的感觉。

参考文献

［1］安娜．蓬勃发展的现代农业［M］．北京：北京工业大学出版社，2012.

［2］白兴平．贵阳市城郊乡村休闲旅游问题研究［D］．武汉：华中师范大学，2014.

［3］蔡立湘，彭福元，李卫东，等．农村实用技术培训教程［M］．长沙：中南大学出版社，2004.

［4］陈红武，邹志荣．乡村休闲旅游概论［M］．北京：科学普及出版社，2014.

［5］陈世才．玩家创意——旅游产品的设计与创新［M］．北京：北京理工大学出版社，2010.

［6］段兆麟．乡村休闲旅游——体验的观点［M］．台湾：华都文化事业有限公司，2014.

［7］段志军，刘崇锦．乡村休闲旅游中长期体系的构建与应用［A］．2013 中国（高淳）乡村休闲旅游与美丽乡村建设系列活动论文集［C］．北京：中国言实出版社，2013.

［8］甘士明，卢永军，王守聪，等．全国休闲与旅游农业管理人员培训参考资料．北京：农业部乡镇企业局，2009.

［9］干永福，刘锋．乡村旅游概论［M］．北京：中国旅游出版社，2017.

［10］葛婷，张建华．对农家乐住宿功能创意发展的思考［J］．上海商业，2013（2）：63-66.

［11］顾鲁同．融入创意为乡村休闲旅游注入持久活力［A］．2013 中国（高淳）乡村休闲旅游与美丽乡村建设系列活动论文集［C］．北京：中国言实出版社，2013.

［12］郭焕成，郑健雄，任国柱，等．乡村休闲旅游理论研究与案例实践［D］．北京：中国建筑工业出版社，2009.

［13］郭焕成．我国乡村休闲旅游发展现状与对策研究［A］．湘·台乡村休闲旅游合作论坛论文集［C］．长沙：湖南省乡镇企业局、湖南省乡村休闲旅游协会，2007.

［14］郭正兵．现代农业科普读本［M］．南京：江苏科学技术出版社，2012.

［15］侯彬洁，张建华．试论上海农家乐游乐项目的创意与发展［J］．上海交通大学学报，2012，30（5）：78-84，94.

［16］侯芳梅．民俗概论［M］．北京：气象出版社，2010.

［17］胡豹．创意农业发展理论与实践［M］．北京：中国农业出版社，2013.

［18］胡丹，张建华．上海农家乐景观美学创意利用初探［J］．上海农业科技，2013（5）：18-20.

［19］黄爱莲．乡村旅游与创意乡村休闲旅游发展研究［J］．安徽农业科学，2011，39（20）：12373-12374，12378.

[20] 黄翔，连建功，王乃举．旅游节庆与品牌建设［M］．南京：南开大学出版社，2007.
[21] 冀献民．中国乡村休闲旅游的现状与趋势［J］．中国农学通报，2007（12）：456-460.
[22] 江晶，刘学瑜．北京市农业文化创意产业的主要模式和借鉴启示［J］．农业经济与管理，2013（6）：12-20.
[23] 蒋英．成都饮食文化旅游探析［J］．中共成都市委党校学报，2013（1）：64-69.
[24] 况红玲．试论数字视觉创意服务在旅游休闲行业中的运用［J］．西部经济管理论坛，2012（3）：57-60.
[25] 李士．科学中心与科普教育基地建设与发展研究［M］．合肥：中国科学技术大学出版社，2011.
[26] 李卫东，丁桂花，李兴华．发展乡村休闲旅游，促进新农村建设［A］．湖湘三农论坛［C］．北京：红旗出版社，2008.
[27] 李卫东，丁桂花．论乡村休闲旅游与社会主义新农村建设的融合发展［J］．中国乡镇企业，2013（6）：50-52.
[28] 李卫东，李兴华．新农村建设过程中乡村休闲旅游发展的思考［A］．湘·台乡村休闲旅游合作论坛论文集［C］，2007.
[29] 陈瑞萍．产业融合视角下创意农业与乡村休闲旅游的联动发展［J］．吉林广播电视大学学报，2016（11）：75-76.
[30] 刘际星．浅析旅游节庆的主题策划方法［J］．旅游学研究，2010.
[31] 刘荆洪．科普旅游与乡村休闲旅游［J］．海口经济学院学报，2011（3）：17-20.
[32] 刘俊．科普旅游资源格局与游客行为［M］．北京：气象出版社，2013.
[33] 牟双艳．湖南省乡村休闲旅游发展研究［D］．长沙：湖南农业大学，2009.
[34] 潘贤丽．21世纪全国高等院校旅游管理系列实用规划教材——观光农业概论［M］．北京：中国林业出版社，2009.
[35] 潘贤丽．观光农业概论［M］．北京：中国林业出版社，北京大学出版社，2012.
[36] 秦志红．休闲农庄特色营造研究［D］．北京：北京交通大学，2014.
[37] 邵万宽．试论地区性美食产品的发展与利用［J］．饮食文化研究，2004（1）：59-65.
[38] 史亚军．观光农业项目与技术［M］．北京：科学普及出版社，2008.
[39] 孙安民．文化产业理论与实践［M］．北京：北京出版社，2005.
[40] 孙向军，史东杰，夏艳洁，等．北京市休闲渔业发展探究［J］．中国渔业经济，2010（2）：62-66.
[41] 胡敏．乡村民宿经营管理核心资源分析［J］．旅游学刊，2007，22（9）：64-69.
[42] 蒋佳倩，李艳．国内外旅游“民宿”研究综述［J］．旅游研究，2014（4）：16-22.
[43] 王璐，李好，杜虹景．乡村旅游民宿的发展困境与对策研究［J］．农业经济，2017（3）：141-142.
[44] 卢松．旅游交通研究进展及启示［J］．热带地理，2009，29（4）：394-399.
[45] 石英．全域旅游背景下道路交通体系规划研究［J］．山西建筑，2018，44（11）：8-9.

[46] 闫玲 . 浅谈高效生态农业若干发展模式［J］. 农民致富之友，2017（23）：37.
[47] 苗婕 . 浅议发展生态农业的意义［J］. 农民致富之友，2017（16）：56.
[48] 曹俊杰 . 我国发展现代生态农业的条件及对策分析［J］. 山东理工大学学报（社会科学版），2006，22（3）：16–21.
[49] 焦佳美 . 我国生态农业发展状况与对策研究［D］. 石家庄：河北师范大学，2014.
[50] 林锡奎，刘平，孙治仁 . 我国南方发展生态农业的条件分析及典型生态农业模式［J］. 亚热带水土保持，2006（3）：26–29.
[51] 石旭 . 我国生态农业发展思路及对策分析［J］. 陕西农业科学，2008（3）：200–203.
[52] 杜凤蕊 . 广西绿色农产品发展现状及对策研究［J］. 农业经济，2016，36（10）：146–147.
[53] 王冬敏，房国达 . 浅谈科普与农民的科技创新［J］. 安徽农业科学，2007（27）：8710.
[54] 王衍用，宋子千，秦岩 . 旅游景区项目策划（2 版）［M］. 北京：中国旅游出版社，2012.
[55] 王志伟 . 在乡村休闲旅游中体验中国农业文明［J］. 农业科技与信息，2007（9）：24–30.
[56] 肖光辉 . 特异型小果型西瓜栽培技术［J］. 蔬菜，2011（5）：5–8.
[57] 徐飞雄 . 湖南乡村旅游产业发展多维研究［M］. 西安：西安地图出版社，2015.
[58] 严贤春 . 乡村休闲旅游［M］. 北京：中国农业出版社，2011.
[59] 叶美秀 . 休闲活动设计与规划——农业资源的应用［M］. 北京：中国建筑工业出版社，2009.
[60] 叶晓言 . 长沙市乡村休闲旅游竞争力研究［D］. 长沙：湖南师范大学，2014.
[61] 于淼 . 我国现代旅游节庆的特征［D］，重庆：西南大学，2012.
[62] 章继刚 . 创意农业学［M］. 成都：四川科学技术出版社，2011.
[63] 郑健雄 . 休闲旅游产业概论［M］. 北京：中国建筑工业出版社，2009.
[64] 朱永红 . 泰山风景区观赏蝶类区系及麝凤蝶生物学研究［D］. 泰安：山东农业大学，2010.
[65] 朱元恩 . 游乐的概念与分类［J］. 中国集体经济，2013（35）：65–67.
[66] 罗自力，温萍 . 乡村休闲旅游产业定位思考［J］. 农村经济，2007（3）：50–52.
[67] 李博雅 . 我国餐饮业发展模式浅析［J］. 经济师，2015（12）：44–46.
[68] 赵先超，滕洁，谭书佳 . 基于投入产出法的湖南省旅游业碳排放测算及 GRA 关联度分析［J］. 世界地理研究，2018，27（03）：167–177.
[69] 李启瑄，王录仓，乔杰，等 ."物象·意象、经济·情感"新数据环境的餐饮业空间特征——以兰州市为例［J］. 经济地理，2018，38（7）.
[70] 杨延风 . 基于 IPA 分析的乡村旅游餐饮服务满意度评价实证研究——以陕西袁家村为例［J］. 资源发展与市场，2018，34（3）.
[71] 王世喜，谢文发，周伟 . 大庆市绿色农产品产业发展现状及对策建议［J］. 大庆社会科学，2015，193（6）：55–58.

[72] 李真真. 绿色农产品发展现状及对策[J]. 新农村，2014（4）：75.
[73] 尹春兰. 山西绿色农产品发展现状及对策[J]. 经济问题，2006（1）：75–77.
[74] 周小绢，张自玲，郑静，等. 鲁西南生态农产品发展的现状及对策研究[J]. 中国市场，2014（8）：139–140.
[75] 何康. 传承农耕文明改善生态环境[C]// 农耕文化与现代农业论坛. 2009.
[76] 农业部农村社会事业发展中心. 农耕文化与现代农业论坛论文集[M]. 中国农业出版社，2009.
[77] 杨成林. 中国式家庭农场——内涵、意义及变革依据[J]. 政治经济学评论，2015，6（2）：66–80.
[78] 陈丽军，夏庆利，王庆. 农耕文化旅游资源发展的模式分析[J]. 湖北农业科学，2012，51（4）.
[79] 赵艳粉，李华. 北京休闲农业文化的资源类型及发展[J]. 农业工程，2014，4（3）：154–158.
[80] 叶朝坤，罗有贤. 基于农耕文化的旅游发展模式探讨[J]. 旅游世界旅游发展研究，2011（3）：69–72.
[81] 包乌兰托亚. 我国休闲农业资源发展与产业化发展研究[D]. 中国海洋大学，2013.
[82] 邱佳，史亚军. 中国休闲农业产业化发展研究[J]. 中国农学通报，2011，27（33）：314–317.
[83] 庄应强，屠娟丽，顾金孚，等. 浙北平原地区发展体验式农耕文化旅游模式的思考——以浙江省桐乡市为例[J]. 绿色科技，2014（5）.
[84] 基于游客感知价值的乡村旅游发展研究[D]. 西南财经大学，2010.
[85] 陈文君. 节庆旅游与文化旅游商品发展[J]. 广州大学学报（社会科学版），2002，1（4）：51–54.
[86] 钱津. 产业集群与乡村旅游发展[J]. 广州大学学报（社会科学版），2007（4）57–62.
[87] 王士轩，孙慧，朱俏俏. 典型农业产业集群发展模式、特点及启示[J]. 世界农业2015（11），63–67.
[88] 张青竹. 基于产业集群的乡村旅游发展策略研究[J]. 经济技术协作信息，2009（22）：150.
[89] 孙璐. 基于生态学理论的乡村旅游产业集群研究[J]. 产业观察，2016（7）：192–193.
[90] 路军慧. 我国乡村旅游产业集群形成原因和集群特点探析[J]. 探索与争鸣，2012（3）：68–70.
[91] 沈中印. 乡村旅游产业集群发展研究：政府与政策的视角[J]. 安徽农业科学，2011，39（33）：20666–20667.
[92] 韩苗. 乡村旅游产业集群化发展研究[J]. 农业经济，2016（10）：40–42.
[93] 尹大禹，瓦哈甫·哈力克. 智慧旅游背景下乡村旅游发展趋势研究——以乌鲁木齐县为例[J]. 旅游发展研究，2017，12（6）：15–19.
[92] 周开权. 新时代下我国乡村旅游发展趋势研究[J]. 乡村科技，2017（12）：33–35.

文创果园

柚子雕刻

绘画葫芦

刻字苹果

土家吊脚楼

农 舍

特色民宿

集装箱客栈

竹　酒

百合礼品装

原生态腊味礼盒

樟树港辣椒

特色农耕文化

糊仓文化节

农耕蓑衣

沃原农耕文化馆

竹艺编织

智慧农业

猪

羊

荷斯坦牛

孔雀

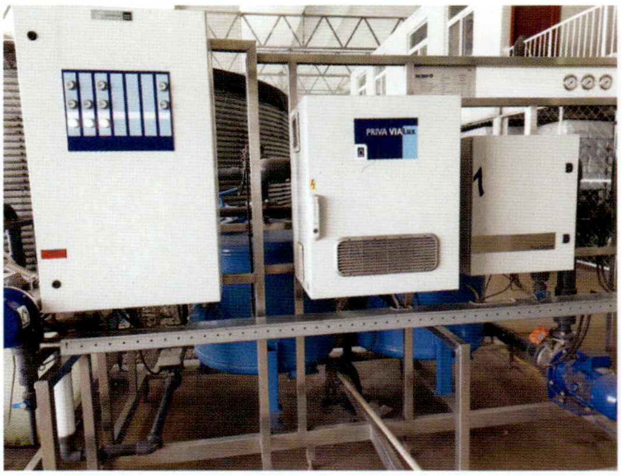

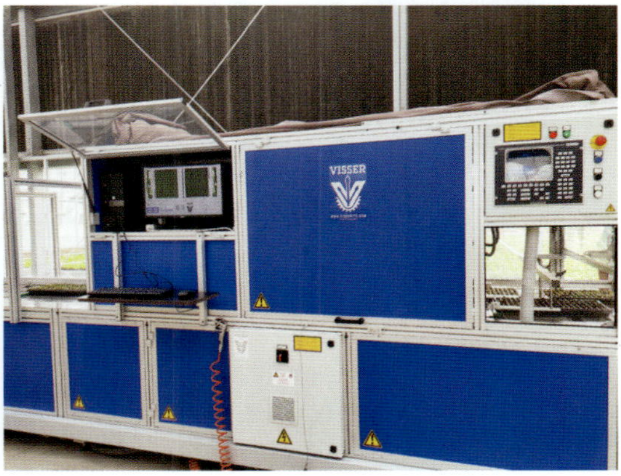

蜂酥

蜂幼虫

沃原丰收宴

紫薇

红花檵木

红枫

女贞

八仙花

栀子花

百合

月季

南瓜

葫芦

番茄

辣椒

猕猴桃

蓝莓

葡萄

特色栽培模式

四季海棠

四季海棠－绿

菊花

红掌